中国食品原料
及食品添加剂法规与标准解读

（2017年版）

李宏梁 主编

中国轻工业出版社

图书在版编目（CIP）数据

中国食品原料及食品添加剂法规与标准解读：2017年版/李宏梁主编．—北京：中国轻工业出版社，2017.3
ISBN 978-7-5184-0959-4

Ⅰ.①中…　Ⅱ.①李…　Ⅲ.①食品—原料—食品卫生法—法律解释—中国 ②食品添加剂—食品卫生法—法律解释—中国 ③食品—原料—标准—解释—中国 ④食品添加剂—标准—解释—中国　Ⅳ.①D922.165 ②TS202-65

中国版本图书馆CIP数据核字（2016）第116612号

责任编辑：张　靓　　责任终审：张乃柬　　封面设计：锋尚设计
版式设计：宋振全　　责任校对：吴大鹏　　责任监印：张　可

出版发行：中国轻工业出版社（北京东长安街6号，邮编：100740）
印　　刷：三河市万龙印装有限公司
经　　销：各地新华书店
版　　次：2017年3月第1版第1次印刷
开　　本：889×1194　1/16　　印张：9
字　　数：190千字
书　　号：ISBN 978-7-5184-0959-4　　定价：36.00元
邮购电话：010-65241695　传真：65128352
发行电话：010-85119835　85119793　传真：85113293
网　　址：http://www.chlip.com.cn
Email：club@chlip.com.cn
如发现图书残缺请直接与我社邮购联系调换
151087K1X101ZBW

本书编写人员

主　编　李宏梁（陕西科技大学食品与生物工程学院副教授）

副主编　胡忠华（陕西省卫生监督所食品安全科主任科员）

黄峻榕（陕西科技大学食品与生物工程学院教授）

参　编　王　鸿（陕西省卫生监督所食品安全科副调研员）

陈　萍（陕西省疾病预防控制中心副主任医师）

贾　玮（陕西科技大学食品与生物工程学院副教授）

陈　琦（黄山出入境检验检疫局工程师）

苗志丽（陕西省卫生监督所食品安全科副主任科员）

赵　杨（陕西省卫生监督所环境卫生监督科科员）

刘小晶（陕西宏梁食品科技有限公司硕士）

樊　璐（陕西宏梁食品科技有限公司硕士工程师）

任志青（陕西宏梁食品科技有限公司硕士）

王　勇（陕西农产品加工技术研究院博士办公室主任）

尹跃翔（三原县食品药品监督管理局主任科员）

前　　言

PREFACE

中国食品原料及食品添加剂都是受法规标准管理的，广义的食品添加剂是指除了普通食品原料以外的、可以作为食品配料的任何物质。食品添加剂本身被证明是安全的，但是一些不法分子滥用食品添加剂及非法添加物，给食品添加剂的名声带来了巨大的危害。我国2015年10月1日施行的《中华人民共和国食品安全法》（以下简称《食品安全法》）第一百一十条明确规定，用非食品原料生产食品、在食品中添加食品添加剂以外的化学物质或者其他可能危害人体健康的物质、在食品生产经营活动中添加药品，由食品安全监督管理部门按照各自职责分工，没收违法所得、违法生产经营的食品和用于违法生产经营的工具、设备、原料等物品；违法生产经营的食品货值金额不足一万元的，并处五万元以上十五万元以下罚款；货值金额一万元以上的，并处货值金额十五倍以上三十倍以下罚款；情节严重的，吊销许可证，并由公安机关对直接责任人给予行政拘留；构成犯罪的，依法追究刑事责任。因此，我国《食品安全法》对滥用食品添加剂及非法添加物的打击力度可谓是史上最严厉的，为了保证合法使用食品原料的问题，食品生产经营者必须明确食品非法添加的原则。

判定一种物质是否属于普通食品配料，可以参考以下原则：①属于传统上认为是食品原料的；②属于卫生部门批准使用的新资源食品原料及使用范围的；③属于卫计委（原卫生部）公布的食药两用或作为普通食品管理物质的；④列入GB 2760—2014《食品安全国家标准 食品添加剂使用标准》和GB 14880—2012《食品安全国家标准 食品营养强化剂使用标准》允许使用的品种及其使用范围的；⑤列入原卫生部或现国家卫生和计划生育委员会公告的及其他我国法律法规允许使用物质之外的物质。

企业自律与依法监管是食品安全的基石，为了让食品生产经营者和监管人员容易查找我国法规标准允许使用的食品原料及食品添加剂名单，本书整理并编撰了以下内容：①普通食品原料应包括的品种；②2015版（2008年5月26日以来卫生部门批准的）食品新资源名单（共105种）；③我国原卫生部公布的药食两用物质名单（共87种）；④可用于保健食品的物品名单（共114种，不能在普通食品中使用）；⑤保健食品禁用物品名单（共59种）；⑥原卫生部发布的食品中可能违法添加的非食用物质名单（共53种）和易滥用的食品添加剂品种名单（共21种食品类别）；⑦有关GB 2760—2014的内容包括：术语和定义；食品添加剂的使用原则；同一功能的食品添加剂混合使用的受限原则；不得添加食用香料、香精的食品名单；可在各类食品加工过程中使用，残留量不需限定的加工助剂名单（不含酶制剂，共38种）；需要规定功能和使用范围的加工助剂名单（不含酶制剂，共77种）；食品用酶制剂名单（共56种）；食品添加剂功能类别（共22类）；食品分类系统（共16大类）；截至国家卫生和计划生育委员会2016年第17号公告发布的、按功能类别分类的食品添加剂的类别、名称（代码）、使用范围和使用量（GB 2760—2014整理版，共341种）；按生产需要适量使用的添加剂所例外的食品类别名单；⑧有关GB 14880—2012的内容包括：术语和定义；营养强化的主要目的；使用营养强化剂的要求；可强化食品类别的选择要求；营养强化剂的使用规定；截至国家卫生和计划生育委员会2016年第17号公告发布的按功能类别分类的食品营养强化剂的允许使用品种、范围及使用量（GB 14880—2012整理版）；⑨未列入GB 2760—2014和GB 14880—2012允许使用的品种及其使用范围的、未列入原卫生部或现国家卫生和计划生育委员会公告的及其他我国法律法规允许使用物质之外的物质。

很多人不清楚什么是合法的食品原料和食品添加剂，食品界也有很多人不清楚什么是合法的食品原料和食品添加剂。为了增强全民道德素养、科学素养和法律意识，本书就与食品安全相关的原辅料标准法规进行了最新整理和解读。

本书既作为食品生产、科研、政府监管等相关人员必不可少的食品原辅料快速查询手册，也可作为高校相关专业本科生和研究生的参考书。

限于编者水平，书中不妥之处在所难免，敬请广大读者指正。

编者

目　　录

CONTENTS

1 我国食品原料管理的相关规定

1.1 《中华人民共和国食品安全法》（2015版）概述

2015版《中华人民共和国食品安全法》（以下简称《食品安全法》），于2009年2月28日第十一届全国人民代表大会常务委员会第七次会议通过，于2015年4月24日第十二届全国人民代表大会常务委员会第十四次会议修订，自2015年10月1日施行。

《食品安全法》是适应新形势发展的需要，为了从制度上解决现实生活中存在的食品安全问题，更好地保证食品安全而制定的。《食品安全法》全文见附录。

1.2 中国新食品原料名单（2016版）

2013年10月1日起施行的《国家卫生和计划生育委员会令第1号 新食品原料安全性审查管理办法》规定，新食品原料是指在我国无传统食用习惯的以下物品：①动物、植物和微生物；②从动物、植物和微生物中分离的成分；③原有结构发生改变的食品成分；④其他新研制的食品原料。原卫生部2007年12月1日公布的《新资源食品管理办法》同时废止。

卫生部2004年第17号公告指出：卫生部于1998年下发《关于1998年全国保健食品市场整顿工作安排的通知》（卫监法发〔**1998**〕第**9**号），**将食品新资源油菜花粉、玉米花粉、松花粉、向日葵花粉、紫云英花粉、荞麦花粉、芝麻花粉、高粱花粉、魔芋、钝顶螺旋藻、极大螺旋藻、刺梨、玫瑰茄、蚕蛹列为普通食品管理**。自本公告发布之日起，注销上述类别新资源食品的卫生审查批件，并停止受理上述类别新资源食品卫生审查批件的转让、变更、补发。

2005年8月，卫生部等五部门联合印发的《关于加强罂粟籽食品监督管理工作的通知》（卫监督发〔2005〕349号）明确规定：罂粟籽仅允许用于榨取食用油脂，不得在市场上销售或用于加工其它调味品；甘肃省农垦集团有限公司是国家指定的唯一允许利用罂粟籽榨取食用油脂的生产企业，其生产的罂粟籽不得在市场上销售；甘肃省农垦集团利用罂粟籽榨取的罂粟籽油脂纳入国家新资源食品进行管理，上市前应按规定检验合格后方可经销。

2008年8月20日，卫生部监督局关于2007年12月1日以前已获批准的新资源食品调查情况（卫监督食一便函〔2008〕140号）通报如下：

（1）已批准试生产在有效期内的新资源食品名单。

亚兰牌御米油、华农®甘二酯油、天光牌盐藻、雪之溶牌杜仲籽油、NCFM™嗜酸乳杆菌、动物双歧杆菌 BE80、鲜の每日 C™芦荟纤果汁饮品、金典御品牌金花茶浸提液、金花茶、平衡康牌针叶樱桃果粉、马泰克 DHA™－S、仙人掌干粉、植物甾醇酯、植物甾醇、大溪地诺丽果浆、百奥斯汀虾青素 SCE5。（注：新资源食品试生产的有效期为两年，满两年未按时申报转为正式生产的，批准文号自行废止。）

（2）已批准正式生产的新资源食品名单。

①国产新资源食品：少林可乐、天府可乐、“天使乐”和“康佳宝”、中国花粉口服液、身宝可乐、食用真菌蛋白美味 D－100、瑞莱星饮料、油菜花粉系列产品、油菜花粉口服液、振华 851 口服液、北京天安 851 营养液、桦汁浓缩液、天力饮料、榨蚕蛹氨基酸、上海可乐、长城可乐（1995 年已获准更名为“红景天可乐”）、中槐茶、富硒麦芽粉（硒强化麦芽粉）、爱得锗有机锗饮料及饮液、中国可乐、康必得天然 β－胡萝卜素、安平泰有机锗饮料、海洋宝、螺旋藻粉、神蜉酒、微多饮料、天力晶、天力饮液、正分子胶囊、唐古特大黄酒、蜂蜜唐古特酒、莼菜多糖营养液、水溶性珍珠粉胶囊、公孙银杏营养液、北芪神茶（秦皇岛市北戴河高级天然补品厂）、健康锗饮液、索奇 MT 生物饮品、活力王 SOD 啤酒、金秀圣塘山茶、“怡安宝”天然红景天饮品、花雄特酒、阳光营养液、可瑞螺旋藻、螺旋藻营养块、蜂胶口服液、天爱珍珠粉、有机锗健康盐、补王虫草精、鱼腥草营养液、百龄康、灵芝纯营养液、北芪神茶（大兴安岭北奇神保健品有限公司）、草珊瑚口香糖、草珊瑚泡泡糖、冬虫夏草多糖营养液、东方神绞股蓝茶、玄驹酒、活力素营养液、图腾益生液、颐康保健液、苦丁茶、胖大海凉茶、精制松花粉、精制首乌粉、三花天然营养素、回天力牌灵芝菌丝体粉、东方宝晶、地黄宝碳酸饮料、低聚木糖、蛹虫草子实体（粤 96－18）。

②进口新资源食品：异麦芽、鼠李糖乳杆菌、动物双歧杆菌、海藻糖、乳双歧杆菌（HOWARU Bifido）、鼠李糖乳杆菌、乳双歧杆菌（BI－07）。

2008 年 5 月 26 日以来卫生部公告正式批准的食品新资源名单如表 1－1 所示。卫生部 2010 年第 3 号公告允许玫瑰花（重瓣红玫瑰）、凉粉草（仙草）作为普通食品生产经营，允许夏枯草、布渣叶（破布叶）、鸡蛋花作为凉茶饮料原料使用。生产经营上述食品应当符合有关法律、法规、标准规定。

表 1－1　2008 年 5 月 26 日以来批准的新食品原料（新资源食品）名单

编号	新资源名称	使用范围及不适宜人群	最大使用量	卫计委（原卫生部）公告
1	嗜酸乳杆菌（菌株号：DSM13241）	乳制品、保健食品，但不包括婴幼儿食品	按生产需要适量使用	2008 年第 12 号公告
2	低聚木糖	各类食品，但不包括婴幼儿食品（以木二糖－木七糖计）	1.20g/d	2008 年第 12 号公告
3	透明质酸钠	保健食品原料	0.20g/d	2008 年第 12 号公告
4	叶黄素酯	焙烤食品、乳制品、饮料、即食谷物、冷冻饮品、调味品和糖果，但不包括婴幼儿食品	0.012g/d	
5	L－阿拉伯糖	各类食品，但不包括婴幼儿食品	按生产需要适量使用	
6	短梗五加	饮料类、酒类（不适宜人群：哺乳期妇女、孕妇、婴幼儿及儿童）	4.5g/d	2008 年第 12 号公告

续表

编号	新资源名称	使用范围及不适宜人群	最大使用量	卫计委（原卫生部）公告
7	库拉索芦荟凝胶	各类食品（不适宜人群：孕妇、婴幼儿），添加库拉索芦荟凝胶的食品必须标注“本品添加芦荟，孕妇与婴幼儿慎用”字样	30g/d	2008 年 12 号、2009 年 1 号公告
8	低聚半乳糖	婴幼儿食品、乳制品、饮料、焙烤食品、糖果	15g/d	2008 年 20 号公告
9	副干酪乳杆菌（菌株号：GM080、GMNL－33）	乳制品、保健食品、饮料、饼干、糖果、冰淇淋，但不包括婴幼儿食品	按生产需要适量使用	2008 年 20 号公告
10	嗜酸乳杆菌（菌株号：R0052）	保健食品原料		
11	鼠李糖乳杆菌（菌株号：R0011）	保健食品原料		
12	水解蛋黄粉	乳制品、冷冻饮品、豆类制品、可可制品，巧克力及其制品（包括类巧克力和代巧克力）以及糖果、焙烤食品、饮料类、果冻、油炸食品、膨化食品，但不包括婴幼儿食品	1g/d	2008 年 20 号公告
13	异麦芽酮糖醇	各类食品，但不包括婴幼儿食品	100g/d	2008 年 20 号公告
14	植物乳杆菌（菌株号：299v）	乳制品、保健食品，但不包括婴幼儿食品	按生产需要适量使用	2008 年 20 号公告
15	植物乳杆菌（菌株号：CGMCC NO. 1258）	饮料类、冷冻饮品、保健食品	按生产需要适量使用	2008 年 20 号公告
16	植物甾烷醇酯	植物油、植物黄油、人造黄油、乳制品、植物蛋白饮料、调味品、沙拉酱、蛋黄酱、果汁、通心粉、面条和速食麦片（不适宜人群：孕妇和 5 岁以下儿童）	5g/d	2008 年 20 号公告
17	珠肽粉	保健食品原料	3g/d	
18	蛹虫草	直接食用、酒类、罐头、调味品、饮料（不适宜人群：婴幼儿、儿童、食用真菌过敏者）	2g/d	2009 年 3 号公告
19	菊粉	各类食品，但不包括婴幼儿食品	15g/d	2009 年 5 号公告
20	多聚果糖	儿童奶粉、孕产妇奶粉	8. 4g/d	
21	γ－氨基丁酸	饮料、可可制品、巧克力和巧克力制品、糖果、焙烤食品、膨化食品，但不包括婴幼儿食品	0. 50g/d	2009 年 12 号公告
22	初乳碱性蛋白粉	乳制品、含乳饮料、糖果、糕点、冰淇淋，但不包括婴幼儿食品	0. 10g/d	2009 年 12 号公告
23	共轭亚油酸	直接食用；脂肪、食用油和乳化脂肪制品，但不包括婴幼儿食品	<6g/d	2009 年 12 号公告
24	共轭亚油酸甘油酯	直接食用；乳及乳制品（纯乳除外）；脂肪、食用油和乳化脂肪制品；饮料类；冷冻饮品；可可制品、巧克力和巧克力制品以及糖果；杂粮粉及其制品；即食谷物、焙烤食品、咖啡，但不包括婴幼儿食品	<6g/d	2009 年 12 号公告

续表

编号	新资源名称	使用范围及不适宜人群	最大使用量	卫计委（原卫生部）公告
25	植物乳杆菌（菌株号：ST－Ⅲ）	乳制品、乳酸菌饮料，但不包括婴幼儿食品	按生产需要适量使用	2009年12号公告
26	杜仲籽油	婴幼儿食品除外	3mL/d	
27	茶叶籽油	婴幼儿食品除外	15g/d	2009年18号公告
28	盐藻及提取物	①产品的胡萝卜素含量2%～8%，其标签、说明书标注为盐藻；产品的胡萝卜素含量≥8%，其标签、说明书标注为盐藻提取物。②使用范围不包括婴幼儿食品	15mg/d（以β－胡萝卜素计）	
29	鱼油及提取物	①DHA含量36～125mg/g，标签及说明书中标注鱼油；DHA含量≥125mg/g，标签及说明书中标注鱼油提取物。②在婴幼儿食品中使用应符合相关标准的要求	3g/d	2009年18号公告
30	甘油二酯油	婴幼儿食品除外	30g/d	
31	地龙蛋白	本产品不适宜婴幼儿、少年儿童、孕产妇、过敏体质者等人群食用，在产品的标签、说明书中应标注“婴幼儿、少年儿童、孕产妇、过敏体质者不宜食用”	10g/d	
32	乳矿物盐	使用范围不包括婴幼儿食品	5g/d	
33	牛奶碱性蛋白	使用范围不包括婴幼儿食品	0.20g/d	
34	DHA藻油	在婴幼儿食品中使用应符合相关标准的要求，主要成分：二十二碳六烯酸（DHA）	0.30g/d（以纯DHA计）	2010年3号公告 *：①仅限用于食用油。不得再生产加工其它食品、食品添加剂。②标签、说明书中应当标注不适宜人群和食用限量。③生产经营御米油应符合《关于加强罂粟籽食品监督管理工作的通知》（卫监督发〔2005〕349号）的要求
35	棉子低聚糖	使用范围不包括婴幼儿食品	5g/d	
36	植物甾醇酯	使用范围不包括婴幼儿食品	3.9g/d	
37	植物甾醇	使用范围不包括婴幼儿食品	2.4g/d	
38	花生四烯酸油脂	在婴幼儿食品中使用应符合相关标准的要求，主要成分：花生四烯酸	0.60g/d（以纯花生四烯酸计）	
39	御米油*	①不适宜人群：婴幼儿； ②来源：罂粟的种子； ③生产工艺：罂粟籽经清理、去壳，采用压榨等方法制油，并经脱水、脱色、脱臭、精滤等工艺精制而成	25g/d	
40	白子菜	来源：人工种植的白子菜，种属：菊科，食用部位：茎、叶	未规定	2010年3号公告
41	金花茶	适用范围不包括婴幼儿食品、孕妇食品	20g/d	2010年9号公告
42	显脉旋覆花（小黑药）	婴幼儿食品除外	5g/d	
43	诺丽果浆	使用范围不包括婴幼儿食品	未规定	
44	酵母β－葡聚糖	使用范围不包括婴幼儿食品	0.25g/d	
45	雪莲培养物	适用范围不包括婴幼儿食品、孕妇食品	80g/d（鲜品）、4g/d（干品）	

续表

编号	新资源名称	使用范围及不适宜人群	最大使用量	卫计委（原卫生部）公告
46	蔗糖聚酯	①使用范围：炸薯片、即热爆米花、烘烤小甜饼。②婴幼儿不宜食用，标签、说明书中应当标注不适宜人群和食用限量	3.1g/d	2010 年 15 号公告
47	玉米低聚肽粉	在产品的标签、说明书中应标注“婴幼儿不宜食用”	4.5g/d	
48	磷脂酰丝氨酸	使用范围不包括婴幼儿食品	0.6g/d	
49	雨生红球藻	使用范围不包括婴幼儿食品	0.8g/d	2010 年 17 号公告
50	表没食子儿茶素没食子酸酯	①使用范围不包括婴幼儿食品。②食品的标签、说明书中应当标注食用限量	300mg/d	
51	翅果油	使用范围不包括婴幼儿食品	15g/d	2011 年 1 号公告
52	β-羟基-β-甲基丁酸钙	运动营养食品、特殊医学用途配方食品，在产品的标签、说明书中应标注“孕妇、哺乳期妇女、婴幼儿及儿童不宜食用”。	3g/d	
53	元宝枫籽油	使用范围不包括婴幼儿食品	3g/d	2011 年 9 号公告
54	牡丹籽油	使用范围不包括婴幼儿食品	10g/d	
55	玛咖粉	在产品的标签、说明书中应标注“婴幼儿、哺乳期妇女、孕妇不宜食用”	25g/d	2011 年 13 号公告
56	蚌肉多糖	调味品、汤料、饮料、冷冻食品	2.5g/d	2012 年 2 号公告
57	中长链脂肪酸食用油		30g/d	2012 年 16 号公告
58	抗性糊精			
59	小麦低聚肽	婴幼儿不宜食用，标签、说明书中应当标注不适宜人群	6g/d	
60	人参（人工种植）	孕妇、哺乳期妇女及 14 周岁以下儿童不宜食用，标签、说明书中应当标注不适宜人群和食用限量	3g/d	2012 年 17 号公告
61	蛋白核小球藻	使用范围不包括婴幼儿食品	20g/d	2012 年 19 号公告
62	乌药叶	婴幼儿、儿童、孕期及哺乳期妇女不宜食用，标签、说明书中应当标注不适宜人群	5g/d	
63	辣木叶			
64	蔗糖聚酯	婴幼儿不宜食用，标签、说明书中应当标注不适宜人群和食用限量	10.6g/d	
65	茶树花			2013 年 1 号公告
66	盐地碱蓬籽油	使用范围不包括婴幼儿食品		
67	美藤果油	使用范围不包括婴幼儿食品		
68	盐肤木果油	使用范围不包括婴幼儿食品		
69	广东虫草子实体	婴幼儿、儿童及食用真菌过敏者不宜食用，标签、说明书中应当标注不适宜人群	3g/d	
70	阿萨伊果			
71	茶藨子叶状层菌发酵菌丝体	婴幼儿、儿童及食用真菌过敏者不宜食用 标签、说明书中应当标注不适宜人群和食用限量	50g/d	

续表

编号	新资源名称	使用范围及不适宜人群	最大使用量	卫计委（原卫生部）公告
72	裸藻	使用范围不包括婴幼儿食品		2013 年 10 号公告
73	1，6－二磷酸果糖三钠盐	使用范围为运动饮料。婴幼儿、孕妇不宜食用，标签、说明书中应当标注不适宜人群和食用限量	300mg/d	
74	丹凤牡丹花			
75	狭基线纹香茶菜	①使用范围：茶饮料类 ②婴幼儿、少年儿童及孕妇不宜食用，标签、说明书中应当标注不适宜人群和食用限量	8g/d	
76	长柄扁桃油	使用范围不包括婴幼儿食品		
77	光皮梾木果油	使用范围不包括婴幼儿食品		
78	青钱柳叶	食用方式：冲泡		
79	低聚甘露糖	使用范围不包括婴幼儿食品	1.5g/d	
80	显齿蛇葡萄叶	食用方式：冲泡		2013 年 16 号公告
81	磷虾油	婴幼儿、孕妇、哺乳期妇女及海鲜过敏者不宜食用，标签、说明书中应当标注不适宜人群	3g/d	
82	马克斯克鲁维酵母	批准为可食用菌种		
83	壳寡糖	使用范围不包括婴幼儿食品	0.5g/d	2014 年第 6 号公告
84	水飞蓟籽油	使用范围不包括婴幼儿食品	未规定	
85	柳叶蜡梅	食用方式：冲泡；婴幼儿、孕妇不宜食用，标签、说明书中应当标注不适宜人群	未规定	
86	杜仲雄花	婴幼儿、孕妇不宜食用，标签、说明书中应当标注不适宜人群	6g/d	
87	乳酸片球菌	批准为可食用菌种		
88	戊糖片球菌	批准为可食用菌种		
89	塔格糖	使用范围不包括婴幼儿食品		2014 年第 10 号公告
90	奇亚籽	使用范围不包括婴幼儿食品		
91	圆苞车前子壳	使用范围不包括婴幼儿食品		
92	罗伊氏乳杆菌	批准可用于婴幼儿食品		
93	蛹虫草	婴幼儿、儿童、食用真菌过敏者不宜食用，标签、说明书中应当标注不适宜人群		
94	植物甾烷醇酯	孕妇和 5 岁以下儿童不宜食用，标签、说明书中应当标注不适宜人群	<5g/d	
95	线叶金雀花	食用方式：冲泡		2014 年第 12 号公告
96	茶叶茶氨酸	使用范围不包括婴幼儿食品	0.4g/d	2014 年第 15 号公告

续表

编号	新资源名称	使用范围及不适宜人群	最大使用量	卫生部公告
97	番茄籽油			2014年第20号公告
98	枇杷叶		10g/d	
99	阿拉伯半乳聚糖	使用范围不包括婴幼儿食品	15g/d	
100	湖北海棠（茶海棠）叶	①食用方式：冲泡。②孕妇、哺乳期妇女及婴幼儿不宜食用，标签、说明书中应当标注不适宜人群	15g/d	
101	竹叶黄酮	使用范围不包括婴幼儿食品	2g/d	
102	燕麦β-葡聚糖	使用范围不包括婴幼儿食品	5g/d	
103	产丙酸丙酸杆菌	批准为可食用菌种		
104	低聚木糖	使用范围不包括婴幼儿食品	3.0g/d	
105	清酒乳杆菌	批准为可食用菌种		

1.3 中国药食两用物质名单（2016版）

1987年10月22日原卫生部发布的《禁止食品加药卫生管理办法》规定：《既是食品又是药品的品种名单》由卫生部颁发。

药食两用的中药，主要是中国传统上有食用习惯、民间广泛食用，但又在中医临床中使用的物品，既可以作为食品用，也可以作为药品用，是进行食品或保健食品开发的重要原料。

我国卫生部药食两用名单（共87种，按笔画顺序排列）：

丁香、八角茴香、刀豆、小茴香、小蓟、山药、山楂、马齿苋、乌梢蛇、乌梅、木瓜、火麻仁、代代花、玉竹、甘草、白芷、白果、白扁豆、白扁豆花、龙眼肉（桂圆）、决明子、百合、肉豆蔻、肉桂、余甘子、佛手、杏仁（甜、苦）、沙棘、牡蛎、芡实、花椒、赤小豆、阿胶、鸡内金、麦芽、昆布、枣（大枣、酸枣、黑枣）、罗汉果、郁李仁、金银花、青果、鱼腥草、姜（生姜、干姜）、枳椇子、枸杞子、栀子、砂仁、胖大海、茯苓、香橼、香薷、桃仁、桑叶、桑椹、桔红、桔梗、益智仁、荷叶、莱菔子、莲子、高良姜、淡竹叶、淡豆豉、菊花、菊苣、黄芥子、黄精、紫苏、紫苏籽、葛根、黑芝麻、黑胡椒、槐米、槐花、蒲公英、蜂蜜、榧子、酸枣仁、鲜白茅根、鲜芦根、蝮蛇、橘皮、薄荷、薏苡仁、薤白、覆盆子、藿香（《卫生部关于进一步规范保健食品原料管理的通知》卫法监发［2002］51号）。

其他：2005年4月25日，按照《禁止食品加药卫生管理办法》的有关规定，卫生部以卫监督发［2005］169号文《关于普通食品添加夏枯草有关问题的请示》，批复同意将王老吉凉茶中的鸡蛋花、夏枯草等原料为传统凉茶制作配料在卫生部备案。

1.4 中国保健食品原料管理的规定

卫法监发［2002］51号《卫生部关于进一步规范保健食品原料管理的通知》规定如下：

（1）申报保健食品中涉及的物品（或原料）是我国新研制、新发现、新引进的无食用习惯或仅在个别地区有食用习惯的，按照《新资源食品卫生管理办法》的有关规定执行。

（2）申报保健食品中涉及食品添加剂的，按照《食品添加剂卫生管理办法》的有关规定执行。

（3）申报保健食品中涉及真菌、益生菌等物品（或原料）的，按照我部印发的《卫生部关于印发真菌类和益生菌类保健食品评审规定的通知》（卫法监发［2001］84号）执行。

（4）申报保健食品中涉及国家保护动植物等物品（或原料）的，按照我部印发的《卫生部关于限制以野生动植物及其产品为原料生产保健食品的通知》（卫法监发［2001］160 号）、《卫生部关于限制以甘草、麻黄草、苁蓉和雪莲及其产品为原料生产保健食品的通知》（卫法监发［2001］188 号）、《卫生部关于不再审批以熊胆粉和肌酸为原料生产的保健食品的通告》（卫法监发［2001］267 号）等文件执行。

（5）申报保健食品中含有动植物物品（或原料）的，动植物物品（或原料）总个数不得超过 14 个。如使用既是食品又是药品的物品名单之外的动植物物品（或原料），个数不得超过 4 个；使用既是食品又是药品的物品名单和可用于保健食品的物品名单之外的动植物物品（或原料），个数不得超过 1 个，且该物品（或原料）应参照《食品安全性毒理学评价程序》（GB 15193.1—1994，该标准现已更新为 GB 15193.1—2014）中对食品新资源和新资源食品的有关要求进行安全性毒理学评价。以普通食品作为原料生产保健食品的，不受本条规定的限制。

（6）以往公布的与本通知规定不一致的，以本通知为准。

国食药监注［2005］202 号《关于印发〈营养素补充剂申报与审评规定（试行）〉等 8 个相关规定的通告》规定：根据《保健食品注册管理办法（试行）》，为规范、统一营养素补充剂等申报与审评行为，国家食品药品监督管理局制定了《营养素补充剂申报与审评规定（试行）》、《真菌类保健食品申报与审评规定（试行）》、《益生菌类保健食品申报与审评规定（试行）》、《核酸类保健食品申报与审评规定（试行）》、《野生动植物类保健食品申报与审评规定（试行）》、《氨基酸螯合物等保健食品申报与审评规定（试行）》、《应用大孔吸附树脂分离纯化工艺生产的保健食品申报与审评规定（试行）》、《保健食品申报与审评补充规定（试行）》8 个与保健食品申报与审批相关的规定。上述规定于 2005 年 7 月 1 日起正式实施。

1.4.1 可用于保健食品的物品名单

可用于保健食品的物品名单（共 114 种，不能在普通食品中使用）（按笔画顺序排列）：

人参、人参叶、人参果、三七、土茯苓、大蓟、女贞子、山茱萸、川牛膝、川贝母、川芎、马鹿胎、马鹿茸、马鹿骨、丹参、五加皮、五味子、升麻、天门冬、天麻、太子参、巴戟天、木香、木贼、牛蒡子、牛蒡根、车前子、车前草、北沙参、平贝母、玄参、生地黄、生何首乌、白及、白术、白芍、白豆蔻、石决明、石斛（需提供可使用证明）、地骨皮、当归、竹茹、红花、红景天、西洋参、吴茱萸、怀牛膝、杜仲、杜仲叶、沙苑子、牡丹皮、芦荟、苍术、补骨脂、诃子、赤芍、远志、麦门冬、龟甲、佩兰、侧柏叶、制大黄、制何首乌、刺五加、刺玫果、泽兰、泽泻、玫瑰花、玫瑰茄、知母、罗布麻、苦丁茶、金荞麦、金樱子、青皮、厚朴、厚朴花、姜黄、枳壳、枳实、柏子仁、珍珠、绞股蓝、胡芦巴、茜草、荜茇、韭菜子、首乌藤、香附、骨碎补、党参、桑白皮、桑枝、浙贝母、益母草、积雪草、淫羊藿、菟丝子、野菊花、银杏叶、黄芪、湖北贝母、番泻叶、蛤蚧、越橘、槐实、蒲黄、蒺藜、蜂胶、酸角、墨旱莲、熟大黄、熟地黄、鳖甲。

1.4.2 保健食品禁用物品名单

保健食品禁用物品名单（共 59 种）（按笔画顺序排列）：

八角莲、八里麻、千金子、土青木香、山莨菪、川乌、广防己、马桑叶、马钱子、六角莲、天仙子、巴豆、水银、长春花、甘遂、生天南星、生半夏、生白附子、生狼毒、白降丹、石蒜、关木通、农吉痢、夹竹桃、朱砂、米壳（罂粟壳）、红升丹、红豆杉、红茴香、红粉、羊角拗、羊踯躅、丽江山慈姑、京大戟、昆明山海棠、河豚、闹羊花、青娘虫、鱼藤、洋地黄、洋金花、牵牛子、砒石（白砒、红砒、砒霜）、草乌、香加皮（杠柳皮）、骆驼蓬、鬼臼、莽草、铁棒槌、铃兰、雪上一枝蒿、黄花夹竹桃、斑蝥、硫磺、雄黄、雷公藤、颠茄、藜芦、蟾酥。

1.4.3 保健食品营养素补充剂规定

按照《营养素补充剂申报与审评规定（试行)》的规定，营养素补充剂是指以补充维生素、矿物质而不以提供能量为目的的产品。其作用是补充膳食供给的不足，预防营养缺乏和降低发生某些慢性退行性疾病的危险性。并必须符合下列要求：①仅限于补充维生素和矿物质。维生素和矿物质的种类应当符合《维生素、矿物质种类和用量》的规定（见表1-2)。②《维生素、矿物质化合物名单》(见表1-3）中的物品可作为营养素补充剂的原料来源；从食物的可食部分提取的维生素和矿物质，不得含有达到作用剂量的其他生物活性物质。③辅料应当仅以满足产品工艺需要或改善产品色、香、味为目的，并且应当符合相应的国家标准。④适宜人群为成人的，其维生素、矿物质的每日推荐摄入量应当符合《维生素、矿物质种类和用量》的规定；适宜人群为孕妇、乳母以及18岁以下人群的，其维生素、矿物质每日推荐摄入量应控制在我国该人群该种营养素推荐摄入量(RNIs或AIs)（RNI即推荐摄入量，Recommended nutrient intake；AI即适当摄入量，Adequate intake）的1/3~2/3水平。⑤产品每日推荐摄入的总量应当较小，其主要形式为片剂、胶囊、颗粒剂或口服液。颗粒剂每日食用量不得超过20g，口服液每日食用量不得超过30mL。

表1-2 保健食品许可的维生素、矿物质的种类和用量

名称	最低量	最高量
钙（Ca）	250mg/d	1000mg/d
镁（Mg）	100mg/d	300mg/d
钾（K）	600mg/d	1200mg/d
铁（Fe）	5mg/d	20mg/d
锌（Zn）	5mg/d	20mg/d
硒（Se）	15μg/d	100μg/d
铬（Cr^{3+}）	15μg/d	150μg/d
铜（Cu）	0.5mg/d	1.5mg/d
锰（Mn）	1.0 mg/d	3.0 mg/d
钼（Mo）	20μg/d	60μg/d
视黄醇当量（维生素A或维生素A加β-胡萝卜素）	250μgRE/d	800μgRE/d
β-胡萝卜素	1.5mg/d	5.0mg/d（合成） 7.5mg/d（天然）
维生素D（VitD）	1.5μg/d	10μg/d
维生素E［VitE（以α-生育酚当量计)］	5mg α-TE/d	150mg α-TE/d
维生素K（VitK）	20μg/d	100μg/d
维生素B_1（$VitB_1$）	0.5mg/d	20mg/d
维生素B_2（$VitB_2$）	0.5mg/d	20mg/d
烟酸（维生素PP）	5mg/d	15mg/d
烟酰胺（维生素PP）	5mg/d	50mg/d
维生素B_6（$VitB_6$）	0.5mg/d	10mg/d
叶酸	100μg/d	400μg/d
维生素B_{12}（$VitB_{12}$）	1μg/d	10μg/d

续表

名称	最低量	最高量
泛酸	2mg/d	20mg/d
胆碱	150mg/d	1500mg/d
生物素	10μg/d	100μg/d
维生素 C（VitC）	30mg/d	500mg/d

表 1-3 保健食品许可的维生素、矿物质化合物名单

营养素	中文名称
钙	醋酸钙、碳酸钙、酪蛋白钙（酪朊钙）、氯化钙、柠檬酸钙、柠檬酸苹果酸钙、葡萄糖酸钙、乳酸钙、苹果酸钙、磷酸氢钙（二代磷酸钙）、磷酸二氢钙（一代磷酸钙）、磷酸钙（正磷酸钙）、硫酸钙、抗坏血酸钙、甘油磷酸钙
镁	碳酸镁、氯化镁、柠檬酸镁、葡萄糖酸镁、乳酸镁、磷酸氢镁、磷酸镁、甘油磷酸镁
钾	碳酸钾、磷酸氢二钾、氯化钾、柠檬酸钾、葡萄糖酸钾、乳酸钾、硫酸钾、甘油磷酸钾
锰	硫酸锰、葡萄糖酸锰、氯化锰、柠檬酸锰、甘油磷酸锰
钼	钼酸铵、钼酸钠
铁	柠檬酸铁铵、氯化铁、柠檬酸铁、碳酸亚铁、柠檬酸亚铁、富马酸亚铁、葡萄糖酸亚铁、硫酸亚铁、乳酸亚铁、血红素铁（铁卟啉）、氯化高铁血红素、琥珀酸亚铁、焦磷酸铁（正磷酸铁）
锌	醋酸锌、碳酸锌、氯化锌、柠檬酸锌、葡萄糖酸锌、乳酸锌、硫酸锌、氧化锌
硒	硒化卡拉胶、半胱氨酸硒、富硒啤酒酵母、硒酸钠、亚硒酸钠、硒代甲硫氨酸
铬	三氯化铬、烟酸铬、吡啶甲酸铬、铬酵母
铜	碳酸铜、柠檬酸铜、葡萄糖酸铜、硫酸铜
维生素 A	全反式视黄醇、维生素 A 醋酸酯、维生素 A 棕榈酸酯、β-胡萝卜素
维生素 D	维生素 D_2（麦角钙化醇）、维生素 D_3（胆钙化醇）
维生素 B_1	盐酸硫胺素、硝酸硫胺素
维生素 B_2	核黄素、核黄素-5′-磷酸钠
维生素 B_6	盐酸吡哆醇、5′-磷酸吡哆醇
维生素 B_{12}	氰钴胺素、羟钴胺素
烟酸	烟酸（尼克酸）、烟酰胺
叶酸	蝶酰谷氨酸（叶酸）
生物素	D-生物素
胆碱	氯化胆碱、酒石酸氢胆碱
维生素 C	L-抗坏血酸、抗坏血酸-6-棕榈酸盐、抗坏血酸钙、抗坏血酸钾、抗坏血酸钠
维生素 K	维生素 K_1（叶绿醌、植物甲萘醌）、甲萘醌维生素 K_2
泛酸	泛酸、泛酸钙、D-泛醇、D-泛酸钠、D-泛酸钙
维生素 E	*d*-α-生育酚、*dl*-α-生育酚、*dl*-α-生育酚醋酸酯、混合生育酚、天然维生素 E（*d*-α-生育酚醋酸酯）、天然维生素 E（*d*-α-生育酚琥珀酸酯）

1.4.4 真菌类保健食品规定

按照国食药监注［2005］202 号《真菌类保健食品申报与审评规定（试行）》规定，真菌类保健食品系指利用可食大型真菌和小型丝状真菌的子实体或菌丝体生产的产品。真菌类保健食品必须安全可靠，即食用安全，无毒无害，生产用菌种的生物学、遗传学、功效学特性明确和稳定。可用于保健食品的真菌菌种名单（共 11 种）：

酿酒酵母、产朊假丝酵母、乳酸克鲁维酵母、卡氏酵母、蝙蝠蛾拟青霉、蝙蝠蛾被毛孢、灵芝、紫芝、松杉灵芝、红曲霉、紫红曲霉。

1.4.5 益生菌类保健食品规定

按照国食药监注［2005］202 号《益生菌类保健食品申报与审评规定（试行）》的规定，益生菌类保健食品系指能够促进肠道菌群生态平衡，对人体起有益作用的微生态产品。益生菌菌种必须是人体正常菌群的成员，可利用其活菌、死菌及其代谢产物。益生菌类保健食品必须安全可靠，即食用安全，无不良反应；生产用菌种的生物学、遗传学、功效学特性明确和稳定。可用于保健食品的益生菌菌种名单（共 10 种）：

两歧双歧杆菌、婴儿双歧杆菌、长双歧杆菌、短双歧杆菌、青春双歧杆菌、德氏乳杆菌保加利亚种、嗜酸乳杆菌、干酪乳杆菌干酪亚种、嗜热链球菌、罗伊氏乳杆菌。

1.4.6 核酸类保健食品规定

按照国食药监注［2005］202 号《核酸类保健食品申报与审评规定（试行）》的规定，核酸类保健食品系指以核酸（DNA 或 RNA）为原料，辅以相应的协调物质生产的保健食品。不得以单一的 DNA 或 RNA 作为原料申报保健食品。核酸类保健食品，其核酸的每日推荐食用量为 0.6～1.2g。核酸类保健食品说明书及标签中的“不适宜人群”除按保健食品相关规定标注外，应明确标注出“痛风患者”。

1.4.7 野生动植物类保健食品规定

按照国食药监注［2005］202 号《野生动植物类保健食品申报与审评规定（试行）》的规定，野生动植物类保健食品是指使用了国务院及其农业（渔业）、林业行政主管部门发布的国家保护的野生动物、植物名录中收入的野生动物、植物品种生产的保健食品。禁止使用国家一级和二级保护野生动植物及其产品作为保健食品原料。禁止使用人工驯养繁殖或人工栽培的国家一级保护野生动植物及其产品作为保健食品原料。禁止使用野生甘草、苁蓉和雪莲及其产品作为原料生产保健食品。

1.4.8 氨基酸螯合物等保健食品规定

国食药监注［2005］202 号《氨基酸螯合物等保健食品申报与审评规定（试行）》规定了以下原料或方法生产的保健食品的要求：①使用氨基酸螯合物生产；②使用微生物发酵直接生产；③以褪黑素为原料生产；④以大豆磷脂为原料生产；⑤以芦荟为原料生产；⑥以蚂蚁为原料生产；⑦以酒为载体；⑧不饱和脂肪酸类；⑨以甲壳素、超氧化物歧化酶（SOD）为原料生产；⑩以使用动物性原料（包括胎盘、骨等）、红景天、花粉、螺旋藻、石斛等原料生产。例如，褪黑素的推荐食用量为 1～3mg/d，申报的保健功能暂限定为改善睡眠，注意事项中应注明从事驾驶、机械作业或危险操作者，不要在操作前或操作中食用和自身免疫症（类风湿等）及甲亢患者慎用。芦荟的食用量控制在每日 2g 以下（以原料干品计）。以芦荟凝胶为原料的除外，芦荟原料应符合 QB/T 2489—2007 的要求，不适宜人群须标明孕产妇、乳母及慢性腹泻者，注意事项须注明食用本品后如出现明显腹泻者，请立即停止食用。不饱和脂肪酸类保健食品的每日推荐食用量不超过 20mL。以超氧化物歧化酶（SOD）为原料生产的保健食品，申报的保健功能暂限定为抗氧化。使用动物性原料（包括胎盘、骨等）的，应提供原料来源证明及县级以上畜牧检疫机构出具的检疫证明。使用红景天、花粉、螺旋藻等有不同品种植物原料的，应提供省级以上专业鉴定机构出具的品种鉴定报告。使用石斛的，应提供省级以上专业鉴定机构出具的石斛品种鉴定报告和省级食品药品监督管理部门出具的人工栽培现场考察报告。

国食药监注［2005］202 号《保健食品申报与审评补充规定（试行）》还规定了保健食品的其它要求，例如，不得以肌酸和熊胆粉作为原料申请保健食品，暂不受理和审批以金属硫蛋白为原料申请的保健食品。使用红花为原料的，其产品不适宜人群应增加孕产妇、月经过多者；使用灵芝、人参、西洋参及含激素的物品（如蜂皇浆）等为原料的保健食品，不适宜人群应增加少年儿童。

1.5 普通食品非法添加物的判定方法

判定一种物质是否属于普通食品非法添加物，根据相关法律、法规、标准的规定，可以参考以下原则：

（1）不属于传统上认为是食品原料的；

（2）不属于卫生部门批准使用的新资源食品原料及使用范围的；

（3）不属于卫生部公布的食药两用或作为普通食品管理物质的；

（4）未列入 GB 2760—2014 和 GB 14880—2012 允许使用的品种及其使用范围的；

（5）未列入卫生部或国家卫生和计划生育委员会公告的，及其他我国法律法规允许使用物质之外的物质。

1.6 非法添加物和易滥用的食品添加剂品种黑名单

为配合打击违法添加非食用物质和滥用食品添加剂专项整治的开展，有针对性地打击在食品中违法添加非食用物质的行为，对食品添加剂超量、超范围使用进行有效监督管理，卫生部分别于 2008 年 12 月、2009 年 2 月、2009 年 5 月、2010 年 3 月、2011 年 1 月、2011 年 6 月发布了食品中可能违法添加的非食用物质名单和易滥用的食品添加剂品种名单（第一、二、三、四、五、六批）（表 1－4 和表 1－5）。

该名单仅为相关部门开展专项整治提供线索，并不能涵盖行业内存在的所有违法添加非食用物质和滥用食品添加剂问题。各食品安全监管部门在监督执法和处理案件过程中，要注意收集当地违法添加非食用物质和滥用食品添加剂的情况，报领导小组办公室及时增补相关信息，适时予以通报。

表 1－4　食品中可能违法添加的非食用物质黑名单

序号	名称	主要成分	可能添加的主要食品类别	可能的主要作用
1	吊白块	次硫酸钠甲醛	腐竹、粉丝、面粉、竹笋	在加工中用于增白、保鲜、增加口感、防腐
2	苏丹红	苏丹红 I	辣椒粉、含辣椒类的食品（辣椒酱、辣味调味品）	在加工中用于着色
3	王金黄、块黄	碱性橙 II	腐皮	在加工中用于着色
4	蛋白精、三聚氰胺		乳及乳制品	在加工、流通中用于虚高蛋白含量
5	硼酸与硼砂		腐竹、肉丸、凉粉、凉皮、面条、饺子皮	在加工、餐饮中用于增筋

续表

序号	名称	主要成分	可能添加的主要食品类别	可能的主要作用
6	硫氰酸钠		乳及乳制品	在加工、养殖中用于保鲜
7	玫瑰红 B	罗丹明 B	调味品	在加工中用于着色
8	美术绿	铅铬绿	茶叶	在加工中用于着色
9	碱性嫩黄		豆制品	在加工中用于着色
10	酸性橙		卤制熟食	在加工、餐饮中用于着色
11	工业用甲醛		海参、鱿鱼等干水产品、血豆腐	在加工、餐饮中用于改善外观和质地
12	工业用火碱	工业用火碱	海参、鱿鱼等干水产品、生鲜乳	在加工、餐饮中用于改善外观和质地、防腐
13	一氧化碳		金枪鱼、三文鱼	在加工、餐饮中用于改善色泽
14	硫化钠		味精	在加工中用于漂白
15	工业硫磺		白砂糖、辣椒、蜜饯、银耳、龙眼、胡萝卜、姜等	在加工、流通中用于漂白、防腐
16	工业染料		小米、玉米粉、熟肉制品等	在加工、餐饮中用于着色
17	罂粟壳	吗啡、那可丁、可卡因、罂粟碱	火锅、火锅底料及小吃类	在加工、餐饮中用作兴奋剂
18	革皮水解物	皮革水解蛋白	乳与乳制品、含乳饮料	在加工中用于增加蛋白质含量
19	溴酸钾	溴酸钾	小麦粉	在加工、餐饮中用于增筋
20	过氧化苯甲酰	过氧化苯甲酰	小麦粉、馒头	在加工、餐饮中用于增筋、增白
21	β-内酰胺酶	β-内酰胺酶	乳与乳制品	在养殖、流通中用于掩蔽抗生素
22	富马酸二甲酯	富马酸二甲酯	糕点	在加工中用于防腐、防虫
23	废弃食用油脂		食用油脂	在加工中用于掺假
24	工业用矿物油		陈化大米	在加工中用于改善外观
25	工业明胶		冰淇淋、肉皮冻等	在加工、餐饮中用于改善形状、掺假
26	工业酒精		勾兑假酒	在加工、流通中用于降低成本
27	敌敌畏		火腿、鱼干、咸鱼等制品	在加工、餐饮中用于驱虫
28	毛发水		酱油等	在加工中用于掺假
29	工业用乙酸	游离矿酸	勾兑食醋	在加工中用于调节酸度
30	β-兴奋剂类药物	盐酸克伦特罗（瘦肉精）、莱克多巴胺等	猪肉、牛羊肉及肝脏等	在养殖中用于提高瘦肉率

续表

序号	名称	主要成分	可能添加的主要食品类别	可能的主要作用
31	硝基呋喃类药物	呋喃唑酮、呋喃它酮、呋喃西林、呋喃妥因	猪肉、禽肉、动物性水产品	在养殖中用于抗感染
32	玉米赤霉醇	玉米赤霉醇	牛羊肉及肝脏、牛乳	在养殖中用于促进生长
33	抗生素残渣	万古霉素	猪肉	在养殖中用于抗感染
34	镇静剂	氯丙嗪安定	猪肉	在养殖、运输中用于镇静，催眠，减少能耗
35	荧光增白物质		双孢蘑菇、金针菇、白灵菇、面粉	在加工、流通中用于增白
36	工业氯化镁	氯化镁	木耳	在加工、流通中用于增加重量
37	磷化铝	磷化铝	木耳	在加工、流通中用于防腐
38	馅料原料漂白剂	二氧化硫脲	焙烤食品	在加工、餐饮中用于漂白
39	酸性橙 II		黄鱼、鲍汁、腌卤肉制品、红壳瓜子、辣椒面和豆瓣酱	在流通中用于增色
40	氯霉素	磺胺类、喹诺酮类、氯霉素、四环素、β－内酰胺类	生食水产品、肉制品、猪肠衣、蜂蜜	在餐饮中用于杀菌防腐
41	抗生素	磺胺类、喹诺酮、氯霉素、四环素、β－内酰胺类	生食水产品、肉制品、猪肠衣、蜂蜜	在餐饮中用于杀菌防腐
42	喹诺酮类	喹诺酮类	麻辣烫类食品	在餐饮中用于杀菌防腐
43	水玻璃	硅酸钠	面制品	在餐饮中用于增加韧性
44	孔雀石绿	孔雀石绿	鱼类	在流通、餐饮中用于抗感染
45	乌洛托品	六亚甲基四胺	腐竹、米线等	在加工中用于防腐
46	五氯酚钠	五氯酚钠	河蟹	在养殖中用于灭螺、清除野杂鱼
47	喹乙醇	喹乙醇	水产养殖饲料	在养殖中用于促生长
48	碱性黄	硫代黄素	大黄鱼	在流通中用于染色
49	磺胺二甲嘧啶	磺胺二甲嘧啶	叉烧肉类	在餐饮中用于防腐
50	敌百虫	敌百虫	腌制食品	在加工中用于防腐
51	邻苯二甲酸酯类物质*		乳化剂类食品添加剂、使用乳化剂的其它类食品添加剂或食品等	

注：* 包括邻苯二甲酸二（2－乙基）己酯（DEHP）、邻苯二甲酸二异壬酯（DINP）、邻苯二甲酸二苯酯、邻苯二甲酸二甲酯（DMP）、邻苯二甲酸二乙酯（DEP）、邻苯二甲酸二丁酯（DBP）、邻苯二甲酸二戊酯（DPP）、邻苯二甲酸二己酯（DHXP）、邻苯二甲酸二壬酯（DNP）、邻苯二甲酸二异丁酯（DIBP）、邻苯二甲酸二环己酯（DCHP）、邻苯二甲酸二正辛酯（DNOP）、邻苯二甲酸丁基苄基酯（BBP）、邻苯二甲酸二（2－甲氧基）乙酯（DMEP）、邻苯二甲酸二（2－乙氧基）乙酯（DEEP）、邻苯二甲酸二（2－丁氧基）乙酯（DBEP）、邻苯二甲酸二（4－甲基－2－戊基）酯（BMPP）等。

表 1-5 食品加工过程中易滥用的食品添加剂品种黑名单

序号	食品类别	可能易滥用的添加剂品种或行为*
1	渍菜（泡菜等）	着色剂（胭脂红、柠檬黄、诱惑红、日落黄等）
2	水果冻、蛋白冻类	着色剂、防腐剂、酸度调节剂（己二酸等）
3	腌菜	着色剂、防腐剂、甜味剂（糖精钠、甜蜜素等）
4	面点、月饼	馅中乳化剂（蔗糖脂肪酸酯等、乙酰化单甘脂肪酸酯等）、防腐剂、着色剂、甜味剂
5	面条、饺子皮	面粉处理剂
6	糕点	铝膨松剂（硫酸铝钾、硫酸铝铵等）、水分保持剂磷酸盐类（磷酸钙、焦磷酸二氢二钠等）、增稠剂（黄原胶、黄蜀葵胶等）、甜味剂（糖精钠、甜蜜素等）
7	馒头	漂白剂硫磺熏蒸
8	油条	铝膨松剂（硫酸铝钾、硫酸铝铵）
9	肉制品和卤制熟食	护色剂（硝酸盐、亚硝酸盐）
10	小麦粉	二氧化钛、硫酸铝钾、滑石粉
11	臭豆腐等	硫酸亚铁
12	乳制品（除干酪外）	山梨酸、纳他霉素
13	蔬菜干制品	硫酸铜掩盖伪劣产品
14	鲜瘦肉	在流通中使用着色剂（胭脂红）
15	大黄鱼、小黄鱼	在流通中使用着色剂（柠檬黄）
16	陈粮、米粉等	在流通、餐饮中使用漂白剂、防腐剂、保鲜剂（焦亚硫酸钠）
17	烤鱼片、冷冻虾、烤虾、鱼干、鱿鱼丝、蟹肉、鱼糜等	在流通、餐饮中使用漂白剂、防腐剂（亚硫酸钠）
18	酒类（配制酒除外）	甜味剂（甜蜜素、安赛蜜）
19	面制品和膨化食品	铝膨松剂（硫酸铝钾、硫酸铝铵）
20	葡萄酒	着色剂（胭脂红、柠檬黄、诱惑红、日落黄等）
21	腌肉料和嫩肉粉类产品	亚硝酸盐

注：* 可能易滥用的添加剂行为是指超量或超范围使用食品添加剂的行为。

1.7 国家卫生和计划生育委员会政务公开办关于新食品原料、普通食品和保健食品有关问题的说明

中华人民共和国国家卫生和计划生育委员会 2014 年 04 月 21 日发布的《国家卫生计生委政务公开办关于新食品原料、普通食品和保健食品有关问题的说明》规定：

①根据《食品安全法》及其实施条例规定，国家卫生行政部门负责新食品原料的安全性评估材料审查。为规范新食品原料安全性评估材料审查工作，国家卫生计生委将原卫生部依据《食品卫生法》制定的《新资源食品管理办法》修订为《新食品原料安全性审查管理办法》（2013 年国家卫生计生委主任第 1 号令）并于 2013 年 10 月 1 日正式实施。属于新食品原料的物品，如需开发用于普通食品的生产经营，应当按照《新食品原料安全性审查管理办法》的规定申报批准。对符合《新食品原料安全性审查管理办法》规定的有传统食用习惯的食品，企业生产经营可结合该办法，依照《食品安全法》规定执行。

②原卫生部于 2002 年发布《关于进一步规范保健食品原料管理的通知》（卫法监发〔2002〕51 号），公布《既是食品又是药品的物品名单》中的物品，可用于生产普通食品；于 2010 年公布《可用于食品的菌种名单》（卫办监督发〔2010〕65 号）中的菌种可用于生产普通食品。

③原卫生部 1998 年下发《关于 1998 年全国保健食品市场整顿工作安排的通知》（卫监法发〔1998〕第 9 号），将新资源食品油菜花粉、玉米花粉、松花粉、向日葵花粉、紫云英花粉、荞麦花粉、芝麻花粉、高粱花粉、魔芋、钝顶螺旋藻、极大螺旋藻、刺梨、玫瑰茄、蚕蛹列为普通食品管理。

④已经公告批准的新食品原料（新资源食品）名单，请访问我委网站“政务信息”栏目查阅。

⑤原卫生部于 2002 年发布《关于进一步规范保健食品原料管理的通知》，（卫法监发〔2002〕51 号）公布了《可用于保健食品的物品名单》和《保健食品禁用物品名单》。保健食品原料的具体管理规定，请参照该通知。国家食品药品监督管理总局另有规定的从其规定。

⑥原卫生部 2007 年、2009 年分别发布《关于“黄芪”等物品不得作为普通食品原料使用的批复》（卫监督函〔2007〕274 号）、《关于普通食品中有关原料问题的批复》（卫监督函〔2009〕326 号）规定，原卫生部 2002 年公布的《可用于保健食品的物品名单》所列物品仅限用于保健食品。除已公布可用于普通食品的物品外，《可用于保健食品的物品名单》中的物品不得作为普通食品原料生产经营。如需开发《可用于保健食品的物品名单》中的物品用于普通食品生产，应当按照《新食品原料安全性审查管理办法》规定的程序申报批准。对不按规定使用《可用于保健食品的物品名单》所列物品的，应按照《食品安全法》及其实施条例的有关规定进行处罚。

1.8 食品安全国家标准管理办法

2010 年 12 月 1 日起施行的《中华人民共和国卫生部令第 77 号 食品安全国家标准管理办法》规定，①食品安全国家标准自发布之日起 20 个工作日内在卫生部网站上公布，供公众免费查阅。②卫生部负责食品安全国家标准的解释工作。食品安全国家标准的解释以卫生部发文形式公布，与食品安全国家标准具有同等效力。③食品安全国家标准公布后，个别内容需作调整时，以卫生部公告的形式发布食品安全国家标准修改单。④卫生部应当组织审评委员会、省级卫生行政部门和相关单位对标准的实施情况进行跟踪评价。⑤任何公民、法人和其他组织均可以对标准实施过程中存在的问题提出意见和建议。⑥食品安全国家标准制（修）订经费纳入财政预算安排，并按照国家有关财经制度和专项资金管理办法管理。⑦发布的食品安全国家标准属于科技成果，并作为标准主要起草人专业技术资格评审的依据。⑧食品中农药、兽药残留标准制（修）订工作应当根据卫生部、农业部有关规定执行。⑨食品安全国家标准的编号工作应当根据卫生部和国家标准委的协商意见及有关规定执行。⑩食品安全地方标准制（修）订可参照本办法执行。

1.9 食品添加剂新品种管理办法

2010 年 03 月 15 日起施行的《中华人民共和国卫生部令第 73 号食品添加剂新品种管理办法》规定，食品添加剂新品种指：①未列入食品安全国家标准的食品添加剂品种；②未列入卫生部公告允许使用的食品添加剂品种；③扩大使用范围或者用量的食品添加剂品种。卫生部 2002 年 3 月 28 日发布的《食品添加剂卫生管理办法》同时废止。

1.10 可用于食品的菌种名单

卫生部办公厅 2010 年 04 月 28 日发布的《卫办监督发〔2010〕65 号 可用于食品的菌种名单》规定的可用于食品的菌种名单包括：

（1）双歧杆菌属　包括：①青春双歧杆菌；②动物双歧杆菌（乳双歧杆菌）；③两歧双歧杆

菌；④短双歧杆菌；⑤婴儿双歧杆菌；⑥长双歧杆菌。

（2）乳杆菌属 包括：①嗜酸乳杆菌；②干酪乳杆菌；③卷曲乳杆菌；④德氏乳杆菌保加利亚亚种（保加利亚乳杆菌）；⑤德氏乳杆菌乳亚种；⑥发酵乳杆菌；⑦格氏乳杆菌；⑧瑞士乳杆菌；⑨约氏乳杆菌；⑩副干酪乳杆菌；⑪植物乳杆菌；⑫罗伊氏乳杆菌；⑬鼠李糖乳杆菌；⑭唾液乳杆菌。

（3）链球菌属 包括：嗜热链球菌。

注：①传统上用于食品生产加工的菌种允许继续使用。名单以外的、新菌种按照《新资源食品管理办法》执行。②可用于婴幼儿食品的菌种按现行规定执行，名单另行制定。

1.11 食用农产品范围注释

2005年04月04日，商务部、财政部、国家税务总局《关于开展农产品连锁经营试点的通知（商建发［2005］1号）》之附件所表述：

食用农产品是指可供食用的各种植物、畜牧、渔业产品及其初级加工产品。范围包括：

一、植物类

植物类包括人工种植和天然生长的各种植物的初级产品及其初加工品。范围包括：

（一）粮食

粮食是指供食用的谷类、豆类、薯类的统称。范围包括：

1. 小麦、稻谷、玉米、高粱、谷子、杂粮（如：大麦、燕麦等）及其他粮食作物。

2. 对上述粮食进行淘洗、碾磨、脱壳、分级包装、装缸发制等加工处理，制成的成品粮及其初制品，如大米、小米、面粉、玉米粉、豆面粉、米粉、荞麦面粉、小米面粉、莜麦面粉、薯粉、玉米片、玉米米、燕麦片、甘薯片、黄豆芽、绿豆芽等。

3. 切面、饺子皮、馄饨皮、面皮、米粉等粮食复制品。

以粮食为原料加工的速冻食品、方便面、副食品和各种熟食品，不属于食用农产品范围。

（二）园艺植物

1. 蔬菜

蔬菜是指可作副食的草本、木本植物的总称。范围包括：

（1）各种蔬菜（含山野菜）、菌类植物和少数可作副食的木本植物。

（2）对各类蔬菜经晾晒、冷藏、冷冻、包装、脱水等工序加工的蔬菜。

（3）将植物的根、茎、叶、花、果、种子和食用菌通过干制加工处理后，制成的各类干菜，如黄花菜、玉兰片、萝卜干、冬菜、梅干菜，木耳、香菇、平菇等。

（4）腌菜、咸菜、酱菜和盐渍菜等也属于食用农产品范围。

各种蔬菜罐头（罐头是指以金属罐、玻璃瓶，经排气密封的各种食品。下同）及碾磨后的园艺植物（如胡椒粉、花椒粉等），不属于食用农产品范围。

2. 水果及坚果

（1）新鲜水果。

（2）通过对新鲜水果（含各类山野果）清洗、脱壳、分类、包装、储藏保鲜、干燥、炒制等加工处理，制成的各类水果、果干（如荔枝干、桂圆干、葡萄干等）、果仁、坚果等。

（3）经冷冻、冷藏等工序加工的水果。

各种水果罐头，果脯，蜜饯，炒制的果仁、坚果，不属于食用农产品范围。

3. 花卉及观赏植物

通过对花卉及观赏植物进行保鲜、储蓄、分级包装等加工处理，制成的各类用于食用的鲜、干花，晒制的药材等。

（三）茶叶

茶叶是指从茶树上采摘下来的鲜叶和嫩芽（即茶青），以及经吹干、揉拌、发酵、烘干等工序初制的茶。范围包括各种毛茶（如红毛茶、绿毛茶、乌龙毛茶、白毛茶、黑毛茶等）。

精制茶、边销茶及掺兑各种药物的茶和茶饮料，不属于食用农产品范围。

（四）油料植物

1. 油料植物是指主要用作榨取油脂的各种植物的根、茎、叶、果实、花或者胚芽组织等初级产品，如菜籽（包括芥菜籽）、花生、大豆、葵花籽、蓖麻籽、芝麻籽、胡麻籽、茶籽、桐籽、橄榄仁、棕榈仁、棉籽等。

2. 通过对菜籽、花生、大豆、葵花籽、蓖麻籽、芝麻、胡麻籽、茶籽、桐籽、棉籽及粮食的副产品等，进行清理、热炒、磨坯、榨油（搅油、墩油）等加工处理，制成的植物油（毛油）和饼粕等副产品，具体包括菜籽油、花生油、小磨香油、豆油、棉籽油、葵花油、米糠油以及油料饼粕、豆饼等。

3. 提取芳香油的芳香油料植物。

精炼植物油不属于食用农产品范围。

（五）药用植物

1. 药用植物是指用作中药原药的各种植物的根、茎、皮、叶、花、果实等。

2. 通过对各种药用植物的根、茎、皮、叶、花、果实等进行挑选、整理、捆扎、清洗、晾晒、切碎、蒸煮、密炒等处理过程，制成的片、丝、块、段等中药材。

3. 利用上述药用植物加工制成的片、丝、块、段等中药饮片。

中成药不属于食用农产品范围。

（六）糖料植物

1. 糖料植物是指主要用作制糖的各种植物，如甘蔗、甜菜等。

2. 通过对各种糖料植物，如甘蔗、甜菜等，进行清洗、切割、包装等加工处理的初级产品。

（七）热带、南亚热带作物初加工

通过对热带、南亚热带作物去除杂质、脱水、干燥等加工处理，制成的半成品或初级食品。具体包括：天然生胶和天然浓缩胶乳、生熟咖啡豆、胡椒籽、肉桂油、桉油、香茅油、木薯淀粉、腰果仁、坚果仁等。

（八）其他植物

其他植物是指除上述列举植物以外的其他各种可食用的人工种植和野生的植物及其初加工产品，如谷类、薯类、豆类、油料植物、糖料植物、蔬菜、花卉、植物种子、植物叶子、草、藻类植物等。

可食用的干花、干草、薯干、干制的藻类植物，也属于食用农产品范围。

二、畜牧类

畜牧类产品是指人工饲养、繁殖取得和捕获的各种畜禽及初加工品。范围包括：

（一）肉类产品

1. 兽类、禽类和爬行类动物（包括各类牲畜、家禽和人工驯养、繁殖的野生动物以及其他经济动物），如牛、马、猪、羊、鸡、鸭等。

2. 兽类、禽类和爬行类动物的肉产品。通过对畜禽类动物宰杀、去头、去蹄、去皮、去内脏、分割、切块或切片、冷藏或冷冻等加工处理，制成的分割肉、保鲜肉、冷藏肉、冷冻肉、冷却肉、盐渍肉，绞肉、肉块、肉片、肉丁等。

3. 兽类、禽类和爬行类动物的内脏、头、尾、蹄等组织。

4. 各种兽类、禽类和爬行类动物的肉类生制品，如腊肉、腌肉、熏肉等。

各种肉类罐头、肉类熟制品，不属于食用农产品范围。

（二）蛋类产品

1. 蛋类产品是指各种禽类动物和爬行类动物的卵，包括鲜蛋、冷藏蛋。

2. 蛋类初加工品。通过对鲜蛋进行清洗、干燥、分级、包装、冷藏等加工处理，制成的各种分级、包装的鲜蛋、冷藏蛋等。

3. 经加工的咸蛋、松花蛋、腌制的蛋等。

各种蛋类的罐头不属于食用农产品范围。

（三）奶制品

1. 鲜奶是指各种哺乳类动物的乳汁和经净化、杀菌等加工工序生产的乳汁。

2. 通过对鲜奶进行净化、均质、杀菌或灭菌、灌装等，制成的巴氏杀菌奶、超高温灭菌奶、花色奶等。

用鲜奶加工的各种奶制品，如酸奶、奶酪、奶油等，不属于食用农产品范围。

（四）蜂类产品

1. 蜂类产品是指采集的未经加工的天然蜂蜜、鲜蜂王浆等。

2. 通过去杂、浓缩、熔化、磨碎、冷冻等加工处理，制成的蜂蜜、鲜王浆以及蜂蜡、蜂胶、蜂花粉等。

各种蜂产品口服液、王浆粉不属于食用农产品范围。

（五）其他畜牧产品

其他畜牧产品是指上述列举以外的可食用的兽类、禽类、爬行类动物的其他组织，以及昆虫类动物。如动物骨、壳、动物血液、动物分泌物、蚕种、动物树脂等。

三、渔业类

（一）水产动物产品

水产动物是指人工放养和人工捕捞的鱼、虾、蟹、鳖、贝类、棘皮类、软体类、腔肠类、两栖类、海兽及其他水产动物。范围包括：

（1）鱼、虾、蟹、鳖、贝类、棘皮类、软体类、腔肠类、海兽类、鱼苗（卵）、虾苗、蟹苗、贝苗（秧）等。

（2）将水产动物整体或去头、去鳞（皮、壳）、去内脏、去骨（刺）、擂溃或切块、切片，经冰鲜、冷冻、冷藏、盐渍、干制等保鲜防腐处理和包装的水产动物初加工品。

熟制的水产品和各类水产品的罐头，不属于食用农产品范围。

（二）水生植物

（1）海带、裙带菜、紫菜、龙须菜、麒麟菜、江篱、浒苔、羊栖菜、莼菜等。

（2）将上述水生植物整体或去根、去边梢、切段，经热烫、冷冻、冷藏等保鲜防腐处理和包装的产品，以及整体或去根、去边梢、切段，经晾晒、干燥（脱水）、粉碎等处理和包装的产品。

罐装（包括软罐）产品不属于食用农产品范围。

（三）水产综合利用初加工品

通过对食用价值较低的鱼类、虾类、贝类、藻类以及水产品加工下脚料等，进行压榨（分离）、浓缩、烘干、粉碎、冷冻、冷藏等加工处理制成的可食用的初制品。如鱼粉、鱼油、海藻胶、鱼鳞胶、鱼露（汁）、虾酱、鱼籽、鱼肝酱等。

以鱼油、海兽油脂为原料生产的各类乳剂、胶丸、滴剂等制品不属于食用农产品范围。

1.12 2015年之前发布的重要食品安全标准

GB 2760—2014 食品安全国家标准 食品添加剂使用标准

GB 2761—2011 食品安全国家标准 食品中真菌毒素限量
GB 2762—2012 食品安全国家标准 食品中污染物限量
GB 2763—2014 食品安全国家标准 食品中农药最大残留限量
GB 7718—2011 食品安全国家标准 预包装食品标签通则
GB/T 12729. 1—2008 香辛料和调味品 名称
GB 14880—2012 食品安全国家标准 食品营养强化剂使用标准
GB 14963—2011 食品安全国家标准 蜂蜜
GB 16740—2014 食品安全国家标准 保健食品
GB/T 18104—2000 魔芋精粉
GB/T 20881—2007 低聚异麦芽糖
GB/T 20882—2007 果葡糖浆
GB/T 20883—2007 麦芽糖
GB/T 20884—2007 麦芽糊精
GB/T 20885—2007 葡萄糖浆
GB/T 20886—2007 食品加工用酵母
GB 24154—2015 食品安全国家标准 运动营养食品通则
GB 25596—2010 食品安全国家标准 特殊医学用途婴儿配方食品通则
GB 28050—2011 食品安全国家标准 预包装食品营养标签通则
GB 29922—2013 食品安全国家标准 特殊医学用途配方食品通则
GH/T 18796—2012 蜂蜜
NY/T 494—2010 魔芋粉
NY/T 1741—2009 蔬菜名称及计算机编码
NY/T 2636—2014 温带水果分类和编码
SB/T 10371—2003 鸡精调味料
SB/T 10528—2009 纳豆
WS/T 476—2015 营养名词术语
《中华人民共和国药典》2015 年版

1. 13 2015 年国家卫生和计划生育委员会发布的与食品相关的公告和食品安全国家标准

（1）关于发布《食品安全国家标准 食品中镉的测定》（GB 5009. 15—2014）等 13 项食品安全国家标准的公告（2015 年第 2 号）

GB 5009. 15—2014 食品安全国家标准 食品中镉的测定
GB 5009. 16—2014 食品安全国家标准 食品中锡的测定
GB 5009. 123—2014 食品安全国家标准 食品中铬的测定
GB 5009. 223—2014 食品安全国家标准 食品中氨基甲酸乙酯的测定
GB 8270—2014 食品安全国家标准 食品添加剂 甜菊糖苷
GB 15193. 6—2014 食品安全国家标准 哺乳动物骨髓细胞染色体畸变试验
GB 22255—2014 食品安全国家标准 食品中三氯蔗糖（蔗糖素）的测定
GB 31622—2014 食品安全国家标准 食品添加剂 杨梅红
GB 31624—2014 食品安全国家标准 食品添加剂 天然胡萝卜素
GB 31625—2014 食品安全国家标准 食品添加剂 二氢茉莉酮酸甲酯

GB 31631—2014 食品安全国家标准 食品添加剂 氯化铵

GB 31632—2014 食品安全国家标准 食品添加剂 镍

GB 31634—2014 食品安全国家标准 食品添加剂 珍珠岩

（2）关于发布《食品安全国家标准 果蝇伴性隐性致死试验》（GB 15193.11—2015）等9项食品安全国家标准的公告（2015年第6号）

GB 15193.11—2015 食品安全国家标准 果蝇伴性隐性致死试验

GB 15193.13—2015 食品安全国家标准 90天经口毒性试验

GB 15193.14—2015 食品安全国家标准 致畸试验

GB 15193.15—2015 食品安全国家标准 生殖毒性试验

GB 15193.17—2015 食品安全国家标准 慢性毒性和致癌合并试验

GB 15193.18—2015 食品安全国家标准 健康指导值

GB 15193.19—2015 食品安全国家标准 致突变物、致畸物和致癌物的处理方法

GB 15193.26—2015 食品安全国家标准 慢性毒性试验

GB 15193.27—2015 食品安全国家标准 致癌试验

（3）关于发布《食品安全国家标准 食品中总砷及无机砷的测定》（GB 5009.11—2014）等8项食品安全国家标准的公告（2015年第7号）

GB 5009.11—2014 食品安全国家标准 食品中总砷及无机砷的测定

GB 5009.17—2014 食品安全国家标准 食品中总汞及有机汞的测定

GB 5009.74—2014 食品安全国家标准 食品添加剂中重金属限量试验

GB 5009.75—2014 食品安全国家标准 食品添加剂中铅的测定

GB 5009.76—2014 食品安全国家标准 食品添加剂中砷的测定

GB 5009.88—2014 食品安全国家标准 食品中膳食纤维的测定

GB 5009.211—2014 食品安全国家标准 食品中叶酸的测定

GB 31603—2015 食品安全国家标准 食品接触材料及制品生产通用卫生规范

（4）关于发布《食品安全国家标准 碳酸钠》（GB 1886.1—2015）等127项食品安全国家标准和2项修改单的公告（2015年第8号）

GB 1886.1—2015 食品安全国家标准 食品添加剂 碳酸钠

GB 1886.2—2015 食品安全国家标准 食品添加剂 碳酸氢钠

GB 1886.5—2015 食品安全国家标准 食品添加剂 硝酸钠

GB 1886.7—2015 食品安全国家标准 食品添加剂 焦亚硫酸钠

GB 1886.10—2015 食品安全国家标准 食品添加剂 冰乙酸（又名冰醋酸）

GB 1886.12—2015 食品安全国家标准 食品添加剂 丁基羟基茴香醚（BHA）

GB 1886.13—2015 食品安全国家标准 食品添加剂 高锰酸钾

GB 1886.14—2015 食品安全国家标准 食品添加剂 没食子酸丙酯

GB 1886.15—2015 食品安全国家标准 食品添加剂 磷酸

GB 1886.16—2015 食品安全国家标准 食品添加剂 香兰素

GB 1886.17—2015 食品安全国家标准 食品添加剂 紫胶红（又名虫胶红）

GB 1886.23—2015 食品安全国家标准 食品添加剂 小花茉莉浸膏

GB 1886.24—2015 食品安全国家标准 食品添加剂 桂花浸膏

GB 1886.27—2015 食品安全国家标准 食品添加剂 蔗糖脂肪酸酯

GB 1886.29—2015 食品安全国家标准 食品添加剂 生姜油

GB 1886.31—2015 食品安全国家标准 食品添加剂 对羟基苯甲酸乙酯

GB 1886.33—2015 食品安全国家标准 食品添加剂 桉叶油（蓝桉油）
GB 1886.35—2015 食品安全国家标准 食品添加剂 山苍子油
GB 1886.36—2015 食品安全国家标准 食品添加剂 留兰香油
GB 1886.37—2015 食品安全国家标准 食品添加剂 环己基氨基磺酸钠（又名甜蜜素）
GB 1886.38—2015 食品安全国家标准 食品添加剂 薰衣草油
GB 1886.39—2015 食品安全国家标准 食品添加剂 山梨酸钾
GB 1886.41—2015 食品安全国家标准 食品添加剂 黄原胶
GB 1886.42—2015 食品安全国家标准 食品添加剂 *dl*－酒石酸
GB 1886.43—2015 食品安全国家标准 食品添加剂 抗坏血酸钙
GB 1886.46—2015 食品安全国家标准 食品添加剂 低亚硫酸钠
GB 1886.48—2015 食品安全国家标准 食品添加剂 玫瑰油
GB 1886.50—2015 食品安全国家标准 食品添加剂 2－甲基－3－巯基呋喃
GB 1886.51—2015 食品安全国家标准 食品添加剂 2，3－丁二酮
GB 1886.52—2015 食品安全国家标准 食品添加剂 植物油抽提溶剂（又名己烷类溶剂）
GB 1886.53—2015 食品安全国家标准 食品添加剂 己二酸
GB 1886.54—2015 食品安全国家标准 食品添加剂 丙烷
GB 1886.55—2015 食品安全国家标准 食品添加剂 丁烷
GB 1886.56—2015 食品安全国家标准 食品添加剂 1－丁醇（正丁醇）
GB 1886.58—2015 食品安全国家标准 食品添加剂 乙醚
GB 1886.59—2015 食品安全国家标准 食品添加剂 石油醚
GB 1886.62—2015 食品安全国家标准 食品添加剂 硅酸镁
GB 1886.65—2015 食品安全国家标准 食品添加剂 单，双甘油脂肪酸酯
GB 1886.67—2015 食品安全国家标准 食品添加剂 皂荚糖胶
GB 1886.68—2015 食品安全国家标准 食品添加剂 二甲基二碳酸盐（又名维果灵）
GB 1886.70—2015 食品安全国家标准 食品添加剂 沙蒿胶
GB 1886.71—2015 食品安全国家标准 食品添加剂 1，2－二氯乙烷
GB 1886.73—2015 食品安全国家标准 食品添加剂 不溶性聚乙烯聚吡咯烷酮
GB 1886.79—2015 食品安全国家标准 食品添加剂 硫代二丙酸二月桂酯
GB 1886.80—2015 食品安全国家标准 食品添加剂 乙酰化单、双甘油脂肪酸酯
GB 1886.81—2015 食品安全国家标准 食品添加剂 月桂酸
GB 1886.84—2015 食品安全国家标准 食品添加剂 巴西棕榈蜡
GB 1886.87—2015 食品安全国家标准 食品添加剂 蜂蜡
GB 1886.88—2015 食品安全国家标准 食品添加剂 富马酸一钠
GB 1886.89—2015 食品安全国家标准 食品添加剂 甘草抗氧化物
GB 1886.90—2015 食品安全国家标准 食品添加剂 硅酸钙
GB 1886.93—2015 食品安全国家标准 食品添加剂 乳酸脂肪酸甘油酯
GB 1886.95—2015 食品安全国家标准 食品添加剂 聚甘油蓖麻醇酸酯（PGPR）
GB 1886.97—2015 食品安全国家标准 食品添加剂 5'－肌苷酸二钠
GB 1886.99—2015 食品安全国家标准 食品添加剂 L－α－天冬氨酰－*N*－（2，2，4，4－四甲基－3－硫化三亚甲基）－D－丙氨酰胺（又名阿力甜）
GB 1886.100—2015 食品安全国家标准 食品添加剂 乙二胺四乙酸二钠
GB 1886.103—2015 食品安全国家标准 食品添加剂 微晶纤维素

GB 1886.107—2015 食品安全国家标准 食品添加剂 柠檬酸一钠
GB 1886.111—2015 食品安全国家标准 食品添加剂 甜菜红
GB 1886.112—2015 食品安全国家标准 食品添加剂 聚氧乙烯木糖醇酐单硬脂酸酯
GB 1886.113—2015 食品安全国家标准 食品添加剂 菊花黄浸膏
GB 1886.114—2015 食品安全国家标准 食品添加剂 紫胶（又名虫胶）
GB 1886.115—2015 食品安全国家标准 食品添加剂 黑豆红
GB 1886.116—2015 食品安全国家标准 食品添加剂 木糖醇酐单硬脂酸酯
GB 1886.117—2015 食品安全国家标准 食品添加剂 羟基香茅醛
GB 1886.118—2015 食品安全国家标准 食品添加剂 杭白菊花浸膏
GB 1886.119—2015 食品安全国家标准 食品添加剂 1，8-桉叶素
GB 1886.120—2015 食品安全国家标准 食品添加剂 己酸
GB 1886.121—2015 食品安全国家标准 食品添加剂 丁酸
GB 1886.122—2015 食品安全国家标准 食品添加剂 桃醛（又名γ-十一烷内酯）
GB 1886.123—2015 食品安全国家标准 食品添加剂 α-己基肉桂醛
GB 1886.124—2015 食品安全国家标准 食品添加剂 广藿香油
GB 1886.125—2015 食品安全国家标准 食品添加剂 肉桂醇
GB 1886.126—2015 食品安全国家标准 食品添加剂 乙酸芳樟酯
GB 1886.128—2015 食品安全国家标准 食品添加剂 甲基环戊烯醇酮（又名3-甲基-2-羟基-2-环戊烯-1-酮）
GB 1886.129—2015 食品安全国家标准 食品添加剂 丁香酚
GB 1886.130—2015 食品安全国家标准 食品添加剂 庚酸乙酯
GB 1886.131—2015 食品安全国家标准 食品添加剂 α-戊基肉桂醛
GB 1886.132—2015 食品安全国家标准 食品添加剂 己酸烯丙酯
GB 1886.133—2015 食品安全国家标准 食品添加剂 枣子酊
GB 1886.134—2015 食品安全国家标准 食品添加剂 γ-壬内酯
GB 1886.135—2015 食品安全国家标准 食品添加剂 苯甲醇
GB 1886.136—2015 食品安全国家标准 食品添加剂 丁酸苄酯
GB 1886.137—2015 食品安全国家标准 食品添加剂 十六醛（又名杨梅醛）
GB 1886.138—2015 食品安全国家标准 食品添加剂 2-乙酰基吡嗪
GB 1886.139—2015 食品安全国家标准 食品添加剂 百里香酚
GB 1886.140—2015 食品安全国家标准 食品添加剂 八角茴香油
GB 1886.142—2015 食品安全国家标准 食品添加剂 α-紫罗兰酮
GB 1886.143—2015 食品安全国家标准 食品添加剂 γ-癸内酯
GB 1886.144—2015 食品安全国家标准 食品添加剂 γ-己内酯
GB 1886.145—2015 食品安全国家标准 食品添加剂 δ-癸内酯
GB 1886.146—2015 食品安全国家标准 食品添加剂 δ-十二内酯
GB 1886.147—2015 食品安全国家标准 食品添加剂 二氢香芹醇
GB 1886.148—2015 食品安全国家标准 食品添加剂 芳樟醇
GB 1886.149—2015 食品安全国家标准 食品添加剂 己醛
GB 1886.150—2015 食品安全国家标准 食品添加剂 甲酸香茅酯
GB 1886.151—2015 食品安全国家标准 食品添加剂 甲酸香叶酯
GB 1886.152—2015 食品安全国家标准 食品添加剂 辛酸乙酯

GB 1886.153—2015 食品安全国家标准 食品添加剂 乙酸 2－甲基丁酯
GB 1886.154—2015 食品安全国家标准 食品添加剂 乙酸丙酯
GB 1886.155—2015 食品安全国家标准 食品添加剂 乙酸橙花酯
GB 1886.156—2015 食品安全国家标准 食品添加剂 乙酸松油酯
GB 1886.157—2015 食品安全国家标准 食品添加剂 乙酸香叶酯
GB 1886.158—2015 食品安全国家标准 食品添加剂 异丁酸乙酯
GB 1886.159—2015 食品安全国家标准 食品添加剂 异戊酸 3－己烯酯
GB 1886.160—2015 食品安全国家标准 食品添加剂 正癸醛（又名癸醛）
GB 1886.161—2015 食品安全国家标准 食品添加剂 棕榈酸乙酯
GB 1886.162—2015 食品安全国家标准 食品添加剂 2，6－二甲基－5－庚烯醛
GB 1886.163—2015 食品安全国家标准 食品添加剂 2－甲基－4－戊烯酸
GB 1886.164—2015 食品安全国家标准 食品添加剂 2－甲基丁酸 2－甲基丁酯
GB 1886.165—2015 食品安全国家标准 食品添加剂 2－甲基丁酸 3－己烯酯
GB 1886.166—2015 食品安全国家标准 食品添加剂 γ－庚内酯
GB 1886.167—2015 食品安全国家标准 食品添加剂 大茴香脑
GB 1886.168—2015 食品安全国家标准 食品添加剂 γ－十二内酯
GB 2713—2015 食品安全国家标准 淀粉制品
GB 2714—2015 食品安全国家标准 酱腌菜
GB 2720—2015 食品安全国家标准 味精
GB 2721—2015 食品安全国家标准 食用盐
GB 2730—2015 食品安全国家标准 腌腊肉制品
GB 4806.2—2015 食品安全国家标准 奶嘴
GB 7099—2015 食品安全国家标准 糕点、面包
GB 7100—2015 食品安全国家标准 饼干
GB 14930.1—2015 食品安全国家标准 洗涤剂
GB 14967—2015 食品安全国家标准 胶原蛋白肠衣
GB 17400—2015 食品安全国家标准 方便面
GB 30604—2015 食品安全国家标准 食品营养强化剂 1，3－二油酸－2－棕榈酸甘油三酯
GB 31604.1—2015 食品安全国家标准 食品接触材料及制品迁移试验通则
GB 28307—2012 食品安全国家标准 食品添加剂 麦芽糖醇和麦芽糖醇液 第 1 号修改单
GB 29948—2013 食品安全国家标准 食品添加剂 聚丙烯酸钠 第 1 号修改单

（5）关于发布《食品安全国家标准 食品添加剂 六偏磷酸钠》（GB 1886.4—2015）等 47 项食品安全国家标准的公告（2015 年第 9 号）

GB 1886.4—2015 食品安全国家标准 食品添加剂 六偏磷酸钠
GB 1886.8—2015 食品安全国家标准 食品添加剂 亚硫酸钠
GB 1886.18—2015 食品安全国家标准 食品添加剂 糖精钠
GB 1886.19—2015 食品安全国家标准 食品添加剂 红曲米
GB 1886.30—2015 食品安全国家标准 食品添加剂 可可壳色
GB 1886.32—2015 食品安全国家标准 食品添加剂 高粱红
GB 1886.34—2015 食品安全国家标准 食品添加剂 辣椒红
GB 1886.40—2015 食品安全国家标准 食品添加剂 L－苹果酸
GB 1886.60—2015 食品安全国家标准 食品添加剂 姜黄

GB 1886.61—2015 食品安全国家标准 食品添加剂 红花黄
GB 1886.63—2015 食品安全国家标准 食品添加剂 膨润土
GB 1886.64—2015 食品安全国家标准 食品添加剂 焦糖色
GB 1886.66—2015 食品安全国家标准 食品添加剂 红曲黄色素
GB 1886.74—2015 食品安全国家标准 食品添加剂 柠檬酸钾
GB 1886.76—2015 食品安全国家标准 食品添加剂 姜黄素
GB 1886.82—2015 食品安全国家标准 食品营养强化剂 5'－尿苷酸二钠
GB 1886.86—2015 食品安全国家标准 食品添加剂 刺云实胶
GB 1886.104—2015 食品安全国家标准 食品添加剂 喹啉黄
GB 1886.106—2015 食品安全国家标准 食品添加剂 罗望子多糖胶
GB 1886.108—2015 食品安全国家标准 食品添加剂 偶氮甲酰胺
GB 1886.109—2015 食品安全国家标准 食品添加剂 羟丙基甲基纤维素（HPMC）
GB 1886.110—2015 食品安全国家标准 食品添加剂 天然苋菜红
GB 1903.1—2015 食品安全国家标准 食品营养强化剂 L－盐酸赖氨酸
GB 1903.2—2015 食品安全国家标准 食品营养强化剂 甘氨酸锌
GB 1903.3—2015 食品安全国家标准 食品营养强化剂 5'－单磷酸腺苷
GB 1903.4—2015 食品安全国家标准 食品营养强化剂 氧化锌
GB 1903.6—2015 食品安全国家标准 食品营养强化剂 维生素 E 琥珀酸钙
GB 1903.7—2015 食品安全国家标准 食品营养强化剂 葡萄糖酸锰
GB 1903.8—2015 食品安全国家标准 食品营养强化剂 葡萄糖酸铜
GB 1903.9—2015 食品安全国家标准 食品营养强化剂 亚硒酸钠
GB 1903.10—2015 食品安全国家标准 食品营养强化剂 葡萄糖酸亚铁
GB 1903.11—2015 食品安全国家标准 食品营养强化剂 乳酸锌
GB 1903.12—2015 食品安全国家标准 食品营养强化剂 L－硒－甲基硒代半胱氨酸
GB 2733—2015 食品安全国家标准 鲜、冻动物性水产品
GB 2749—2015 食品安全国家标准 蛋与蛋制品
GB 2759—2015 食品安全国家标准 冷冻饮品和制作料
GB 7098—2015 食品安全国家标准 罐头食品
GB 7101—2015 食品安全国家标准 饮料
GB 10136—2015 食品安全国家标准 动物性水产制品
GB 10146—2015 食品安全国家标准 食用动物油脂
GB 15196—2015 食品安全国家标准 食用油脂制品
GB 17325—2015 食品安全国家标准 食品工业用浓缩液（汁、浆）
GB 19299—2015 食品安全国家标准 果冻
GB 19641—2015 食品安全国家标准 食用植物油料
GB 24154—2015 食品安全国家标准 运动营养食品通则
GB 31601—2015 食品安全国家标准 孕妇及乳母营养补充食品
GB 31602—2015 食品安全国家标准 干海参

1.14 2016 年国家卫生和计划生育委员会发布的与食品相关的公告和食品安全国家标准

（1）国家卫生和计划生育委员会公告（2016 年第 1 号）
附件：①国家卫生计生委现行有效部门规章目录（禁止食品加药卫生管理办法、食品添加剂新

品种管理办法、食品安全国家标准管理办法、新食品原料安全性审查管理办法等）；②国家卫生计生委决定不再作为部门规章的文件目录（全国卫生系统外语水平考试管理规则等）。

（2）关于发酵乳杆菌CECT5716等3个菌种的公告（2016年第4号）

根据《食品安全法》规定，审评机构组织专家对小牛葡萄球菌（Staphylococcus vitulinus）、木糖葡萄球菌（Staphylococcus xylosus）、肉葡萄球菌（Staphylococcus carnosus）的安全性评估材料审查通过，列入《可用于食品的菌种名单》。

（3）关于氨基甲酸铵等23种食品相关产品新品种的安全性评估的公告（2016年第5号）

附件：①氨基甲酸铵等15种食品接触材料及制品用添加剂新品种；②三氧化二铝等2种扩大使用范围或使用量的食品接触材料及制品用添加剂；③1－癸烯与4－甲基－1－戊烯的聚合物等6种食品接触材料及制品用树脂新品种。

（4）关于发酵乳杆菌CECT5716等3个菌种的公告（2016年第6号）

根据《食品安全法》规定，审评机构组织专家对发酵乳杆菌CECT5716（Lactobacillus fermentum）等3个菌种的安全性评估材料审查通过。将发酵乳杆菌CECT5716（Lactobacillus fermentum）、短双歧杆菌M－16V（Bifidobacterium breve）列入《可用于婴幼儿食品的菌种名单》，将凝结芽孢杆菌（Bacillus coagulans）列入《可用于食品的菌种名单》。

（5）关于聚（12－羟基硬脂酸）硬脂酸酯等23种食品相关产品新品种的公告（2016年第7号）

附件：①聚（12－羟基硬脂酸）硬脂酸酯等12种食品接触材料及制品用添加剂新品种；②氧化镁等5种扩大使用范围或使用量的食品接触材料及制品用添加剂；③丙烯腈与1，1－二氯乙烯的聚合物等6种食品接触材料及制品用树脂新品种。

（6）关于海藻酸钙等食品添加剂新品种的公告（2016年第8号）

附件：①海藻酸钙、皂树皮提取物、磷酸（湿法）、酒石酸铁、茶黄素、五个食品用香料共10种食品添加剂新品种；②L（＋）－酒石酸、二甲基二碳酸盐（又名维果灵）、二氧化钛、红曲红、焦糖色（普通法）、焦亚硫酸钾、焦亚硫酸钠、抗坏血酸棕榈酸酯、可得然胶、辣椒红、辣椒油树脂、亮蓝及其铝色淀、木松香甘油酯、山梨酸钾、山梨糖醇和山梨糖醇液、特丁基对苯二酚（TBHQ）、植物炭黑、不溶性聚乙烯聚吡咯烷酮、硅酸钙共19种食品添加剂扩大使用范围或使用量；③L－苏糖酸镁、低聚半乳糖、维生素K_2（发酵法）共3种食品营养强化剂新品种；④左旋肉碱食品营养强化剂扩大使用量。

（7）关于抗坏血酸棕榈酸酯（酶法）等食品添加剂新品种的公告（2016年第9号）

附件：①抗坏血酸棕榈酸酯（酶法）、两种食品用香料共3种食品添加剂新品种；②辣椒油树脂、辣椒红、异麦芽酮糖、山梨酸钾、焦亚硫酸钠、紫胶（又名虫胶）、聚二甲基硅氧烷及其乳液、辛，癸酸甘油酯共8种食品添加剂扩大使用范围；③富硒酵母食品营养强化剂扩大使用范围。

（8）关于氨基磺酸等食品相关产品新品种的公告（2016年第10号）

附件：氨基磺酸等3种食品接触材料及制品用添加剂新品种。

（9）关于发布《食品安全国家标准 食品添加剂 磷酸氢钙》（GB 1886.3—2016）等243项食品安全国家标准和2项标准修改单的公告（2016年第11号）

GB 1886.3—2016 食品安全国家标准 食品添加剂 磷酸氢钙

GB 1886.6—2016 食品安全国家标准 食品添加剂 硫酸钙

GB 1886.9—2016 食品安全国家标准 食品添加剂 盐酸

GB 1886.11—2016 食品安全国家标准 食品添加剂 亚硝酸钠

GB 1886.20—2016 食品安全国家标准 食品添加剂 氢氧化钠

GB 1886.21—2016 食品安全国家标准 食品添加剂 乳酸钙

GB 1886.22—2016 食品安全国家标准 食品添加剂 柠檬油

GB 1886.25—2016 食品安全国家标准 食品添加剂 柠檬酸钠

GB 1886.26—2016 食品安全国家标准 食品添加剂 石蜡

GB 1886.28—2016 食品安全国家标准 食品添加剂 D-异抗坏血酸钠

GB 1886.44—2016 食品安全国家标准 食品添加剂 抗坏血酸钠

GB 1886.45—2016 食品安全国家标准 食品添加剂 氯化钙

GB 1886.47—2016 食品安全国家标准 食品添加剂 天门冬酰苯丙氨酸甲酯（又名阿斯巴甜）

GB 1886.49—2016 食品安全国家标准 食品添加剂 D-异抗坏血酸

GB 1886.57—2016 食品安全国家标准 食品添加剂 单辛酸甘油酯

GB 1886.69—2016 食品安全国家标准 食品添加剂 天门冬酰苯丙氨酸甲酯乙酰磺胺酸

GB 1886.72—2016 食品安全国家标准 食品添加剂 聚氧乙烯聚氧丙烯胺醚

GB 1886.75—2016 食品安全国家标准 食品添加剂 L-半胱氨酸盐酸盐

GB 1886.77—2016 食品安全国家标准 食品添加剂 罗汉果甜苷

GB 1886.78—2016 食品安全国家标准 食品添加剂 番茄红素（合成）

GB 1886.83—2016 食品安全国家标准 食品添加剂 铵磷脂

GB 1886.85—2016 食品安全国家标准 食品添加剂 冰乙酸（低压羰基化法）

GB 1886.91—2016 食品安全国家标准 食品添加剂 硬脂酸镁

GB 1886.92—2016 食品安全国家标准 食品添加剂 硬脂酰乳酸钠

GB 1886.94—2016 食品安全国家标准 食品添加剂 亚硝酸钾

GB 1886.96—2016 食品安全国家标准 食品添加剂 松香季戊四醇酯

GB 1886.98—2016 食品安全国家标准 食品添加剂 乳糖醇（又名4-β-D吡喃半乳糖-D-山梨醇）

GB 1886.101—2016 食品安全国家标准 食品添加剂 硬脂酸（又名十八烷酸）

GB 1886.102—2016 食品安全国家标准 食品添加剂 硬脂酸钙

GB 1886.105—2016 食品安全国家标准 食品添加剂 辣椒橙

GB 1886.127—2016 食品安全国家标准 食品添加剂 山楂核烟熏香味料Ⅰ号、Ⅱ号

GB 1886.141—2016 食品安全国家标准 食品添加剂 *d*-核糖

GB 1886.169—2016 食品安全国家标准 食品添加剂 卡拉胶

GB 1886.170—2016 食品安全国家标准 食品添加剂 5′-鸟苷酸二钠

GB 1886.171—2016 食品安全国家标准 食品添加剂 5′-呈味核苷酸二钠（又名呈味核苷酸二钠）

GB 1886.172—2016 食品安全国家标准 食品添加剂 迷迭香提取物

GB 1886.173—2016 食品安全国家标准 食品添加剂 乳酸

GB 1886.174—2016 食品安全国家标准 食品添加剂 食品工业用酶制剂

GB 1886.175—2016 食品安全国家标准 食品添加剂 亚麻籽胶（又名富兰克胶）

GB 1886.176—2016 食品安全国家标准 食品添加剂 异构化乳糖液

GB 1886.177—2016 食品安全国家标准 食品添加剂 D-甘露糖醇

GB 1886.178—2016 食品安全国家标准 食品添加剂 聚甘油脂肪酸酯

GB 1886.179—2016 食品安全国家标准 食品添加剂 硬脂酰乳酸钙

GB 1886.180—2016 食品安全国家标准 食品添加剂 β-环状糊精

GB 1886.181—2016 食品安全国家标准 食品添加剂 红曲红

GB 1886.182—2016 食品安全国家标准 食品添加剂 异麦芽酮糖

GB 1886.183—2016 食品安全国家标准 食品添加剂 苯甲酸
GB 1886.184—2016 食品安全国家标准 食品添加剂 苯甲酸钠
GB 1886.185—2016 食品安全国家标准 食品添加剂 琥珀酸单甘油酯
GB 1886.186—2016 食品安全国家标准 食品添加剂 山梨酸
GB 1886.187—2016 食品安全国家标准 食品添加剂 山梨糖醇和山梨糖醇液
GB 1886.188—2016 食品安全国家标准 食品添加剂 田菁胶
GB 1886.189—2016 食品安全国家标准 食品添加剂 3－环己基丙酸烯丙酯
GB 1886.190—2016 食品安全国家标准 食品添加剂 乙酸乙酯
GB 1886.191—2016 食品安全国家标准 食品添加剂 柠檬醛
GB 1886.192—2016 食品安全国家标准 食品添加剂 苯乙醇
GB 1886.193—2016 食品安全国家标准 食品添加剂 丙酸乙酯
GB 1886.194—2016 食品安全国家标准 食品添加剂 丁酸乙酯
GB 1886.195—2016 食品安全国家标准 食品添加剂 丁酸异戊酯
GB 1886.196—2016 食品安全国家标准 食品添加剂 己酸乙酯
GB 1886.197—2016 食品安全国家标准 食品添加剂 乳酸乙酯
GB 1886.198—2016 食品安全国家标准 食品添加剂 α－松油醇
GB 1886.199—2016 食品安全国家标准 食品添加剂 天然薄荷脑
GB 1886.200—2016 食品安全国家标准 食品添加剂 香叶油（又名玫瑰香叶油）
GB 1886.201—2016 食品安全国家标准 食品添加剂 乙酸苄酯
GB 1886.202—2016 食品安全国家标准 食品添加剂 乙酸异戊酯
GB 1886.203—2016 食品安全国家标准 食品添加剂 异戊酸异戊酯
GB 1886.204—2016 食品安全国家标准 食品添加剂 亚洲薄荷素油
GB 1886.205—2016 食品安全国家标准 食品添加剂 d－香芹酮
GB 1886.206—2016 食品安全国家标准 食品添加剂 l－香芹酮
GB 1886.207—2016 食品安全国家标准 食品添加剂 中国肉桂油
GB 1886.208—2016 食品安全国家标准 食品添加剂 乙基麦芽酚
GB 1886.209—2016 食品安全国家标准 食品添加剂 正丁醇
GB 1886.210—2016 食品安全国家标准 食品添加剂 丙酸
GB 1886.211—2016 食品安全国家标准 食品添加剂 茶多酚（又名维多酚）
GB 1886.212—2016 食品安全国家标准 食品添加剂 酪蛋白酸钠（又名酪朊酸钠）
GB 1886.213—2016 食品安全国家标准 食品添加剂 二氧化硫
GB 1886.214—2016 食品安全国家标准 食品添加剂 碳酸钙（包括轻质和重质碳酸钙）
GB 1886.215—2016 食品安全国家标准 食品添加剂 白油（又名液体石蜡）
GB 1886.216—2016 食品安全国家标准 食品添加剂 氧化镁（包括重质和轻质）
GB 1886.217—2016 食品安全国家标准 食品添加剂 亮蓝
GB 1886.218—2016 食品安全国家标准 食品添加剂 亮蓝铝色淀
GB 1886.219—2016 食品安全国家标准 食品添加剂 苋菜红铝色淀
GB 1886.220—2016 食品安全国家标准 食品添加剂 胭脂红
GB 1886.221—2016 食品安全国家标准 食品添加剂 胭脂红铝色淀
GB 1886.222—2016 食品安全国家标准 食品添加剂 诱惑红
GB 1886.223—2016 食品安全国家标准 食品添加剂 诱惑红铝色淀
GB 1886.224—2016 食品安全国家标准 食品添加剂 日落黄铝色淀

GB 1886.225—2016 食品安全国家标准 食品添加剂 乙氧基喹
GB 1886.226—2016 食品安全国家标准 食品添加剂 海藻酸丙二醇酯
GB 1886.227—2016 食品安全国家标准 食品添加剂 吗啉脂肪酸盐果蜡
GB1886.228—2016 食品安全国家标准 食品添加剂 二氧化碳
GB 1886.229—2016 食品安全国家标准 食品添加剂 硫酸铝钾（又名钾明矾）
GB 1886.230—2016 食品安全国家标准 食品添加剂 抗坏血酸棕榈酸酯
GB 1886.231—2016 食品安全国家标准 食品添加剂 乳酸链球菌素
GB 1886.232—2016 食品安全国家标准 食品添加剂 羧甲基纤维素钠
GB 1886.233—2016 食品安全国家标准 食品添加剂 维生素 E
GB 1886.234—2016 食品安全国家标准 食品添加剂 木糖醇
GB 1886.235—2016 食品安全国家标准 食品添加剂 柠檬酸
GB 1886.236—2016 食品安全国家标准 食品添加剂 丙二醇脂肪酸酯
GB 1886.237—2016 食品安全国家标准 食品添加剂 植酸（又名肌醇六磷酸）
GB 1886.238—2016 食品安全国家标准 食品添加剂 改性大豆磷脂
GB 1886.239—2016 食品安全国家标准 食品添加剂 琼脂
GB 1886.240—2016 食品安全国家标准 食品添加剂 甘草酸一钾
GB 1886.241—2016 食品安全国家标准 食品添加剂 甘草酸三钾
GB 1886.242—2016 食品安全国家标准 食品添加剂 甘草酸铵
GB 1886.243—2016 食品安全国家标准 食品添加剂 海藻酸钠（又名褐藻酸钠）
GB 1886.244—2016 食品安全国家标准 食品添加剂 紫甘薯色素
GB 1886.245—2016 食品安全国家标准 食品添加剂 复配膨松剂
GB 1886.246—2016 食品安全国家标准 食品添加剂 滑石粉
GB 1886.247—2016 食品安全国家标准 食品添加剂 碳酸氢钾
GB 1886.248—2016 食品安全国家标准 食品添加剂 稳定态二氧化氯
GB 1886.249—2016 食品安全国家标准 食品添加剂 4-己基间苯二酚
GB 1886.250—2016 食品安全国家标准 食品添加剂 植酸钠
GB 1886.251—2016 食品安全国家标准 食品添加剂 氧化铁黑
GB 1886.252—2016 食品安全国家标准 食品添加剂 氧化铁红
GB 1886.253—2016 食品安全国家标准 食品添加剂 羟基硬脂精（又名氧化硬脂精）
GB 1886.254—2016 食品安全国家标准 食品添加剂 刺梧桐胶
GB 1886.255—2016 食品安全国家标准 食品添加剂 活性炭
GB 1886.256—2016 食品安全国家标准 食品添加剂 甲基纤维素
GB 1886.257—2016 食品安全国家标准 食品添加剂 溶菌酶
GB 1886.258—2016 食品安全国家标准 食品添加剂 正己烷
GB 1886.259—2016 食品安全国家标准 食品添加剂 蔗糖聚丙烯醚
GB 1886.260—2016 食品安全国家标准 食品添加剂 橙皮素
GB 1886.261—2016 食品安全国家标准 食品添加剂 根皮素
GB 1886.262—2016 食品安全国家标准 食品添加剂 柚苷（柚皮甙提取物）
GB 1886.263—2016 食品安全国家标准 食品添加剂 玫瑰净油
GB 1886.264—2016 食品安全国家标准 食品添加剂 小花茉莉净油
GB 1886.265—2016 食品安全国家标准 食品添加剂 桂花净油
GB 1886.266—2016 食品安全国家标准 食品添加剂 红茶酊

GB 1886.267—2016 食品安全国家标准 食品添加剂 绿茶酊
GB 1886.268—2016 食品安全国家标准 食品添加剂 罗汉果酊
GB 1886.269—2016 食品安全国家标准 食品添加剂 黄芥末提取物
GB 1886.270—2016 食品安全国家标准 食品添加剂 茶树油（又名互叶白千层油）
GB 1886.271—2016 食品安全国家标准 食品添加剂 香茅油
GB 1886.272—2016 食品安全国家标准 食品添加剂 大蒜油
GB 1886.273—2016 食品安全国家标准 食品添加剂 丁香花蕾油
GB 1886.274—2016 食品安全国家标准 食品添加剂 杭白菊花油
GB 1886.275—2016 食品安全国家标准 食品添加剂 白兰花油
GB 1886.276—2016 食品安全国家标准 食品添加剂 白兰叶油
GB 1886.277—2016 食品安全国家标准 食品添加剂 树兰花油
GB 1886.278—2016 食品安全国家标准 食品添加剂 椒样薄荷油
GB 1886.279—2016 食品安全国家标准 食品添加剂 洋茉莉醛（又名胡椒醛）
GB 1886.280—2016 食品安全国家标准 食品添加剂 2－甲基戊酸乙酯
GB 1886.281—2016 食品安全国家标准 食品添加剂 香茅醛
GB 1886.282—2016 食品安全国家标准 食品添加剂 麦芽酚
GB 1886.283—2016 食品安全国家标准 食品添加剂 乙基香兰素
GB 1886.284—2016 食品安全国家标准 食品添加剂 覆盆子酮（又名悬钩子酮）
GB 1886.285—2016 食品安全国家标准 食品添加剂 丙酸苄酯
GB 1886.286—2016 食品安全国家标准 食品添加剂 丁酸丁酯
GB 1886.287—2016 食品安全国家标准 食品添加剂 异戊酸乙酯
GB 1886.288—2016 食品安全国家标准 食品添加剂 苯甲酸乙酯
GB 1886.289—2016 食品安全国家标准 食品添加剂 苯甲酸苄酯
GB 1886.290—2016 食品安全国家标准 食品添加剂 2－甲基吡嗪
GB 1886.291—2016 食品安全国家标准 食品添加剂 2，3－二甲基吡嗪
GB 1886.292—2016 食品安全国家标准 食品添加剂 2，3，5－三甲基吡嗪
GB 1886.293—2016 食品安全国家标准 食品添加剂 5－羟乙基－4－甲基噻唑
GB 1886.294—2016 食品安全国家标准 食品添加剂 2－乙酰基噻唑
GB 1886.295—2016 食品安全国家标准 食品添加剂 2，3，5，6－四甲基吡嗪
GB 1886.296—2016 食品安全国家标准 食品添加剂 柠檬酸铁铵
GB 1903.5—2016 食品安全国家标准 食品营养强化剂 5′－胞苷酸二钠
GB 4789.8—2016 食品安全国家标准 食品微生物学检验 小肠结肠炎耶尔森氏菌检验
GB 4789.41—2016 食品安全国家标准 食品微生物学检验 肠杆菌科检验
GB 5009.2—2016 食品安全国家标准 食品相对密度的测定
GB 5009.3—2016 食品安全国家标准 食品中水分的测定
GB 5009.4—2016 食品安全国家标准 食品中灰分的测定
GB 5009.7—2016 食品安全国家标准 食品中还原糖的测定
GB 5009.31—2016 食品安全国家标准 食品中对羟基苯甲酸酯类的测定
GB 5009.34—2016 食品安全国家标准 食品中二氧化硫的测定
GB 5009.35—2016 食品安全国家标准 食品中合成着色剂的测定
GB 5009.42—2016 食品安全国家标准 食盐指标的测定
GB 5009.43—2016 食品安全国家标准 味精中麸氨酸钠（谷氨酸钠）的测定

GB 5009.44—2016 食品安全国家标准 食品中氯化物的测定
GB 5009.84—2016 食品安全国家标准 食品中维生素 B_1 的测定
GB 5009.86—2016 食品安全国家标准 食品中抗坏血酸的测定
GB 5009.97—2016 食品安全国家标准 食品中环己基氨基磺酸钠的测定
GB 5009.120—2016 食品安全国家标准 食品中丙酸钠、丙酸钙的测定
GB 5009.121—2016 食品安全国家标准 食品中脱氢乙酸的测定
GB 5009.141—2016 食品安全国家标准 食品中诱惑红的测定
GB 5009.153—2016 食品安全国家标准 食品中植酸的测定
GB 5009.157—2016 食品安全国家标准 食品中有机酸的测定
GB 5009.169—2016 食品安全国家标准 食品中牛磺酸的测定
GB 5009.179—2016 食品安全国家标准 食品中三甲胺的测定
GB 5009.181—2016 食品安全国家标准 食品中丙二醛的测定
GB 5009.202—2016 食品安全国家标准 食用油中极性组分（PC）的测定
GB 5009.210—2016 食品安全国家标准 食品中泛酸的测定
GB 5009.215—2016 食品安全国家标准 食品中有机锡的测定
GB 5009.224—2016 食品安全国家标准 大豆制品中胰蛋白酶抑制剂活性的测定
GB 5009.225—2016 食品安全国家标准 酒中乙醇浓度的测定
GB 5009.226—2016 食品安全国家标准 食品中过氧化氢残留量的测定
GB 5009.227—2016 食品安全国家标准 食品中过氧化值的测定
GB 5009.228—2016 食品安全国家标准 食品中挥发性盐基氮的测定
GB 5009.229—2016 食品安全国家标准 食品中酸价的测定
GB 5009.230—2016 食品安全国家标准 食品中羰基价的测定
GB 5009.231—2016 食品安全国家标准 水产品中挥发酚残留量的测定
GB 5009.232—2016 食品安全国家标准 水果、蔬菜及其制品中甲酸的测定
GB 5009.233—2016 食品安全国家标准 食醋中游离矿酸的测定
GB 5009.234—2016 食品安全国家标准 食品中铵盐的测定
GB 5009.235—2016 食品安全国家标准 食品中氨基酸态氮的测定
GB 5009.236—2016 食品安全国家标准 动植物油脂水分及挥发物的测定
GB 5009.237—2016 食品安全国家标准 食品 pH 值的测定
GB 5009.238—2016 食品安全国家标准 食品水分活度的测定
GB 5009.239—2016 食品安全国家标准 食品酸度的测定
GB 5009.240—2016 食品安全国家标准 食品中伏马毒素的测定
GB 5009.243—2016 食品安全国家标准 高温烹调食品中杂环胺类物质的测定
GB 5009.244—2016 食品安全国家标准 食品中二氧化氯的测定
GB 5009.245—2016 食品安全国家标准 食品中聚葡萄糖的测定
GB 5009.246—2016 食品安全国家标准 食品中二氧化钛的测定
GB 5009.247—2016 食品安全国家标准 食品中纽甜的测定
GB 5009.248—2016 食品安全国家标准 食品中叶黄素的测定
GB 5009.249—2016 食品安全国家标准 铁强化酱油中乙二胺四乙酸铁钠的测定
GB 5009.250—2016 食品安全国家标准 食品中乙基麦芽酚的测定
GB 5009.251—2016 食品安全国家标准 食品中 1，2 - 丙二醇的测定
GB 5009.252—2016 食品安全国家标准 食品中乙酰丙酸的测定

GB 5009.253—2016 食品安全国家标准 动物源性食品中全氟辛烷磺酸（PFOS）和全氟辛酸（PFOA）的测定

GB 5009.254—2016 食品安全国家标准 动植物油脂中聚二甲基硅氧烷的测定

GB 5009.255—2016 食品安全国家标准 食品中果聚糖的测定

GB 5009.256—2016 食品安全国家标准 食品中多种磷酸盐的测定

GB 5009.257—2016 食品安全国家标准 食品中反式脂肪酸的测定

GB 5009.258—2016 食品安全国家标准 食品中棉子糖的测定

GB 5009.259—2016 食品安全国家标准 食品中生物素的测定

GB 5009.260—2016 食品安全国家标准 食品中叶绿素铜钠的测定

GB 5413.38—2016 食品安全国家标准 生乳冰点的测定

GB 5413.40—2016 食品安全国家标准 婴幼儿食品和乳品中核苷酸的测定

GB 14883.1—2016 食品安全国家标准 食品中放射性物质检验 总则

GB 14883.2—2016 食品安全国家标准 食品中放射性物质氢 -3 的测定

GB 14883.3—2016 食品安全国家标准 食品中放射性物质锶 -89 和锶 -90 的测定

GB 14883.4—2016 食品安全国家标准 食品中放射性物质钷 -147 的测定

GB 14883.5—2016 食品安全国家标准 食品中放射性物质钋 -210 的测定

GB 14883.6—2016 食品安全国家标准 食品中放射性物质镭 -226 和镭 -228 的测定

GB 14883.7—2016 食品安全国家标准 食品中放射性物质天然钍和铀的测定

GB 14883.8—2016 食品安全国家标准 食品中放射性物质钚 -239、钚 -240 的测定

GB 14883.9—2016 食品安全国家标准 食品中放射性物质碘 -131 的测定

GB14883.10—2016 食品安全国家标准 食品中放射性物质铯 -137 的测定

GB 31604.2—2016 食品安全国家标准 食品接触材料及制品 高锰酸钾消耗量的测定

GB 31604.3—2016 食品安全国家标准 食品接触材料及制品 树脂干燥失重的测定

GB 31604.4—2016 食品安全国家标准 食品接触材料及制品 树脂中挥发物的测定

GB 31604.5—2016 食品安全国家标准 食品接触材料及制品 树脂中提取物的测定

GB 31604.6—2016 食品安全国家标准 食品接触材料及制品 树脂中灼烧残渣的测定

GB 31604.7—2016 食品安全国家标准 食品接触材料及制品 脱色试验

GB 31604.8—2016 食品安全国家标准 食品接触材料及制品 总迁移量的测定

GB 31604.9—2016 食品安全国家标准 食品接触材料及制品 食品模拟物中重金属的测定

GB 31604.10—2016 食品安全国家标准 食品接触材料及制品 2，2 - 二（4 - 羟基苯基）丙烷（双酚 A）迁移量的测定

GB 29202—2012 食品安全国家标准 食品添加剂 氮气 第 1 号修改单

GB 30616—2014 食品安全国家标准 食品用香精 第 1 号修改单

（10）关于 *N*，*N*，*N′*，*N′* - 四（2 - 羟丙基）己二酰胺等 4 种食品相关产品新品种的公告（2016 年第 13 号）

附件：*N*，*N*，*N′*，*N′* - 四（2 - 羟丙基）己二酰胺等 4 种食品相关产品新品种。

（11）关于食品用香料新品种 9 - 癸烯 - 2 - 酮、茶多酚等 7 种食品添加剂扩大使用范围和食品营养强化剂钙扩大使用范围的公告（2016 年第 14 号）

附件：①食品用香料新品种 9 - 癸烯 - 2 - 酮；②茶多酚、二氧化碳、焦糖色（普通法）、乳酸、纤维素、亚硫酸钠、聚二甲基硅氧烷及其乳液共 7 种食品添加剂扩大使用范围；③食品营养强化剂钙扩大使用范围。

（12）关于发布《食品安全国家标准 食品接触材料及制品通用安全要求》（GB 4806.1—2016）

等53项食品安全国家标准的公告（2016年第15号）

GB 4806. 1—2016 食品安全国家标准 食品接触材料及制品通用安全要求

GB 4806. 3—2016 食品安全国家标准 搪瓷制品

GB 4806. 4—2016 食品安全国家标准 陶瓷制品

GB 4806. 5—2016 食品安全国家标准 玻璃制品

GB 4806. 6—2016 食品安全国家标准 食品接触用塑料树脂

GB 4806. 7—2016 食品安全国家标准 食品接触用塑料材料及制品

GB 4806. 8—2016 食品安全国家标准 食品接触用纸和纸板材料及制品

GB 4806. 9—2016 食品安全国家标准 食品接触用金属材料及制品

GB 4806. 10—2016 食品安全国家标准 食品接触用涂料及涂层

GB 4806. 11—2016 食品安全国家标准 食品接触用橡胶材料及制品

GB 4789. 15—2016 食品安全国家标准 食品微生物学检验 霉菌和酵母计数

GB 5009. 156—2016 食品安全国家标准 食品接触材料及制品迁移试验预处理方法通则

GB 9685—2016 食品安全国家标准 食品接触材料及制品用添加剂使用标准

GB 14934—2016 食品安全国家标准 消毒餐（饮）具

GB 31604. 11—2016 食品安全国家标准 食品接触材料及制品 1，3－苯二甲胺迁移量的测定

GB 31604. 12—2016 食品安全国家标准 食品接触材料及制品 1，3－丁二烯的测定和迁移量的测定

GB 31604. 13—2016 食品安全国家标准 食品接触材料及制品 11－氨基十一酸迁移量的测定

GB 31604. 14—2016 食品安全国家标准 食品接触材料及制品 1－辛烯和四氢呋喃迁移量的测定

GB 31604. 15—2016 食品安全国家标准 食品接触材料及制品 2，4，6－三氨基－1，3，5－三嗪（三聚氰胺）迁移量的测定

GB 31604. 16—2016 食品安全国家标准 食品接触材料及制品 苯乙烯和乙苯的测定

GB 31604. 17—2016 食品安全国家标准 食品接触材料及制品 丙烯腈的测定和迁移量的测定

GB 31604. 18—2016 食品安全国家标准 食品接触材料及制品 丙烯酰胺迁移量的测定

GB 31604. 19—2016 食品安全国家标准 食品接触材料及制品 己内酰胺的测定和迁移量的测定

GB 31604. 20—2016 食品安全国家标准 食品接触材料及制品 醋酸乙烯酯迁移量的测定

GB 31604. 21—2016 食品安全国家标准 食品接触材料及制品 对苯二甲酸迁移量的测定

GB 31604. 22—2016 食品安全国家标准 食品接触材料及制品 发泡聚苯乙烯成型品中二氟二氯甲烷的测定

GB 31604. 23—2016 食品安全国家标准 食品接触材料及制品 复合食品接触材料中二氨基甲苯的测定

GB 31604. 24—2016 食品安全国家标准 食品接触材料及制品 镉迁移量的测定

GB 31604. 25—2016 食品安全国家标准 食品接触材料及制品 铬迁移量的测定

GB 31604. 26—2016 食品安全国家标准 食品接触材料及制品 环氧氯丙烷的测定和迁移量的测定

GB 31604. 27—2016 食品安全国家标准 食品接触材料及制品 塑料中环氧乙烷和环氧丙烷的测定

GB 31604. 28—2016 食品安全国家标准 食品接触材料及制品 己二酸二（2－乙基）己酯的测定和迁移量的测定

GB 31604. 29—2016 食品安全国家标准 食品接触材料及制品 甲基丙烯酸甲酯迁移量的测定

GB 31604. 30—2016 食品安全国家标准 食品接触材料及制品 邻苯二甲酸酯的测定和迁移量的测定

GB 31604. 31—2016 食品安全国家标准 食品接触材料及制品 氯乙烯的测定和迁移量的测定

GB 31604.32—2016 食品安全国家标准 食品接触材料及制品 木质材料中二氧化硫的测定

GB 31604.33—2016 食品安全国家标准 食品接触材料及制品 镍迁移量的测定

GB 31604.34—2016 食品安全国家标准 食品接触材料及制品 铅的测定和迁移量的测定

GB 31604.35—2016 食品安全国家标准 食品接触材料及制品 全氟辛烷磺酸（PFOS）和全氟辛酸（PFOA）的测定

GB 31604.36—2016 食品安全国家标准 食品接触材料及制品 软木中杂酚油的测定

GB 31604.37—2016 食品安全国家标准 食品接触材料及制品 三乙胺和三正丁胺的测定

GB 31604.38—2016 食品安全国家标准 食品接触材料及制品 砷的测定和迁移量的测定

GB 31604.39—2016 食品安全国家标准 食品接触材料及制品 食品接触用纸中多氯联苯的测定

GB 31604.40—2016 食品安全国家标准 食品接触材料及制品 顺丁烯二酸及其酸酐迁移量的测定

GB 31604.41—2016 食品安全国家标准 食品接触材料及制品 锑迁移量的测定

GB 31604.42—2016 食品安全国家标准 食品接触材料及制品 锌迁移量的测定

GB 31604.43—2016 食品安全国家标准 食品接触材料及制品 乙二胺和己二胺迁移量的测定

GB 31604.44—2016 食品安全国家标准 食品接触材料及制品 乙二醇和二甘醇迁移量的测定

GB 31604.45—2016 食品安全国家标准 食品接触材料及制品 异氰酸酯的测定

GB 31604.46—2016 食品安全国家标准 食品接触材料及制品 游离酚的测定和迁移量的测定

GB 31604.47—2016 食品安全国家标准 食品接触材料及制品 纸、纸板及纸制品中荧光增白剂的测定

GB 31604.48—2016 食品安全国家标准 食品接触材料及制品 甲醛迁移量的测定

GB 31604.49—2016 食品安全国家标准 食品接触材料及制品 砷、镉、铬、铅的测定和砷、镉、铬、镍、铅、锑、锌迁移量的测定

（13）国家卫生计生委、农业部、食品药品监管总局公告2016年第16号

根据《中华人民共和国食品安全法》规定，经食品安全国家标准审评委员会审查通过，现发布《食品安全国家标准食品中农药最大残留限量》（GB 2763—2016）等107项食品安全国家标准。其编号和名称如下：

GB 2763 - 2016（代替GB 2763—2014）食品安全国家标准 食品中农药最大残留限量

（14）关于发布《食品安全国家标准 鲜（冻）畜、禽产品》（GB 2707—2016）等127项食品安全国家标准的公告（2016年第17号）

GB 2707—2016 食品安全国家标准 鲜（冻）畜、禽产品

GB 2715—2016 食品安全国家标准 粮食

GB 2726—2016 食品安全国家标准 熟肉制品

GB 14884—2016 食品安全国家标准 蜜饯

GB 14932—2016 食品安全国家标准 食品加工用粕类

GB 17399—2016 食品安全国家标准 糖果

GB 19640—2016 食品安全国家标准 冲调谷物制品

GB 19643—2016 食品安全国家标准 藻类及其制品

GB 20371—2016 食品安全国家标准 食品加工用植物蛋白

GB 31636—2016 食品安全国家标准 花粉

GB 31637—2016 食品安全国家标准 食用淀粉

GB 31638—2016 食品安全国家标准 酪蛋白

GB 31639—2016 食品安全国家标准 食品加工用酵母

GB 31640—2016 食品安全国家标准 食用酒精

GB 8950—2016 食品安全国家标准 罐头食品生产卫生规范
GB 8951—2016 食品安全国家标准 蒸馏酒及其配制酒生产卫生规范
GB 8952—2016 食品安全国家标准 啤酒生产卫生规范
GB 8954—2016 食品安全国家标准 食醋生产卫生规范
GB 8955—2016 食品安全国家标准 食用植物油及其制品生产卫生规范
GB 8956—2016 食品安全国家标准 蜜饯生产卫生规范
GB 8957—2016 食品安全国家标准 糕点、面包卫生规范
GB 12694—2016 食品安全国家标准 畜禽屠宰加工卫生规范
GB 12695—2016 食品安全国家标准 饮料生产卫生规范
GB 12696—2016 食品安全国家标准 发酵酒及其配制酒生产卫生规范
GB 13122—2016 食品安全国家标准 谷物加工卫生规范
GB 17403—2016 食品安全国家标准 糖果巧克力生产卫生规范
GB 17404—2016 食品安全国家标准 膨化食品生产卫生规范
GB 18524—2016 食品安全国家标准 食品辐照加工卫生规范
GB 20799—2016 食品安全国家标准 肉和肉制品经营卫生规范
GB 20941—2016 食品安全国家标准 水产制品生产卫生规范
GB 21710—2016 食品安全国家标准 蛋与蛋制品生产卫生规范
GB 22508—2016 食品安全国家标准 原粮储运卫生规范
GB 31641—2016 食品安全国家标准 航空食品卫生规范
GB 1903.13—2016 食品安全国家标准 食品营养强化剂 左旋肉碱（L－肉碱）
GB 1903.14—2016 食品安全国家标准 食品营养强化剂 柠檬酸钙
GB 1903.15—2016 食品安全国家标准 食品营养强化剂 醋酸钙（乙酸钙）
GB 1903.16—2016 食品安全国家标准 食品营养强化剂 焦磷酸铁
GB 1903.17—2016 食品安全国家标准 食品营养强化剂 乳铁蛋白
GB 1908.18—2016 食品安全国家标准 食品营养强化剂 柠檬酸苹果酸钙
GB 1903.19—2016 食品安全国家标准 食品营养强化剂 骨粉
GB 1903.20—2016 食品安全国家标准 食品营养强化剂 硝酸硫胺素
GB 1903.21—2016 食品安全国家标准 食品营养强化剂 富硒酵母
GB 1903.22—2016 食品安全国家标准 食品营养强化剂 富硒食用菌粉
GB 1903.23—2016 食品安全国家标准 食品营养强化剂 硒化卡拉胶
GB 1903.24—2016 食品安全国家标准 食品营养强化剂 维生素 C 磷酸酯镁
GB 1903.25—2016 食品安全国家标准 食品营养强化剂 D－生物素
GB 5009.5—2016 食品安全国家标准 食品中蛋白质的测定
GB 5009.6—2016 食品安全国家标准 食品中脂肪的测定
GB 5009.8—2016 食品安全国家标准 食品中果糖、葡萄糖、蔗糖、麦芽糖、乳糖的测定
GB 5009.9—2016 食品安全国家标准 食品中淀粉的测定
GB 5009.22—2016 食品安全国家标准 食品中黄曲霉毒素 B 族和 G 族的测定
GB 5009.24—2016 食品安全国家标准 食品中黄曲霉毒素 M 族的测定
GB 5009.25—2016 食品安全国家标准 食品中杂色曲霉素的测定
GB 5009.26—2016 食品安全国家标准 食品中 *N*－亚硝胺类化合物的测定
GB 5009.27—2016 食品安全国家标准 食品中苯并（a）芘的测定
GB 5009.28—2016 食品安全国家标准 食品中苯甲酸、山梨酸和糖精钠的测定

GB 5009.32—2016 食品安全国家标准 食品中 9 种抗氧化剂的测定
GB 5009.33—2016 食品安全国家标准 食品中亚硝酸盐与硝酸盐的测定
GB 5009.36—2016 食品安全国家标准 食品中氰化物的测定
GB 5009.82—2016 食品安全国家标准 食品中维生素 A、D、E 的测定
GB 5009.83—2016 食品安全国家标准 食品中胡萝卜素的测定
GB 5009.85—2016 食品安全国家标准 食品中维生素 B_2 的测定
GB 5009.87—2016 食品安全国家标准 食品中磷的测定
GB 5009.89—2016 食品安全国家标准 食品中烟酸和烟酰胺的测定
GB 5009.90—2016 食品安全国家标准 食品中铁的测定
GB 5009.92—2016 食品安全国家标准 食品中钙的测定
GB 5009.96—2016 食品安全国家标准 食品中赭曲霉毒素 A 的测定
GB 5009.111—2016 食品安全国家标准 食品中脱氧雪腐镰刀菌烯醇及其乙酰化衍生物的测定
GB 5009.118—2016 食品安全国家标准 食品中 T－2 毒素的测定
GB 5009.124—2016 食品安全国家标准 食品中氨基酸的测定
GB 5009.128—2016 食品安全国家标准 食品中胆固醇的测定
GB 5009.137—2016 食品安全国家标准 食品中锑的测定
GB 5009.149—2016 食品安全国家标准 食品中栀子黄的测定
GB 5009.150—2016 食品安全国家标准 食品中红曲色素的测定
GB 5009.154—2016 食品安全国家标准 食品中维生素 B_6 的测定
GB 5009.158—2016 食品安全国家标准 食品中维生素 K_1 的测定
GB 5009.168—2016 食品安全国家标准 食品中脂肪酸的测定
GB 5009.185—2016 食品安全国家标准 食品中展青霉素的测定
GB 5009.189—2016 食品安全国家标准 食品中米酵菌酸的测定
GB 5009.191—2016 食品安全国家标准 食品中氯丙醇及其脂肪酸酯含量的测定
GB 5009.198—2016 食品安全国家标准 贝类中失忆性贝类毒素的测定
GB 5009.206—2016 食品安全国家标准 水产品中河豚毒素的测定
GB 5009.208—2016 食品安全国家标准 食品中生物胺的测定
GB 5009.209—2016 食品安全国家标准 食品中玉米赤霉烯酮的测定
GB 5009.212—2016 食品安全国家标准 贝类中腹泻性贝类毒素的测定
GB 5009.213—2016 食品安全国家标准 贝类中麻痹性贝类毒素的测定
GB 5009.222—2016 食品安全国家标准 食品中桔青霉素的测定
GB 5009.261—2016 食品安全国家标准 贝类中神经性贝类毒素的测定
GB 5009.262—2016 食品安全国家标准 食品中溶剂残留量的测定
GB 5009.263—2016 食品安全国家标准 食品中阿斯巴甜和阿力甜的测定
GB 5009.264—2016 食品安全国家标准 食品中乙酸苄酯的测定
GB 5009.265—2016 食品安全国家标准 食品中多环芳烃的测定
GB 5009.266—2016 食品安全国家标准 食品中甲醇的测定
GB 5009.267—2016 食品安全国家标准 食品中碘的测定
GB 5009.268—2016 食品安全国家标准 食品中多元素的测定
GB 5009.269—2016 食品安全国家标准 食品中滑石粉的测定
GB 5009.270—2016 食品安全国家标准 食品中肌醇的测定
GB 5009.271—2016 食品安全国家标准 食品中邻苯二甲酸酯的测定

GB 5009.272—2016 食品安全国家标准 食品中磷脂酰胆碱、磷脂酰乙醇胺、磷脂酰肌醇的测定
GB 5009.273—2016 食品安全国家标准 水产品中微囊藻毒素的测定
GB 5009.274—2016 食品安全国家标准 水产品中西加毒素的测定
GB 5009.275—2016 食品安全国家标准 食品中硼酸的测定
GB 5009.276—2016 食品安全国家标准 食品中葡萄糖酸 - δ - 内酯的测定
GB 5009.277—2016 食品安全国家标准 食品中双乙酸钠的测定
GB 5009.278—2016 食品安全国家标准 食品中乙二胺四乙酸盐的测定
GB 5009.279—2016 食品安全国家标准 食品中木糖醇、山梨醇、麦芽糖醇、赤藓糖醇的测定
GB 5413.30—2016 食品安全国家标准 乳和乳制品杂质度的测定
GB 8538—2016 食品安全国家标准 饮用天然矿泉水检验方法
GB 21926—2016 食品安全国家标准 含脂类辐照食品鉴定 2 - 十二烷基环丁酮的气相色谱 - 质谱分析法
GB 23748—2016 食品安全国家标准 辐照食品鉴定 筛选法
GB 31642—2016 食品安全国家标准 辐照食品鉴定 电子自旋共振波谱法
GB 31643—2016 食品安全国家标准 含硅酸盐辐照食品的鉴定 热释光法
GB 4789.1—2016 食品安全国家标准 食品微生物学检验 总则
GB 4789.2—2016 食品安全国家标准 食品微生物学检验 菌落总数测定
GB 4789.3—2016 食品安全国家标准 食品微生物学检验 大肠菌群计数
GB 4789.4—2016 食品安全国家标准 食品微生物学检验 沙门氏菌检验
GB 4789.6—2016 食品安全国家标准 食品微生物学检验 致泻大肠埃希氏菌检验
GB 4789.10—2016 食品安全国家标准 食品微生物学检验 金黄色葡萄球菌检验
GB 4789.12—2016 食品安全国家标准 食品微生物学检验 肉毒梭菌及肉毒毒素检验
GB 4789.16—2016 食品安全国家标准 食品微生物学检验 常见产毒霉菌的形态学鉴定
GB 4789.30—2016 食品安全国家标准 食品微生物学检验 单核细胞增生李斯特氏菌检验
GB 4789.34—2016 食品安全国家标准 食品微生物学检验 双歧杆菌检验
GB 4789.35—2016 食品安全国家标准 食品微生物学检验 乳酸菌检验
GB 4789.36—2016 食品安全国家标准 食品微生物学检验 大肠埃希氏菌 O157：H7/NM 检验
GB 4789.40—2016 食品安全国家标准 食品微生物学检验 克罗诺杆菌属（阪崎肠杆菌）检验
GB 4789.42—2016 食品安全国家标准 食品微生物学检验 诺如病毒检验
GB 4789.43—2016 食品安全国家标准 食品微生物学检验 微生物源酶制剂抗菌活性的测定

1.15 食品企业标准对“原料及食品添加剂”的要求

（1）原料及食品添加剂均符合国家法律、法规及有关规定。

（2）食品添加剂的品种和使用量应符合 GB 2760—2014 和 GB 14880—2012 的规定。

（3）保证不使用和添加法律、法规、国家部门规章、食品安全国家标准所规定许可之外的任何物质。

2 GB 2760—2014《食品安全国家标准 食品添加剂使用标准》解读

2.1 GB 2760—2014《食品安全国家标准　食品添加剂使用标准》概述

绝大部分食品生产的配料，都包括主要原料、辅料及食品添加剂，对于营养强化的食品，还要添加营养强化剂。食品添加剂和食品营养强化剂的使用应符合 GB 2760 和 GB 14880 规定，并应符合相关产品标准的规定。

国家卫生和计划生育委员会（以下简称卫计委）于 2014 年 12 月 24 日正式发布了 GB 2760—2014《食品安全国家标准 食品添加剂使用标准》，该标准代替了《食品添加剂使用卫生标准》（GB 2760—2011），并于 2015 年 5 月 24 日起实施。

食品添加剂是食品生产加工过程中使用的重要物质，对食品工业发展和保障食品安全具有重要作用。GB 2760 颁布于 20 世纪 80 年代初，为食品生产企业提供了食品生产技术规范，为保障食品添加剂的安全合理使用发挥了重要作用。随着食品工业和食品添加剂发展，以及公众不断增长的饮食健康需要，卫生部先后颁布了 GB 2760—1981、1986、1996、2007、2011 共五个版本，期间也曾多次组织专家对标准进行修订。此次发布的 GB 2760—2014 系第八次修订，也是比较全面的一次。

2.2 GB 2760—2014《食品安全国家标准　食品添加剂使用标准》（节选）

前言

本标准代替 GB 2760—2011《食品安全国家标准 食品添加剂使用标准》。

本标准与 GB 2760—2011 相比，主要变化如下：

——增加了原卫生部 2010 年 16 号公告、2010 年 23 号公告、2012 年 1 号公告、2012 年 6 号公告、2012 年 15 号公告、2013 年 2 号公告，国家卫生和计划生育委员会 2013 年 2 号公告、2013 年 5 号公告、2013 年 9 号公告、2014 年 3 号公告、2014 年 5 号公告、2014 年 9 号公告、2014 年 11 号公告、2014 年 17 号公告的食品添加剂规定。

——将食品营养强化剂和胶基糖果中基础剂物质及其配料名单调整由其他相关标准进行规定。

——修改了 3.4 带入原则，增加了 3.4.2。

——修改了附录 A“食品添加剂的使用规定”：

a）删除了表 A.1 中 4－苯基苯酚、2－苯基苯酚钠盐、不饱和脂肪酸单甘酯、茶黄色素、茶绿色素、多穗柯棕、甘草、硅铝酸钠、葫芦巴胶、黄蜀葵胶、酸性磷酸铝钠、辛基苯氧聚乙烯氧基、辛烯基琥珀酸铝淀粉、薪草提取物、乙萘酚、仲丁胺等食品添加剂品种及其使用规定；

b）修改了表A.1中硫酸铝钾、硫酸铝铵、赤藓红及其铝色淀、靛蓝及其铝色淀、亮蓝及其铝色淀、柠檬黄及其铝色淀、日落黄及其铝色淀、胭脂红及其铝色淀、诱惑红及其铝色淀、焦糖色（加氨生产）、焦糖色（亚硫酸铵法）、山梨醇酐单月桂酸酯、山梨醇酐单棕榈酸酯、山梨醇酐单硬脂酸酯、山梨醇酐三硬脂酸酯、山梨醇酐单油酸酯、甜菊糖苷、胭脂虫红的使用规定；

c）在表A.1中增加了L（+）-酒石酸、dl-酒石酸、纽甜、β-胡萝卜素、β-环状糊精、双乙酰酒石酸单双甘油酯、阿斯巴甜等食品添加剂的使用范围和最大使用量，删除了上述食品添加剂在表A.2中的使用规定；

d）删除了表A.1中部分食品类别中没有工艺必要性的食品添加剂规定；

e）表A.3中增加了“06.04.01 杂粮粉”，删除了“13.03 特殊医学用途配方食品”。

——修改了附录B食品用香料、香精的使用规定：

a）删除了八角茴香、牛至、甘草根、中国肉桂、丁香、众香子、莳萝籽等香料品种；

b）表B.1中增加“16.02.01 茶叶、咖啡”。

——修改了附录C食品工业用加工助剂（以下简称“加工助剂”）使用规定：

a）表C.1中增加了过氧化氢；

b）表C.2中删除了甲醇、钯、聚甘油聚亚油酸酯品种及其使用规定。

——删除了附录D胶基糖果中基础剂物质及其配料名单。

——修改了附录F食品分类系统：

a）修改为附录E食品分类系统；

b）修改了01.0、02.0、04.0、08.0、09.0、11.0、12.0、13.0、14.0、16.0等类别中的部分食品分类号及食品名称，并按照调整后的食品类别对食品添加剂使用规定进行了调整。

——增加了附录F“附录A中食品添加剂使用规定索引”。

1.《食品添加剂使用标准》范围

本标准规定了食品添加剂的使用原则、允许使用的食品添加剂品种、使用范围及最大使用量或残留量。

2.《食品添加剂使用标准》术语和定义

2.1 食品添加剂

为改善食品品质和色、香、味，以及为防腐、保鲜和加工工艺的需要而加入食品中的人工合成或者天然物质。营养强化剂、食品用香料、胶基糖果中基础剂物质、食品工业用加工助剂也包括在内。

2.2 最大使用量

食品添加剂使用时所允许的最大添加量。

2.3 最大残留量

食品添加剂或其分解产物在最终食品中的允许残留水平。

2.4 食品工业用加工助剂

保证食品加工能顺利进行的各种物质，与食品本身无关。如助滤、澄清、吸附、脱模、脱色、脱皮、提取溶剂、发酵用营养物质等。

2.5 国际编码系统（INS）

食品添加剂的国际编码，用于代替复杂的化学结构名称表述。

2.6 中国编码系统（CNS）

食品添加剂的中国编码，由食品添加剂的主要功能类别（参见附录D）代码和在本功能类别中的顺序号组成。

3. 食品添加剂的使用原则

3.1 食品添加剂使用时应符合以下基本要求

a）不应对人体产生任何健康危害；

b）不应掩盖食品腐败变质；

c）不应掩盖食品本身或加工过程中的质量缺陷或以掺杂、掺假、伪造为目的而使用食品添加剂；

d）不应降低食品本身的营养价值；

e）在达到预期效果的前提下尽可能降低在食品中的使用量。

3.2 在下列情况下可使用食品添加剂

a）保持或提高食品本身的营养价值；

b）作为某些特殊膳食用食品的必要配料或成分；

c）提高食品的质量和稳定性，改进其感官特性；

d）便于食品的生产、加工、包装、运输或者贮藏。

3.3 食品添加剂质量标准

按照本标准使用的食品添加剂应当符合相应的质量规格要求。

3.4 带入原则

3.4.1 在下列情况下食品添加剂可以通过食品配料（含食品添加剂）带入食品中：

a）根据本标准，食品配料中允许使用该食品添加剂；

b）食品配料中该添加剂的用量不应超过允许的最大使用量；

c）应在正常生产工艺条件下使用这些配料，并且食品中该添加剂的含量不应超过由配料带入的水平；

d）由配料带入食品中的该添加剂的含量应明显低于直接将其添加到该食品中通常所需要的水平。

3.4.2 当某食品配料作为特定终产品的原料时，批准用于上述特定终产品的添加剂允许添加到这些食品配料中，同时该添加剂在终产品中的量应符合本标准的要求。在所述特定食品配料的标签上应明确标示该食品配料用于上述特定食品的生产。

2.3 同一功能的食品添加剂混合使用的受限原则

GB 2760—2014 附录 A 对同一功能食品添加剂混合使用的使用规定如下："A.2 表 A.1 列出的同一功能的食品添加剂（相同色泽着色剂、防腐剂、抗氧化剂）在混合使用时，各自用量占其最大使用量的比例之和不应超过 1。"

说明：①该条文是对标准中列出的具有同一功能和共同使用范围的着色剂、防腐剂、抗氧化剂在其共同的使用范围内混合使用时如何确定各自使用量的规定。②不具有同一功能或具有同一功能没有相同的使用范围的食品添加剂不受本条约束；其中着色剂要求具有同一色泽，如同是红色或蓝色，如果一种添加剂是红色，一种添加剂是蓝色，即使其具有相同的使用范围，在使用时也不受本条的约束。③公式表示：假设 A 和 B 是同一功能有共同使用范围 C 的两种食品添加剂，A 添加剂在 C 中的实际使用量为 a，标准规定 A 在 C 中的最大使用量为 a'，B 在 C 中的实际使用量为 b，标准规定 B 在 C 中的最大使用量为 b'，该条款用公式表示为，$a/a'+b/b'\leqslant 1$。④示例：GB 2760 规定果蔬汁饮料中新红和胭脂红的最大使用量均为 0.05g/kg，如果这两种着色剂在果蔬汁饮料中同时使用且其实际使用量分别为 a 和 b，则应符合 $(a+b)/0.05\leqslant 1$；GB 2760 规定碳酸饮料中防腐剂苯甲酸钠和二甲基二碳酸盐的最大使用量分别为 0.2g/kg 和 0.25g/kg，如果这两种防腐剂在碳酸饮料中同时使用且其实际使用量分别为 a 和 b，则应满足 $a/0.2+b/0.25\leq1$。

本规定只针对相同色泽着色剂、防腐剂、抗氧化剂，甜味剂等其他食品添加剂混合使用不受此限制。

案例 1：GB 2760—2014 规定，山梨酸钾在糕点中的最大使用量是 1.0g/kg（以山梨酸计），脱氢乙酸钠在糕点中的最大使用量是 0.5g/kg（以脱氢乙酸计），纳他霉素在糕点中的最大使用量是 0.3g/kg（表面使用，混悬液喷雾或浸泡，残留量＜10mg/kg），胭脂红在糕点上彩装中的最大使用量是 0.05g/kg（以胭脂红计），苋菜红在糕点上彩装中的最大使用量是 0.05g/kg（以苋菜红计），日落黄在糕点上彩装中的最大使用量是 0.1g/kg（以日落黄计），柠檬黄在糕点上彩装中的最大使用量是 0.1g/kg（以柠檬黄计），阿斯巴甜在糕点中的最大使用量是 1.7g/kg，环己基氨基磺酸钠（又名甜蜜素）在糕点中的最大使用量是 1.6g/kg（以环己基氨基磺酸计），甜菊糖苷在糕点中的最大使用量是 0.33g/kg（以甜菊醇计）。某无蔗糖白芸酥是以小麦粉、白芸豆、红小豆、绿豆、黑芝麻、莲子、草莓、水蜜桃、猕猴桃、麦芽糖醇、大豆油、菜籽油、白芝麻为主要原料，添加适量的山梨酸钾（已知山梨酸添加量为 0.3 g/kg）、脱氢乙酸钠、纳他霉素（已知纳他霉素添加量为 0.09 g/kg）、胭脂红（已知胭脂红添加量为 10mg/kg）、苋菜红、日落黄（已知日落黄添加量为 20mg/kg）、柠檬黄（已知柠檬黄添加量为 20mg/kg）、阿斯巴甜、甜蜜素（已知环己基氨基磺酸添加量为 160mg/kg）、甜菊糖苷（已知甜菊醇添加量为 33mg/kg），经配料、制皮、包馅、烘烤、冷却、包装工序加工制作而成，请计算，在该产品中，脱氢乙酸、苋菜红、阿斯巴甜的最大使用量是多少？

解答：根据 GB 2760—2014 规定，表 A.1 列出的同一功能的食品添加剂（相同色泽着色剂、防腐剂、抗氧化剂）在混合使用时，各自用量占其最大使用量的比例之和不应超过 1。

①山梨酸钾、脱氢乙酸钠、纳他霉素属于同一功能的防腐剂，具有相加效应限制，因此，脱氢乙酸的最大使用量：$0.5\times(1-0.3/1.0-0.09/0.3)=0.2$g/kg。

②胭脂红、苋菜红属于同一功能的相同色泽着色剂，具有相加效应限制，因此，苋菜红的最大使用量：$0.05\times(1-10/50)=0.04$g/kg。

③阿斯巴甜不属于相同色泽着色剂、防腐剂、抗氧化剂的范围，不受其他甜味剂相加效应限制，因此，阿斯巴甜的最大使用量：1.7g/kg。

案例 2：(1) 请你证明生产 1 斤调制乳粉约需要 5～8 斤生乳。(2)请你证明调制乳粉钙含量的本底值约为 600mg/100g～960mg/100g。(3)请你计算经过钙营养素强化的中老年调制乳粉，其产品标准中的钙含量（mg/100g）指标范围值是多少？其产品营养成分表中的钙营养素最小标示值是为多少？计算钙营养素的营养素参考值% 或 NRV% 是多少？(4)请你计算经过维生素 C 强化的中老年调制乳粉，其产品标准中的维生素 C（mg/100g）指标范围值是多少？其产品营养成分表中的维生素 C 最小标示值是为多少？计算维生素 C 的营养素参考值% 或 NRV% 是多少？

计算该道题的证据信息如下：

GB 28050—2011《食品安全国家标准 预包装食品营养标签通则》规定，使用了营养强化剂的预包装食品，除标示能量、核心营养素（包括蛋白质、脂肪、碳水化合物和钠）的含量值及其占营养素参考值（NRV）的百分比外，在营养成分表中还应标示强化后食品中该营养成分的含量值及其占营养素参考值（NRV）的百分比。食品中强化的维生素 C、钙的检测值必须≥80% 标示值（营养成分表中）。维生素 C 的食品标签营养素参考值（NRV）为 100mg，钙营养素的食品标签营养素参考值（NRV）为 800mg。

GB 14880—2012《食品安全国家标准 食品营养强化剂使用标准》规定，钙营养素在食品分类号 01.03.02（调制乳粉）、食品类别为调制乳粉（儿童用乳粉除外）中的使用量为 3000～7200mg/kg。维生素 C 在食品分类号 01.03.02（调制乳粉）、食品类别为调制乳粉（儿童用乳粉和孕产妇用乳粉除外）中的使用量为 300～1000mg/kg。

GB 19644—2010《食品安全国家标准 乳粉》规定，乳粉（milk powder）是以生牛（羊）乳为原料，经加工制成的粉状产品。调制乳粉（formulated milk powder）是以生牛（羊）乳或及其加工制品为主要原料，添加其他原料，添加或不添加食品添加剂和营养强化剂，经加工制成的乳固体含量不低于70%的粉状产品。

GB 19301—2010《食品安全国家标准 生乳》规定，生乳（raw milk）是从符合国家有关要求的健康奶畜乳房中挤出的无任何成分改变的常乳。产犊后七天的初乳、应用抗生素期间和休药期间的乳汁、变质乳不应用作生乳。

在GB 14880—2012《食品安全国家标准　食品营养强化剂使用标准》问答中，十七、关于营养强化剂的使用量和在终产品中的含量规定，本标准规定的营养强化剂的使用量，指的是在生产过程中允许的实际添加量，该使用量是考虑到所强化食品中营养素的本底含量、人群营养状况及食物消费情况等因素，根据风险评估的基本原则而综合确定的。鉴于不同食品原料本底所含的各种营养素含量差异性较大，而且不同营养素在产品生产和货架期的衰减和损失也不尽相同，所以强化的营养素在终产品中的实际含量可能高于或低于本标准规定的该营养强化剂的使用量。为保证居民均衡的营养素摄入，方便营养调查，有效预防营养素摄入不足和过量，我国发布的GB 28050—2011《预包装食品营养标签通则》特别规定，"使用了营养强化剂的预包装食品，在营养成分表中还应标示强化后食品中该营养成分的含量值及其占营养素参考值（NRV）的百分比"。因此GB 28050—2011《预包装食品营养标签通则》与本标准配合使用，既有利于营养成分的合理强化，又保证了终产品中营养素含量的真实信息和消费者的知情权。

已知：生乳含水量约为87.5%，生乳含钙量约为120mg/100g，生乳维生素C的含量约为0mg/100g，乳粉的含水量约为3%～5%。假定维生素C在乳粉加工中的最大损失率为60%，钙营养素在乳粉加工中的最大损失率为0%。

答：已知生牛乳含水量为87.5%，含钙量为120mg/100g，奶粉的含水量为3%～5%，那么乳粉含钙量的本底值计算为：

1斤乳粉最多需要多少斤生乳：7.76 = 97/12.5，约等于8斤。

1斤乳粉最少需要多少斤生乳：5.32 = 0.70 * 95/12.5，约等于5斤。

因此，生产1斤调制乳粉约需要5～8斤生乳。

因为生乳含钙量约为120mg/100g，因此调制乳粉钙含量的本底值约为600～960mg/100g。

因为钙营养素在食品分类号01.03.02（调制乳粉）、食品类别为调制乳粉（儿童用乳粉除外）中的使用量为300～720mg/100g。因此经过钙营养素强化的中老年调制乳粉，其产品标准中的钙含量指标范围值是900～1680mg/100g。其产品营养成分表中的钙营养素最小标示值是为900/0.8 = 1125mg/100g。钙营养素的营养素参考值%或NRV% = 1125/800 × 100% = 141%。

因为维生素C在食品分类号01.03.02（调制乳粉）、食品类别为调制乳粉（儿童用乳粉和孕产妇用乳粉除外）中的使用量为300～1000mg/kg。因此经过维生素C强化的中老年调制乳粉，其产品标准中的维生素C含量指标范围值是30～100mg/100g。其产品营养成分表中的钙营养素最小标示值是为12/0.8 = 15mg/100g。钙营养素的营养素参考值%或NRV% = 15/100 × 100% = 15%。

2.4　食品用香料使用规定

用于生产食品用香精的食品用香料的使用应符合GB 2760—2014附录B的规定。

2.4.1　食品用香料、香精的使用原则

（1）在食品中使用食品用香料、香精的目的是使食品产生、改变或提高食品的风味。食品用香

料一般配制成食品用香精后用于食品加香，部分也可直接用于食品加香。食品用香料、香精不包括只产生甜味、酸味或咸味的物质，也不包括增味剂。

（2）食品用香料、香精在各类食品中按生产需要适量使用，表2－1中所列食品没有加香的必要，不得添加食品用香料、香精，法律、法规或国家食品安全标准另有明确规定者除外。除表2－1所列食品外，其他食品是否可以加香应按相关食品产品标准规定执行。

表2－1 不得添加食用香料、香精的食品名单

食品分类号	食品名称
01.01.01	巴氏杀菌乳
01.01.02	灭菌乳
01.02.01	发酵乳
01.05.01	稀奶油
02.01.01	植物油脂
02.01.02	动物油脂（猪油、牛油、鱼油和其他动物脂肪等）
02.01.03	无水黄油、无水乳脂
04.01.01	新鲜水果
04.02.01	新鲜蔬菜
04.02.02.01	冷冻蔬菜
04.03.01	新鲜食用菌和藻类
04.03.02.01	冷冻食用菌和藻类
06.01	原粮
06.02.01	大米
06.03.01	小麦粉
06.04.01	杂粮粉
06.05.01	食用淀粉
08.01	生、鲜肉
09.01	鲜水产
10.01	鲜蛋
11.01	食糖
11.03.01	蜂蜜
12.01	盐及代盐制品
13.01	婴幼儿配方食品*
14.01.01	饮用天然矿泉水
14.01.02	饮用纯净水
14.01.03	其他饮用水
16.02.01	茶叶、咖啡

注：*较大婴儿和幼儿配方食品中可以使用香兰素、乙基香兰素和香荚兰豆浸膏（提取物），最大使用量分别为5mg/100mL、5mg/100mL和按照生产需要适量使用，其中100mL以即食食品计，生产企业应按照冲调比例折算成配方食品中的使用量；婴幼儿谷类辅助食品中可以使用香兰素，最大使用量为7mg/100g，其中100g以即食食品计，生产企业应按照冲调比例折算成谷类食品中的使用量；凡使用范围涵盖0至6个月婴幼儿的配方食品不得添加任何食品用香料。

（3）用于配制食品用香精的食品用香料品种应符合本标准的规定。用物理方法、酶法或微生物法（所用酶制剂应符合本标准的有关规定）从食品（可以是未加工过的，也可以是经过了适合人类消费的传统的食品制备工艺的加工过程）制得的具有香味特性的物质或天然香味复合物可用于配制食品用香精。

注：天然香味复合物是一类含有食品用香味物质的制剂。

（4）具有其他食品添加剂功能的食品用香料，在食品中发挥其他食品添加剂功能时，应符合本标准的规定。例如：苯甲酸、肉桂醛、瓜拉纳提取物、双乙酸钠（又名双醋酸钠）、琥珀酸二钠、磷酸三钙、氨基酸等。

（5）食品用香精可以含有对其生产、贮存和应用等所必需的食品用香精辅料（包括食品添加剂和食品）。食品用香精辅料应符合以下要求：

①食品用香精中允许使用的辅料应符合相关标准的规定。在达到预期目的前提下尽可能减少使用品种。

②作为辅料添加到食品用香精中的食品添加剂不应在最终食品中发挥功能作用，在达到预期目的前提下尽可能降低在食品中的使用量。

（6）食品用香精的标签应符合相关标准的规定。

（7）凡添加了食品用香料、香精的食品应按照国家相关标准进行标示。

2.4.2 食品用香料名单

食品用香料包括天然香料和合成香料两种，其中允许使用的食品用天然香料共393种，名单见GB 2760—2014表B.2。允许使用的食品用合成香料共1485种，名单见GB 2760—2014表B.3以及2016年新增加的8种。因此，我国至今已许可使用的食品用香料品种已达1878种物质。

2.5 食品工业用加工助剂使用规定

食品工业用加工助剂的使用应符合GB 2760—2014附录C的规定。

2.5.1 食品工业用加工助剂（以下简称加工助剂）的使用原则

（1）加工助剂应在食品生产加工过程中使用，使用时应具有工艺必要性，在达到预期目的前提下应尽可能降低使用量。

（2）加工助剂一般应在制成最终成品之前除去，无法完全除去的，应尽可能降低其残留量，其残留量不应对健康产生危害，不应在最终食品中发挥功能作用。

（3）加工助剂应该符合相应的质量规格要求。

2.5.2 食品工业用加工助剂的使用规定

（1）表2-2以加工助剂名称汉语拼音排序规定了可在各类食品加工过程中使用，残留量不需限定的加工助剂名单（不含酶制剂）。

（2）表2-3以加工助剂名称汉语拼音排序规定了需要规定功能和使用范围的加工助剂名单（不含酶制剂）。

（3）表2-4以酶制剂名称汉语拼音排序规定了食品加工中允许使用的酶。各种酶的来源和供体应符合表中的规定。

表 2-2 可在各类食品加工过程中使用，残留量不需限定的加工助剂名单（不含酶制剂）

序号	加工助剂中文名称	序号	加工助剂中文名称
1	氨水（包括液氨）	20	氢气
2	甘油（又名丙三醇）	21	氢氧化钙
3	丙酮	22	氢氧化钾
4	丙烷	23	氢氧化钠
5	单，双甘油脂肪酸酯	24	乳酸
6	氮气	25	硅酸镁
7	二氧化硅	26	碳酸钙（包括轻质和重质碳酸钙）
8	二氧化碳	27	碳酸钾
9	硅藻土	28	碳酸镁（包括轻质和重质碳酸镁）
10	过氧化氢	29	碳酸钠
11	活性炭	30	碳酸氢钾
12	磷脂	31	碳酸氢钠
13	硫酸钙	32	纤维素
14	硫酸镁	33	盐酸
15	硫酸钠	34	氧化钙
16	氯化铵	35	氧化镁（包括重质和轻质）
17	氯化钙	36	乙醇
18	氯化钾	37	冰乙酸（又名冰醋酸）
19	柠檬酸	38	植物活性炭

注：表 2-2 摘自 GB 2760—2014 中表 C.1（按汉语拼音排序）。

表 2-3 需要规定功能和使用范围的加工助剂名单（不含酶制剂）

序号	中文名称	功能	使用范围
1	1，2-二氯乙烷	提取溶剂	咖啡、茶的加工工艺
2	1-丁醇	萃取溶剂	发酵工艺
3	6号轻汽油（又名植物油抽提溶剂）	浸油溶剂、提取溶剂	发酵工艺、提取工艺
4	D-甘露糖醇	防粘剂	糖果的加工工艺
5	DL-苹果酸钠	发酵用营养物质	发酵工艺
6	L-苹果酸	发酵用营养物质	发酵工艺
7	β-环状糊精	胆固醇提取剂	巴氏杀菌乳、灭菌乳和调制乳、发酵乳和风味发酵乳、稀奶油（淡奶油）及其类似品、干酪和再制干酪及其类似品的加工工艺
8	阿拉伯胶	澄清剂	葡萄酒加工工艺
9	凹凸棒黏土	脱色剂	油脂加工工艺
10	丙二醇	冷却剂、提取溶剂	啤酒加工工艺、提取工艺
11	巴西棕榈蜡	脱模剂	焙烤食品加工工艺、膨化食品加工工艺、蜜饯果糕的加工工艺
12	白油（液体石蜡）	消泡剂、脱模剂、拔膜剂	薯片的加工工艺、油脂的加工工艺、糖果的加工工艺、胶原蛋白肠衣的加工工艺、膨化食品加工工艺、粮食加工工艺（用于防尘）

续表

序号	中文名称	功能	使用范围
13	不溶性聚乙烯聚吡咯烷酮	吸附剂	啤酒、葡萄酒、果酒、黄酒、配制酒的加工工艺和发酵工艺、茶（类）饮料加工工艺（按生产需要适量使用，2016年第8号公告）
14	丁烷	提取溶剂	提取工艺
15	蜂蜡	脱模剂	焙烤食品加工工艺、膨化食品加工工艺
16	高岭土	澄清剂、助滤剂	葡萄酒、果酒、黄酒、配制酒的加工工艺和发酵工艺
17	高碳醇脂肪酸酯复合物	消泡剂	发酵工艺、大豆蛋白加工工艺
18	固化单宁	澄清剂	配制酒的加工工艺和发酵工艺
19	硅胶	澄清剂	啤酒、葡萄酒、果酒、配制酒和黄酒的加工工艺
20	滑石粉	脱模剂、防粘剂	糖果的加工工艺、发酵提取工艺
21	活性白土	澄清剂、食用油脱色剂、吸附剂	配制酒的加工工艺和发酵工艺、油脂加工工艺、水处理工艺
22	甲醇钠	油脂酯交换催化剂	油脂加工工艺
23	酒石酸氢钾	结晶剂	葡萄酒的加工工艺
24	聚苯乙烯	助滤剂	啤酒的加工工艺
25	聚丙烯酰胺	絮凝剂、助滤剂	饮料（水处理）的加工工艺、制糖工艺和发酵工艺
26	聚二甲基硅氧烷及其乳液	消泡剂、脱模剂	豆制品工艺（最大使用量0.3g/kg，以每千克黄豆的使用量计）、肉制品、啤酒加工工艺（上述加工工艺最大使用量0.2g/kg）、焙烤食品工艺（在模具中的最大使用量30mg/dm^2）、油脂加工工艺（最大使用量0.01g/kg）、果冻、果汁、浓缩果汁粉、饮料、速溶食品、冰淇淋、果酱、调味品和蔬菜加工工艺（上述加工工艺最大使用量0.05g/kg）、发酵工艺（最大使用量0.1g/kg）、薯片加工工艺、薯类加工工艺（按生产需要适量使用，2016年第9号公告）、畜禽血制品加工工艺（最大使用量0.2g/kg，2016年第14号公告）
27	聚甘油脂肪酸酯	消泡剂	制糖工艺
28	聚氧丙烯甘油醚	消泡剂	发酵工艺
29	聚氧丙烯氧化乙烯甘油醚	消泡剂	发酵工艺
30	聚氧乙烯（20）山梨醇酐单月桂酸酯（又名吐温20），聚氧乙烯（20）山梨醇酐单棕榈酸酯（又名吐温40），聚氧乙烯（20）山梨醇酐单硬脂酸酯（又名吐温60），聚氧乙烯（20）山梨醇酐单油酸酯（又名吐温80）	分散剂、提取溶剂、消泡剂	制糖工艺、发酵工艺、提取工艺、果蔬汁（浆）饮料（最大使用量为0.75g/kg）植物蛋白饮料（最大使用量为2.0g/kg）

续表

序号	中文名称	功能	使用范围
31	聚氧乙烯聚氧丙烯胺醚	消泡剂	发酵工艺
32	聚氧乙烯聚氧丙烯季戊四醇醚	消泡剂	发酵工艺
33	卡拉胶	澄清剂	啤酒加工工艺
34	抗坏血酸	防褐变	葡萄酒的加工工艺
35	抗坏血酸钠	防褐变	葡萄酒的加工工艺
36	矿物油	消泡剂、脱模剂、防粘剂、润滑剂	发酵工艺、糖果、薯片和豆制品的加工工艺
37	离子交换树脂	脱色剂、吸附剂	啤酒、葡萄酒、果酒、配制酒、黄酒、罐头食品的加工工艺、水处理工艺、制糖工艺和发酵工艺
38	磷酸	澄清剂、精炼脱胶、发酵用营养物质	制糖工艺和油脂加工工艺、发酵工艺
39	磷酸二氢铵	发酵用营养物质	发酵工艺
40	磷酸氢二铵	发酵用营养物质	发酵工艺
41	磷酸铵	发酵用营养物质	发酵工艺
42	磷酸二氢钾	发酵用营养物质	发酵工艺
43	磷酸二氢钠	发酵用营养物质	发酵工艺
44	磷酸三钙	分散剂	乳制品加工工艺
45	磷酸氢二钠	絮凝剂、发酵用营养物质	饮料（水处理）的加工工艺、发酵工艺
46	磷酸三钠	絮凝剂、发酵用营养物质	饮料（水处理）的加工工艺、发酵工艺
47	硫磺	澄清剂	制糖工艺
48	硫酸	絮凝剂、发酵用营养物质	啤酒的加工工艺、发酵工艺、淀粉加工工艺、乳制品加工工艺
49	硫酸铵	发酵用营养物质	发酵二艺
50	硫酸铜	澄清剂、螯合剂、发酵用营养物质	葡萄酒的加工工艺、皮蛋的加工工艺、发酵工艺
51	硫酸锌	螯合剂、絮凝剂、发酵用营养物质	皮蛋的加工工艺、啤酒的加工工艺、发酵工艺
52	硫酸亚铁	絮凝剂	饮料（水处理）和啤酒的加工工艺
53	氯化镁	发酵用营养物质	发酵二艺
54	明胶	澄清剂	果酒的加工工艺、葡萄酒的加工工艺
55	镍	催化剂	发酵工艺、油脂加工工艺、糖醇加工工艺
56	膨润土	吸附剂、助滤剂、澄清剂、脱色剂	葡萄酒、果酒、黄酒和配制酒、油脂、调味品、果蔬汁、茶饮料、固体饮料的加工工艺、发酵工艺
57	石蜡	脱模剂	糖果、焙烤食品加工工艺
58	石油醚	提取溶剂	配制酒的加工工艺、提取工艺
59	食用单宁	助滤剂、澄清剂、脱色剂	黄酒、啤酒、葡萄酒和配制酒的加工工艺、油脂脱色工艺
60	松香甘油酯	脱毛剂	畜禽脱毛处理工艺
61	脱乙酰甲壳素	澄清剂	果蔬汁类加工工艺、植物饮料类的加工工艺、啤酒和麦芽饮料的加工工艺
62	维生素 B 族	发酵用营养物质	发酵工艺

续表

序号	中文名称	功能	使用范围
63	五碳双缩醛（又名戊二醛）	交联剂	胶原蛋白肠衣的加工工艺
64	辛，癸酸甘油酯	防粘剂	糖果加工工艺、蜜饯果糕、胶原蛋白肠衣的加工工艺、巧克力和巧克力制品加工工艺（最大使用量0.08g/kg，2016年第9号公告）
65	辛烯基琥珀酸淀粉钠	防粘剂	胶基糖果加工工艺
66	氧化亚氮	推进剂、起泡剂	水油状脂肪乳化制品（仅限植脂乳）和02.02类以外的脂肪乳化制品，包括混合的和（或）调味的脂肪乳化制品（仅限植脂奶油）的加工工艺。稀奶油（淡奶油）及其类似品的加工工艺（2015年第1号公告）
67	异丙醇	提取溶剂	提取工艺
68	乙二胺四乙酸二钠	吸附剂、螯合剂	熟制坚果与籽类、啤酒和配制酒的加工工艺、发酵工艺、饮料的加工工艺
69	乙醚	提取溶剂	配制酒的加工工艺
70	乙酸钠（又名醋酸钠）	螯合剂	发酵工艺、淀粉加工工艺
71	乙酸乙酯	提取溶剂	配制酒的加工工艺、酵母抽提物的加工工艺
72	月桂酸	脱皮剂	果树脱皮
73	蔗糖聚丙烯醚	消泡剂	发酵工艺和制糖工艺
74	蔗糖脂肪酸酯	消泡剂	制糖工艺、豆制品加工工艺
75	珍珠岩	助滤剂	啤酒、葡萄酒、果酒和配制酒加工工艺、发酵工艺、油脂加工工艺、淀粉糖加工工艺
76	正己烷	提取溶剂	提取工艺、大豆蛋白加工工艺
77	植物活性炭（稻壳活性炭）	助滤剂	油脂加工工艺
78	硅酸钙	助滤剂	煎炸油加工工艺（最大使用量40g/kg，2016年第8号公告）
79	焦亚硫酸钠	黏度调节剂	大豆蛋白的加工工艺（仅限大豆分离蛋白，大豆浓缩蛋白）（以二氧化硫残留量计，最大使用量0.03g/kg，2016年第8号公告）

注：表2-3摘自GB 2760—2014中表C.2（按汉语拼音排序）。

表2-4　食品用酶制剂名单

序号	酶制剂中文名称	序号	酶制剂中文名称
1	α-半乳糖苷酶	9	菠萝蛋白酶
2	α-淀粉酶	10	蛋白酶（包括乳凝块酶）
3	α-乙酰乳酸脱羧酶	11	单宁酶
4	β-淀粉酶	12	多聚半乳糖醛酸酶
5	β-葡聚糖酶	13	甘油磷脂胆固醇酰基转移酶（GCAT）
6	阿拉伯呋喃糖苷酶	14	谷氨酰胺酶
7	氨基肽酶	15	谷氨酰胺转氨酶
8	半纤维素酶	16	果胶裂解酶

续表

序号	酶制剂中文名称	序号	酶制剂中文名称
17	果胶酶	37	普鲁兰酶
18	果胶酯酶（果胶甲基酯酶）	38	漆酶
19	过氧化氢酶	39	溶血磷脂酶（磷脂酶B）
20	核酸酶	40	乳糖酶（β-半乳糖苷酶）
21	环糊精葡萄糖苷转移酶	41	天门冬酰胺酶
22	己糖氧化酶	42	脱氨酶
23	菊糖酶	43	胃蛋白酶
24	磷脂酶	44	无花果蛋白酶
25	磷脂酶A2	45	纤维二糖酶
26	磷脂酶C	46	纤维素酶
27	麦芽碳水化合物水解酶（α-，β-麦芽碳水化合物水解酶）	47	右旋糖酐酶
28	麦芽糖淀粉酶	48	胰蛋白酶
29	木瓜蛋白酶	49	胰凝乳蛋白酶（糜蛋白酶）
30	木聚糖酶	50	脂肪酶
31	凝乳酶A	51	酯酶
32	凝乳酶B	52	植酸酶
33	凝乳酶或粗制凝乳酶	53	转化酶（蔗糖酶）
34	葡糖淀粉酶（淀粉葡糖苷酶）	54	转葡糖苷酶
35	葡糖氧化酶	55	β-半乳糖苷酶（2015年1号公告）
36	葡糖异构酶（木糖异构酶）		

注：表2-4摘自GB 2760—2014中表C.3（按汉语拼音排序），各种酶制剂的来源是指用于提取酶制剂动物、植物或微生物。

2.6 食品添加剂功能类别

每个添加剂在食品中常常具有一种或多种功能。在本标准每个食品添加剂的具体规定中，列出了该食品添加剂常用的功能，并非详尽的列举。

（1）酸度调节剂（acidity regulators）：用以维持或改变食品酸碱度的物质。

（2）抗结剂（anticaking agents）：用于防止颗粒或粉状食品聚集结块，保持其松散或自由流动的物质。

（3）消泡剂（antifoaming agents）：在食品加工过程中降低表面张力，消除泡沫的物质。

（4）抗氧化剂（antioxidants）：能防止或延缓油脂或食品成分氧化分解、变质，提高食品稳定性的物质。

（5）漂白剂（bleaching agents）：能够破坏、抑制食品的发色因素，使其褪色或使食品免于褐变的物质。

（6）膨松剂（raising agents）：在食品加工过程中加入的、能使产品发起形成致密多孔组织、从而使制品具有膨松、柔软或酥脆的物质。

（7）胶基糖果中基础剂物质（chewing gum bases）：赋予胶基糖果起泡、增塑、耐咀嚼等作用的物质。

（8）着色剂（color modifiers）：使食品赋予色泽和改善食品色泽的物质。

（9）护色剂（color fixatives）：能与肉及肉制品中呈色物质作用，使之在食品加工、保藏等过程中不致分解、破坏，呈现良好色泽的物质。

（10）乳化剂（emulsifiers）：能改善乳化体中各种构成相之间的表面张力，形成均匀分散体或乳化体的物质。

（11）酶制剂（enzyme preparations）：由动物或植物的可食或非可食部分直接提取，或由传统或通过基因修饰的微生物（包括但不限于细菌、放线菌、真菌菌种）发酵、提取制得，用于食品加工，具有特殊催化功能的生物制品。

（12）增味剂（flavor enhancers）：补充或增强食品原有风味的物质。

（13）面粉处理剂（flour treating agents）：促进面粉的熟化和提高制品质量的物质。

（14）被膜剂（coating agents）：涂抹于食品外表，起保质、保鲜、上光、防止水分蒸发等作用的物质。

（15）水分保持剂（humectants）：有助于保持食品中水分而加入的物质。

（16）防腐剂（preservatives）：防止食品腐败变质、延长食品储存期的物质。

（17）稳定剂和凝固剂（stabilizers and coagulators）：使食品结构稳定或使食品组织结构不变，增强黏性固形物的物质。

（18）甜味剂（sweeteners）：赋予食品甜味的物质。

（19）增稠剂（thickeners）：可以提高食品的黏稠度或形成凝胶，从而改变食品的物理性状，赋予食品黏润、适宜的口感，并兼有乳化、稳定或使呈悬浮状态作用的物质。

（20）食品用香料（flavoring agents）：能够用于调配食品香精，并使食品增香的物质。

（21）食品工业用加工助剂（food processing aids）：有助于食品加工能顺利进行的各种物质，与食品本身无关。如助滤、澄清、吸附、润滑、脱模、脱色、脱皮、提取溶剂等。

（22）其他（other additives）：上述功能类别中不能涵盖的其他功能。

2.7 食品分类系统

GB 2760—2014 中食品分类系统用于界定食品添加剂的使用范围，只适用于使用该标准查询添加剂。食品分类系统共分十六大类。每一大类下分若干亚类，亚类下分次亚类，次亚类下分小类，有的小类还可再分为次小类。如果允许某一食品添加剂应用于某一食品类别时，则允许其应用于该类别下的所有类别食品，另有规定的除外。具体说：如果食品大类可用的食品添加剂，则其下的亚类、次亚类、小类和次小类所包含的食品均可使用；亚类可以使用的，则其下的次亚类、小类和次小类可以使用，但是，大类不可以使用，另有规定的除外。十六类如下：一是乳与乳制品；二是脂肪、油和乳化脂肪制品；三是冷冻饮品；四是水果、蔬菜（包括块根类）、豆类、食用菌、藻类、坚果以及籽类等；五是可可制品、巧克力和巧克力制品（包括类巧克力和代巧克力）以及糖果；六是粮食和粮食制品，包括大米、面粉、杂粮、块根植物、豆类和玉米提取的淀粉等（不包括07.0类焙烤制品）；七是焙烤食品；八是肉及肉制品；九是水产品及其制品（包括鱼类、甲壳类、贝类、软体类、棘皮类等水产及其加工制品等）；十是蛋及蛋制品；十一是甜味料，包括蜂蜜；十二是调味品；十三是特殊膳食用食品；十四是饮料类；十五是酒类；十六是其他类（01.0～15.0除外）。

表 2-5 食品分类系统

食品分类号	食品名称
01.0	**乳及乳制品（13.0 特殊膳食用食品及品种除外）**
01.01	巴氏杀菌乳、灭菌乳和调制乳
01.01.01	巴氏杀菌乳
01.01.02	灭菌乳
01.01.03	调制乳
01.02	发酵乳和风味发酵乳
01.02.01	发酵乳
01.02.02	风味发酵乳
01.03	乳粉（包括加糖乳粉）和奶油粉及其调制产品
01.03.01	乳粉和奶油粉
01.03.02	调制乳粉和调制奶油粉
01.04	炼乳及其调制产品
01.04.01	淡炼乳（原味）
01.04.02	调制炼乳（包括加糖炼乳及使用了非乳原料的调制炼乳等）
01.05	稀奶油（淡奶油）及其类似品
01.05.01	稀奶油
01.05.02	—
01.05.03	调制稀奶油
01.05.04	稀奶油类似品
01.06	干酪和再制干酪及其类似品
01.06.01	非熟化干酪
01.06.02	熟化干酪
01.06.03	乳清干酪
01.06.04	再制干酪
01.06.04.01	普通再制干酪
01.06.04.02	调味再制干酪
01.06.05	干酪类似品
01.06.06	乳清蛋白干酪
01.07	以乳为主要配料的即食风味食品或其预制产品（不包括冰淇淋和风味发酵乳）
01.08	其他乳制品（如乳清粉、酪蛋白粉等）
02.0	**脂肪，油和乳化脂肪制品**
02.01	基本不含水的脂肪和油
02.01.01	植物油脂
02.01.01.01	植物油
02.01.01.02	氢化植物油
02.01.02	动物油脂（猪油、牛油、鱼油和其他动物脂肪等）
02.01.03	无水黄油，无水乳脂
02.02	水油状脂肪乳化制品
02.02.01	脂肪含量 80% 以上的乳化制品
02.02.01.01	黄油和浓缩黄油
02.02.01.02	人造黄油（人造奶油）及其类似制品（如黄油和人造黄油混合品）
02.02.02	脂肪含量 80% 以下的乳化制品
02.03	02.02 类以外的脂肪乳化制品，包括混合的和（或）调味的脂肪乳化制品
02.04	脂肪类甜品
02.05	其他油脂或油脂制品
03.0	**冷冻饮品**
03.01	冰淇淋、雪糕类
03.02	—
03.03	风味冰、冰棍类
03.04	食用冰
03.05	其他冷冻饮品
04.0	**水果、蔬菜（包括块根类）、豆类、食用菌、藻类、坚果以及籽类等**
04.01	水果
04.01.01	新鲜水果
04.01.01.01	未经加工的鲜果
04.01.01.02	经表面处理的鲜水果
04.01.01.03	去皮或预切的鲜水果
04.01.02	加工水果
04.01.02.01	冷冻水果
04.01.02.02	水果干类
04.01.02.03	醋、油或盐渍水果
04.01.02.04	水果罐头
04.01.02.05	果酱
04.01.02.06	果泥

续表

食品分类号	食品名称	食品分类号	食品名称
04.01.02.07	除04.01.02.05以外的果酱（如印度酸辣酱）	04.03.02.04	食用菌和藻类罐头
04.01.02.08	蜜饯凉果	04.03.02.05	经水煮或油炸的藻类
04.01.02.08.01	蜜饯类	04.03.02.06	其他加工食用菌和藻类
04.01.02.08.02	凉果类	04.04	豆类制品
04.01.02.08.03	果脯类	04.04.01	非发酵豆制品
04.01.02.08.04	话化类	04.04.01.01	豆腐类
04.01.02.08.05	果糕类	04.04.01.02	豆干类
04.01.02.09	装饰性果蔬	04.04.01.03	豆干再制品
04.01.02.10	水果甜品，包括果味液体甜品	04.04.01.03.01	炸制半干豆腐
04.01.02.11	发酵的水果制品	04.04.01.03.02	卤制半干豆腐
04.01.02.12	煮熟的或油炸的水果	04.04.01.03.03	熏制半干豆腐
04.01.02.13	其他加工水果	04.04.01.03.04	其他半干豆腐
04.02	蔬菜	04.04.01.04	腐竹类（包括腐竹、油皮等）
04.02.01	新鲜蔬菜	04.04.01.05	新型豆制品（大豆蛋白及其膨化食品、大豆素肉等）
04.02.01.01	未经加工鲜蔬菜		
04.02.01.02	经表面处理的新鲜蔬菜	04.04.01.06	熟制豆类
04.02.01.03	去皮、切块或切丝的蔬菜	04.04.02	发酵豆制品
04.02.01.04	豆芽菜	04.04.02.01	腐乳类
04.02.02	加工蔬菜	04.04.02.02	豆豉及其制品（包括纳豆）
04.02.02.01	冷冻蔬菜	04.04.03	其他豆制品
04.02.02.02	干制蔬菜	04.05	坚果和籽类
04.02.02.03	腌渍的蔬菜	04.05.01	新鲜坚果与籽类
04.02.02.04	蔬菜罐头	04.05.02	加工坚果与籽类
04.02.02.05	蔬菜泥（酱），番茄沙司除外	04.05.02.01	熟制坚果与籽类
04.02.02.06	发酵蔬菜制品	04.05.02.01.01	带壳熟制坚果与籽类
04.02.02.07	经水煮或油炸的蔬菜	04.05.02.01.02	脱壳熟制坚果与籽类
04.02.02.08	其他加工蔬菜	04.05.02.02	—
04.03	食用菌和藻类	04.05.02.03	坚果与籽类罐头
04.03.01	新鲜食用菌和藻类	04.05.02.04	坚果与籽类的泥（酱），包括花生酱等
04.03.01.01	未经加工鲜食用菌和藻类	04.05.02.05	其他加工的坚果与籽类（如腌渍的果仁）
04.03.01.02	经表面处理的鲜食用菌和藻类	**05.0**	**可可制品、巧克力和巧克力制品（包括代可可脂巧克力及制品）以及糖果**
04.03.01.03	去皮、切块或切丝的食用菌和藻类		
04.03.02	加工食用菌和藻类	05.01	可可制品、巧克力和巧克力制品，包括代可可脂代巧克力及制品
04.03.02.01	冷冻食用菌和藻类		
04.03.02.02	干制食用菌和藻类	05.01.01	可可制品（包括以可可为主要原料的脂、粉，浆、酱、馅等）
04.03.02.03	腌渍的食用菌和藻类		

续表

食品分类号	食品名称
05.01.02	巧克力和巧克力制品、除05.01.01以外的可可制品
05.01.03	代可可脂巧克力及使用可可脂代用品的巧克力类似产品
05.02	糖果
05.02.01	胶基糖果
05.02.02	除胶基糖果以外的其他糖果
05.03	糖果和巧克力制品包衣
05.04	装饰糖果（如工艺造型，或用于蛋糕装饰）、顶饰（非水果材料）和甜汁
06.0	**粮食和粮食制品，包括大米、面粉、杂粮、块根植物、豆类和玉米提取的淀粉等（不包括07.0类焙烤制品）**
06.01	原粮
06.02	大米及其制品
06.02.01	大米
06.02.02	大米制品
06.02.03	米粉（包括汤圆粉等）
06.02.04	米粉制品
06.03	小麦粉及其制品
06.03.01	小麦粉
06.03.01.01	通用小麦粉
06.03.01.02	专用小麦粉（如自发粉、饺子粉等）
06.03.02	小麦粉制品
06.03.02.01	生湿面制品（如面条、饺子皮、馄饨皮、烧卖皮）
06.03.02.02	生干面制品
06.03.02.03	发酵面制品
06.03.02.04	面糊（如用于鱼和禽肉的拖面糊）、裹粉、煎炸粉
06.03.02.05	油炸面制品
06.04	杂粮粉及其制品
06.04.01	杂粮粉
06.04.02	杂粮制品
06.04.02.01	杂粮罐头
06.04.02.02	其他杂粮制品
06.05	淀粉及淀粉类制品
06.05.01	食用淀粉
06.05.02	淀粉制品
06.05.02.01	粉丝、粉条
06.05.02.02	虾味片
06.05.02.03	藕粉
06.05.02.04	粉圆
06.06	即食谷物，包括碾轧燕麦（片）
06.07	方便米面制品
06.08	冷冻米面制品
06.09	谷类和淀粉类甜品（如米布丁、木薯布丁）
06.10	粮食制品馅料
07.0	**焙烤食品**
07.01	面包
07.02	糕点
07.02.01	中式糕点（月饼除外）
07.02.02	西式糕点
07.02.03	月饼
07.02.04	糕点上彩装
07.03	饼干
07.03.01	夹心及装饰类饼干
07.03.02	威化饼干
07.03.03	蛋卷
07.03.04	其他饼干
07.04	焙烤食品馅料及表面用挂浆
07.05	其他焙烤食品
08.0	**肉及肉制品**
08.01	生、鲜肉
08.01.01	生鲜肉
08.01.02	冷却肉（包括排酸肉、冰鲜肉、冷鲜肉等）
08.01.03	冻肉
08.02	预制肉制品
08.02.01	调理肉制品（生肉添加调理料）
08.02.02	腌腊肉制品类（如咸肉、腊肉、板鸭、中式火腿、腊肠）
08.03	熟肉制品

续表

食品分类号	食品名称
08.03.01	酱卤肉制品类
08.03.01.01	白煮肉类
08.03.01.02	酱卤肉类
08.03.01.03	糟肉类
08.03.02	熏、烧、烤肉类
08.03.03	油炸肉类
08.03.04	西式火腿（熏烤、烟熏、蒸煮火腿）类
08.03.05	肉灌肠类
08.03.06	发酵肉制品类
08.03.07	熟肉干制品
08.03.07.01	肉松类
08.03.07.02	肉干类
08.03.07.03	肉脯类
08.03.08	肉罐头类
08.03.09	其他熟肉制品
08.04	肉制品的可食用动物肠衣类
09.0	**水产及其制品（包括鱼类、甲壳类、贝类、软体类、棘皮类等水产品及其加工制品等）**
09.01	鲜水产
09.02	冷冻水产品及其制品
09.02.01	冷冻水产品
09.02.02	冷冻挂浆制品
09.02.03	冷冻鱼糜制品（包括鱼丸等）
09.03	预制水产品（半成品）
09.03.01	醋渍或肉冻状水产品
09.03.02	腌制水产品
09.03.03	鱼子制品
09.03.04	风干、烘干、压干等水产品
09.03.05	其他预制水产品（如鱼肉饺皮）
09.04	熟制水产品（可直接食用）
09.04.01	熟干水产品
09.04.02	经烹调或油炸的水产品
09.04.03	熏、烤水产品
09.04.04	发酵水产品
09.04.05	鱼肉灌肠类
09.05	水产品罐头
09.06	其他水产品及其制品
10.0	**蛋及蛋制品**
10.01	鲜蛋
10.02	再制蛋（不改变物理性状）
10.02.01	卤蛋
10.02.02	糟蛋
10.02.03	皮蛋
10.02.04	咸蛋
10.02.05	其他再制蛋
10.03	蛋制品（改变其物理性状）
10.03.01	脱水蛋制品（如蛋白粉、蛋黄粉、蛋白片）
10.03.02	热凝固蛋制品（如蛋黄酪、松花蛋肠）
10.03.03	蛋液与液态蛋
10.04	其他蛋制品
11.0	**甜味料，包括蜂蜜**
11.01	食糖
11.01.01	白糖及白糖制品（如白砂糖、绵白糖、冰糖、方糖等）
11.01.02	其他糖和糖浆［如红糖、赤砂糖、冰片糖、原糖、果糖（蔗糖来源）、糖蜜、部分转化糖、槭树糖浆等］
11.02	淀粉糖（果糖、葡萄糖、饴糖、部分转化糖等）
11.03	蜂蜜及花粉
11.03.01	蜂蜜
11.03.02	花粉
11.04	餐桌甜味料
11.05	调味糖浆
11.05.01	水果调味糖浆
11.05.02	其他调味糖浆
11.06	其他甜味料
12.0	**调味品**
12.01	盐及代盐制品
12.02	鲜味剂和助鲜剂
12.03	醋
12.03.01	酿造食醋

续表

食品分类号	食品名称	食品分类号	食品名称
12.03.02	配制食醋	13.02	婴幼儿辅助食品
12.04	酱油	13.02.01	婴幼儿谷类辅助食品
12.04.01	酿造酱油	13.02.02	婴幼儿罐装辅助食品
12.04.02	配制酱油	13.03	—
12.05	酱及酱制品	13.04	—
12.05.01	酿造酱	13.05	其他特殊膳食用食品
12.05.02	配制酱	**14.0**	**饮料类**
12.06	—	14.01	包装饮用水
12.07	料酒及制品	14.01.01	饮用天然矿泉水
12.08	—	14.01.02	饮用纯净水
12.09	香辛料类	14.01.03	其他类饮用水
12.09.01	香辛料及粉	14.02	果蔬汁类及其饮料
12.09.02	香辛料油	14.02.01	果蔬汁（浆）
12.09.03	香辛料酱（如芥末酱、青芥酱）	14.02.02	浓缩果蔬汁（浆）
12.09.04	其他香辛料加工品	14.02.03	果蔬汁（浆）类饮料
12.10	复合调味料	14.03	蛋白饮料
12.10.01	固体复合调味料	14.03.01	含乳饮料
12.10.01.01	固体汤料	14.03.01.01	发酵型含乳饮料
12.10.01.02	鸡精、鸡粉	14.03.01.02	配制型含乳饮料
12.10.01.03	其他固体复合调味料	14.03.01.03	乳酸菌饮料
12.10.02	半固体复合调味料	14.03.02	植物蛋白饮料
12.10.02.01	蛋黄酱、沙拉酱	14.03.03	复合蛋白饮料
12.10.02.02	以动物性原料为基料的调味酱	14.04	碳酸饮料
12.10.02.03	以蔬菜为基料的调味酱	14.04.01	可乐型碳酸饮料
12.10.02.04	其他半固体复合调味料	14.04.02	其他型碳酸饮料
12.10.03	液体复合调味料（不包括12.03，12.04）	14.05	茶、咖啡、植物（类）饮料类
12.10.03.01	浓缩汤（罐装、瓶装）	14.05.01	茶（类）饮料
12.10.03.02	肉汤、骨汤	14.05.02	咖啡（类）饮料
12.10.03.03	调味清汁	14.05.03	植物饮料
12.10.03.04	蚝油、虾油、鱼露等	14.06	固体饮料
12.11	其他调味料	14.06.01	—
13.0	**特殊膳食用食品**	14.06.02	蛋白型固体饮料
13.01	婴幼儿配方食品	14.06.03	速溶咖啡
13.01.01	婴儿配方食品	14.06.04	其他固体饮料
13.01.02	较大婴儿和幼儿配方食品	14.07	特殊用途饮料
13.01.03	特殊医学用途婴儿配方食品	14.08	风味饮料

续表

食品分类号	食品名称	食品分类号	食品名称
14.09	其他类饮料	15.03.02	黄酒
15.0	**酒类**	15.03.03	果酒
15.01	蒸馏酒	15.03.04	蜂蜜酒
15.01.01	白酒	15.03.05	啤酒和麦芽饮料
15.01.02	调香蒸馏酒	15.03.06	其他发酵酒类（充气型）
15.01.03	白兰地	**16.0**	**其他类（01.0～15.0 除外）**
15.01.04	威士忌	16.01	果冻
15.01.05	伏特加	16.02	茶叶、咖啡和茶制品
15.01.06	朗姆酒	16.02.01	茶叶、咖啡
15.01.07	其他蒸馏酒	16.02.02	茶制品（包括调味茶和代用茶）
15.02	配制酒	16.03	胶原蛋白肠衣
15.03	发酵酒	16.04	酵母及酵母类制品
15.03.01	葡萄酒	16.04.01	干酵母
15.03.01.01	无汽葡萄酒	16.04.02	其他酵母及酵母类制品
15.03.01.02	起泡和半起泡葡萄酒	16.05	—
15.03.01.03	调香葡萄酒	16.06	膨化食品
15.03.01.04	特种葡萄酒（按特殊工艺加工制作的葡萄酒，如在葡萄原酒中加入白兰地、浓缩葡萄汁等）	16.07	其他

注：表 2－5 摘自 GB 2760—2014 中表 E.1。

2.8 利用 GB 2760—2014 查询食品添加剂的方法

查询食品添加剂方法：如果你知道添加剂的名称，想了解它如何使用，建议先查表 A.2。如果所查询的添加剂 A 在表 A.2 上，查完表 A.2 后还要查询表 A.3，看有无排除的食品类别，表 A.2 和表 A.3 均查完后，再查表 A.1。添加剂 A 所允许使用的食品类别 = 即表 A.2 所列的食品类别（排除表 A.3 所列的食品类别）＋表 A.1 所列的食品类别＋国家卫生和计划生育委员会自 2014 年第 17 号（这是 GB 2760—2014 包含的最新公告）以后公布的食品添加剂公告。如果表 A.2 上无食品添加剂 A，则直接查询表 A.1＋国家卫生和计划生育委员会自 2014 年第 17 号以后公布的食品添加剂公告。

GB 2760—2014 的电子版本（PDF 版本）可以在国家卫生和计划生育委员会网站下载，打开 PDF 电子文档，在其右上角有一个查找框，输入添加剂名称的部分或全部词条，点查询，就会搜到相关词条，继续查找，就会出现下一个词条。但是这样搜寻的结果不包括国家卫生和计划生育委员会 2014 年第 17 号以后公布的食品添加剂公告。

2.9 食品添加剂的使用规定

在 GB 2760—2014 附录 A 中，表 A.1 为食品添加剂的允许使用品种、使用范围以及最大使用量或残留量，也就是以食品添加剂名称汉语拼音排序规定了食品添加剂的允许使用品种、允许使用的食品名称（种类）以及最大使用量（或残留量）。表 A.2 为可在各类食品中按生产需要适量使用的添加剂。表 A.3 为按生产需要适量使用的添加剂所例外的食品类别名单，规定了不得按生产需要适量使用原则使用表 A.2 中添加剂的食品类别和品种，如果这些食物类别和品种使用添加剂应符合表

A.1 的规定，同时这些食品类别和品种不得使用表 A.1 中规定的其上级食品类别中允许使用的食品添加剂。表 A.1 和表 A.2 未包括对食品用香料、胶基糖果中基础剂物质和用作食品工业用加工助剂的食品添加剂的有关规定。

由于 GB 2760—1996 按照食品添加剂的功能类别进行使用编排，且被很多使用者所熟悉，因此本书将 GB 2760—2014 中的表 A.1、表 A.2、以及最新的国家卫生和计划生育委员会 2014 年第 17 号以后公布的食品添加剂公告进行了全部整理，制成了表 2-6 食品添加剂的类别、名称（代码）、使用范围和使用量，方便查找。同时，表 2-6 的“食品添加剂”不包括食品营养强化剂、食品用香料、食品工业用加工助剂。表 2-6 中按生产需要适量使用的添加剂所例外的食品类别名单见表2-7。

表 2-6 食品添加剂的类别、名称（代码）、使用范围和使用量（GB 2760—2014 整理版）

类别	食品添加剂名称（代码）	使用范围及食品分类号	最大使用量/（g/kg）	备注
酸度调节剂	柠檬酸，柠檬酸钠，柠檬酸钾（01.101，01.303，01.304）	各类食品（并符合表 A.3 的规定）	按生产需要适量使用	固体饮料按稀释倍数增加使用量
		婴幼儿配方食品（13.01）、婴幼儿辅助食品（13.02）、浓缩果蔬汁（浆）（14.02.02）		
	乳酸（01.102）	稀奶油（01.05.01）、婴幼儿配方食品（13.01）	按生产需要适量使用	2016 年第 14 号公告
		各类食品（并符合表 A.3 的规定）		
	L（+）-酒石酸，DL-酒石酸（01.111，01.313）	面糊（如用于鱼和禽肉的拖面糊）、裹粉、煎炸粉（06.03.02.04）、油炸面制品（06.03.02.05）、固体复合调味料（12.10.01）	10.0	以酒石酸计，固体饮料按稀释倍数增加使用量 2016 年第 8 号公告
		果蔬汁（浆）类饮料（14.02.03）、植物蛋白饮料（14.03.02）、复合蛋白饮料（14.03.03）、碳酸饮料（14.04）、茶、咖啡、植物（类）饮料（14.05）、特殊用途饮料（14.07）、风味饮料（14.08）	5.0	
		葡萄酒（15.03.01）	4.0g/L	
	偏酒石酸（01.105）	糖果（05.02）	30	
		水果罐头（04.01.02.04）	按生产需要适量使用	
	L-苹果酸，DL-苹果酸钠、DL-苹果酸（01.104，01.309，01.309）	各类食品（并符合表 A.3 的规定）	按生产需要适量使用	
	冰乙酸（又名冰醋酸），冰乙酸（低压羰基化法）（01.107，01.112）	各类食品（并符合表 A.3 的规定）	按生产需要适量使用	
	盐酸（01.108）	蛋黄酱、沙拉酱（12.10.02.01）	按生产需要适量使用	
	己二酸（01.109）	胶基糖果（05.02.01）	4.0	
		果冻（16.01）（如用于果冻粉，按冲调倍数增加使用量）	0.1	
		固体饮料（14.06）	0.01	

续表

类别	食品添加剂名称（代码）	使用范围及食品分类号	最大使用量/（g/kg）	备注
酸度调节剂	富马酸（01.110）	面包（07.01）糕点（07.02）饼干（07.03）	3.0	
		胶基糖果（05.02.01）	8.0	
		生湿面制品（如面条、饺子皮、馄饨皮、烧麦皮）（06.03.02.01）、果蔬汁（浆）类饮料（14.02.03）	0.6	固体饮料按稀释倍数增加使用量
		焙烤食品馅料及表面用挂浆（07.04）、其它焙烤食品（07.05）	2.0	
		碳酸饮料（14.04）	0.3	固体饮料按稀释倍数增加使用量
	富马酸一钠（01.311）	胶基糖果（05.02.01）、生湿面制品（如面条、饺子皮、馄饨皮、烧卖皮）（06.03.02.01）、焙烤食品（07.0）、肉及肉制品（08.01 生、鲜肉类除外）（08.0）、水产及其制品（包括鱼类、甲壳类、贝类、软体类、棘皮类等水产及其加工制品等）（09.01 鲜水产品除外）（09.0）	按生产需要适量使用	
		饮料类（14.01 包装饮用水除外）（14.0）（固体饮料按稀释倍数增加使用量）		
	氢氧化钙（01.202）	调制乳（01.01.03），乳粉（包括加糖乳粉）和奶油粉及其调制产品（01.03）、婴幼儿配方食品（13.01）	按生产需要适量使用	
	氢氧化钾（01.203）	调制乳粉和调制奶油粉（01.03.02）、饼干（07.03）、婴幼儿配方食品（13.01）	按生产需要适量使用	
	碳酸钾（01.301）	生湿面制品（如面条、饺子皮、馄饨皮、烧麦皮）（06.03.02.01）	60.0	
		婴幼儿配方食品（13.01）、小麦粉制品（06.03.02）	按生产需要适量使用	
		各类食品（并符合表 A.3 的规定）		
	碳酸钠（01.302）	生湿面制品（如面条、饺子皮、馄饨皮、烧卖皮）（06.03.02.01）、生干面制品（06.03.02.02）、大米制品（仅限发酵大米制品）（06.02.02）	按生产需要适量使用	
		各类食品（并符合表 A.3 的规定）		
	碳酸氢三钠（又名倍半碳酸钠）（01.305）	乳及乳制品（01.01.01、01.01.02、13.0 涉及品种除外）（01.0）	按生产需要适量使用	仅限羊奶
		糕点（07.02）、饼干（07.03）		
	柠檬酸一钠（01.306）	各类食品（并符合表 A.3 的规定）	按生产需要适量使用	
	碳酸氢钾（01.307）	各类食品（并符合表 A.3 的规定）	按生产需要适量使用	
		婴幼儿配方食品（13.01）		
	乳酸钠（15.012）	各类食品（并符合表 A.3 的规定）	按生产需要适量使用	
		生湿面制品（如面条、饺子皮、馄饨皮、烧麦皮）（06.03.02.01）	2.4	

续表

类别	食品添加剂名称（代码）	使用范围及食品分类号	最大使用量/（g/kg）	备注
酸度调节剂	乙酸钠（又名醋酸钠）（00.013）（注：代码属于其他）	复合调味料（12.10）	10.0	
		膨化食品（16.06）	1.0	
	乳酸钙（01.310）	加工水果（04.01.02）、糖果（05.02）	按生产需要适量使用	
		固体饮料（14.06）	21.6	
		复合调味料（仅限油炸薯片调味料）（12.10）	10.0	
		果冻（16.01）	6.0	如果用于果冻粉，按冲调倍数增加使用量
		蔬菜罐头（仅限酸黄瓜产品）（04.02.02.04）	1.5	
		膨化食品（16.06）	1.0	
	磷酸	配制酒（15.02）	5.0	2015年1号公告
	磷酸（湿法）	可乐型碳酸饮料（14.04.01）	5.0	以 PO_4^{3-} 计 2016年第8号公告
	葡萄糖酸钠（01.312）	各类食品（并符合表A.3的规定）	按生产需要适量使用	
抗结剂	亚铁氰化钾（钠）（02.001，02.008）	盐及代盐制品（12.01）	0.01	以亚铁氰根计
	硅酸钙（02.009）	乳粉（包括加糖乳粉）和奶油粉及其调制产品（01.03）、干酪和再制干酪及其类似品（01.06）、可可制品（包括以可可为主要原料的脂、粉、浆、酱、馅等）（05.01.01）、淀粉及淀粉类制品（06.05）、食糖（11.01）、餐桌甜味料（11.04）、盐及代盐制品（12.01）、香辛料及粉（12.09.01）、复合调味料（12.10）、固体饮料（14.06）、酵母及酵母类制品（16.04）	按生产需要适量使用	
	柠檬酸铁铵（02.010）	盐及代盐制品（12.01）	0.025	
	二氧化硅（02.004）	面糊（如，用于鱼和禽肉的拖面糊）、裹粉、煎炸粉（06.03.02.04）、盐及代盐制品（12.01）、香辛料类（12.09）、固体复合调味料（12.10.01）	20.0	
		乳粉（包括加糖乳粉）和奶油粉及其调制产品（01.03）、其它油脂或油脂制品（仅限植脂末）（02.05）、可可制品（包括以可可为主要原料的脂、粉、浆、酱、馅等）（05.01.01）、脱水蛋制品（如蛋白粉、蛋黄粉、蛋白片）（10.03.01）、其它甜味料（仅限糖粉）（11.06）、固体饮料（14.06）	15.0	
		冷冻饮品（03.04食用冰除外）（03.0）	0.5	
		其它（豆制品工艺）（16.07）	0.025	复配消泡剂用，以每千克黄豆的使用量计
		原粮（06.01）	1.2	
		其他乳制品（如乳清粉、酪蛋白粉）（仅限奶片）（01.08）	15	

续表

类别	食品添加剂名称（代码）	使用范围及食品分类号	最大使用量/(g/kg)	备注
抗结剂	硬脂酸镁（02.006）	蜜饯凉果（04.01.02.08）	0.8	
		可可制品、巧克力和巧克力制品（包括代可可脂巧克力及制品）以及糖果（05.0）	按生产需要适量使用	
	滑石粉（02.007）	凉果类（04.01.02.08.02）、话化类（04.01.02.08.04）	20.0	
	微晶纤维素（02.005）	稀奶油（01.05.01）、各类食品（并符合表A.3的规定）	按生产需要适量使用	
	酒石酸铁	盐及代盐制品（12.01）	0.106	最大使用量以酒石酸铁含量计 2016年第8号公告
	纤维素	干酪和再制干酪及其类似品（01.06）、[面糊（如用于鱼和禽肉的拖面糊）、裹粉、煎炸粉]（06.03.02.04）、焙烤食品（07.0）、西式火腿（熏烤、烟熏、蒸煮火腿）类（08.03.04）、肉灌肠类（08.03.05）、酱及酱制品（12.05）、香辛酱料（如芥末酱、青芥酱）（12.09.03）、胶原蛋白肠衣（16.03）	按生产需要适量使用	2016年第14号公告
抗氧化剂	羟基硬脂精（又名氧化硬脂精）（00.017）	基本不含水的脂肪和油（02.01）	0.5	
	丁基羟基茴香醚（BHA）、二丁基羟基甲苯（BHT）、特丁基对苯二酚（TBHQ）（04.001，04.002，04.007）	脂肪，油和乳化脂肪制品（02.0）、基本不含水的脂肪和油（02.01）、熟制坚果与籽类（仅限油炸坚果与籽类）（04.05.02.01）、坚果与籽类罐头（04.05.02.03）、油炸面制品（06.03.02.05）、方便米面制品（06.07）、饼干（07.03）、腌腊肉制品类（如咸肉、腊肉、板鸭、中式火腿、腊肠）（08.02.02）、风干、烘干、压干等水产品（09.03.04）、膨化食品（16.06）	0.2	以油脂中的含量计 2016年第9号公告
	没食子酸丙酯（PG）（04.003）		0.1（只针对PG）	
	BHA	杂粮粉（06.04.01）、固体复合调味料（仅限鸡肉粉）（12.10.01）	0.2	
	BHT	干制蔬菜（仅限脱水马铃薯粉）（04.02.02.02）	0.2	
	TBHQ	糕点（07.02）、月饼（07.02.03）、焙烤食品馅料及表面用挂浆（07.04）	0.2	
	BHA，BHT，PG	胶基糖果（05.02.01）	0.4	
	BHA，BHT	即食谷物，包括碾轧燕麦（片）（06.06）	0.2	
	PG	固体复合调味料（仅限鸡肉粉）（12.10.01）	0.1	
	D-异抗坏血酸及其钠盐（04.004，04.018）	葡萄酒（15.03.01）	0.15	以抗坏血酸计
		各类食品（并符合表A.3的规定）、浓缩果蔬汁（浆）（14.02.02）（固体饮料按稀释倍数增加使用量）	按生产需要适量使用	
	植酸（又名肌醇六磷酸），植酸钠（04.006）	鲜水产（仅限虾类）（09.01）	按生产需要适量使用	残留量≤20mg/kg
		基本不含水的脂肪和油（02.01）、加工水果（04.01.02）、加工蔬菜（04.02.02）、装饰糖果（如工艺造型，或用于蛋糕装饰）、顶饰（非水果材料）和甜汁（05.04）、腌腊肉制品类（如咸肉、腊肉、板鸭、中式火腿、腊肠）（08.02.02）、酱卤肉制品类（08.03.01）、熏、烧、烤肉类（08.03.02）、油炸肉类（08.03.03）、西式火腿（熏烤、烟熏、蒸煮火腿）类（08.03.04）、肉灌肠类（08.03.05）、发酵肉制品类（08.03.06）、调味糖浆（11.05）、果蔬汁（浆）类饮料（14.02.03）	0.2	固体饮料按稀释倍数增加使用量

续表

类别	食品添加剂名称（代码）	使用范围及食品分类号	最大使用量/（g/kg）	备注
抗氧化剂	茶多酚（又名维多酚）（04.005）	蛋白固体饮料（14.06.02）	0.8	以儿茶素计
		复合调味料（12.10）	0.1	
		植物蛋白饮料（14.03.02）		以儿茶素计，固体饮料按稀释倍数增加使用量
		熟制坚果与籽类（仅限油炸坚果与籽类）（04.05.02.01）、油炸面制品（06.03.02.05）、即食谷物，包括碾轧燕麦（片）（06.06）、方便米面制品（06.07）、膨化食品（16.06）	0.2	以油脂中儿茶素计
		酱卤肉制品类（08.03.01）、熏、烧、烤肉类（08.03.02）、油炸肉类（08.03.03）、西式火腿（熏烤、烟熏、蒸煮火腿）类（08.03.04）、肉灌肠类（08.03.05）、发酵肉制品类（08.03.06）、预制水产品（半成品）（09.03）、熟制水产品（可直接食用）（09.04）、水产品罐头（09.05）	0.3	
		基本不含水的脂肪和油（02.01）、糕点（07.02）、焙烤食品馅料及表面用挂浆（仅限含油脂馅料）（07.04）、腌腊肉制品类（如咸肉、腊肉、板鸭、中式火腿、腊肠）（08.02.02）	0.4	
		果酱（04.01.02.05）、水果调味糖浆（11.05.01）	0.5	以儿茶素计 2016年第14号公告
	甘草抗氧化物（04.008）	基本不含水的脂肪和油（02.01）、熟制坚果与籽类（仅限油炸坚果与籽类）（04.05.02.01）、油炸面制品（06.03.02.05）、方便米面制品（06.07）、饼干（07.03）、腌腊肉制品类（如咸肉、腊肉、板鸭、中式火腿、腊肠）（08.02.02）、酱卤肉制品类（08.03.01）、熏、烧、烤肉类（08.03.02）、油炸肉类（08.03.03）、西式火腿（熏烤、烟熏、蒸煮火腿）类（08.03.04）、肉灌肠类（08.03.05）、发酵肉制品类（08.03.06）、腌制水产品（09.03.02）、膨化食品（16.06）	0.2	以甘草酸计
	抗坏血酸钙（04.009）	各类食品（并符合表A.3的规定）、浓缩果蔬汁（浆）（14.02.02）（固体饮料按稀释倍数增加使用量）	按生产需要适量使用	
		去皮或预切的鲜水果（04.01.01.03）、去皮、切块或切丝的蔬菜（04.02.01.03）	1.0	以抗坏血酸钙残留量计
	磷脂（04.010）	稀奶油（01.05.01）、氢化植物油（02.01.01.02）、婴幼儿配方食品（13.01）、婴幼儿辅助食品（13.02）	按生产需要适量使用	
		各类食品（并符合表A.3的规定）		
	抗坏血酸棕榈酸酯（04.011）	婴幼儿配方食品（13.01）、婴幼儿辅助食品（13.02）	0.05	以脂肪中抗坏血酸计
		乳粉（包括加糖乳粉）和奶油粉及其调制产品（01.03）	0.2	
		脂肪，油和乳化脂肪制品（02.0）、基本不含水的脂肪和油（02.01）、即食谷物，包括碾轧燕麦（片）（06.06）、方便米面制品（06.07）、面包（07.01）、茶（类）饮料（14.05.01）	0.2	固体饮料按稀释倍数增加使用量 2016年第8号公告
	抗坏血酸棕榈酸酯（酶法）	脂肪，油和乳化脂肪制品（02.0）、基本不含水的脂肪和油（02.01）	0.2	2016年第9号公告

续表

类别	食品添加剂名称（代码）	使用范围及食品分类号	最大使用量/（g/kg）	备注
抗氧化剂	硫代二丙酸二月桂酯（04.012）	经表面处理的鲜水果（04.01.01.02）、经表面处理的新鲜蔬菜（04.02.01.02）、熟制坚果与籽类（仅限油炸坚果与籽类）（04.05.02.01）、油炸面制品（06.03.02.05）、膨化食品（16.06）	0.2	
	4－己基间苯二酚（04.013）	鲜水产（仅限虾类）（09.01）	按生产需要适量使用	残留量≤1mg/kg
	抗坏血酸钠（04.015）	各类食品（并符合表 A.3 的规定）、浓缩果蔬汁（浆）（14.02.02）	按生产需要适量使用	固体饮料按稀释倍数增加使用量
	抗坏血酸（又名维生素 C）（04.014）	果蔬汁（浆）（14.02.01）	1.5	2015 年 1 号公告
		去皮或预切的鲜水果（04.01.01.03）、去皮、切块或切丝的蔬菜（04.02.01.03）	5.0	
		小麦粉（06.03.01）	0.2	
		各类食品（并符合表 A.3 的规定）、浓缩果蔬汁（浆）（14.02.02）	按生产需要适量使用	
	维生素 E（*dl*－α－生育酚、*d*－α－生育酚、混合生育酚浓缩物）（04.016）	基本不含水的脂肪和油（02.01）、复合调味料（12.10）	按生产需要适量使用	
		即食谷物，包括碾轧燕麦（片）（06.06）	0.085	
		熟制坚果与籽类（仅限油炸坚果与籽类）（04.05.02.01）、油炸面制品（06.03.02.05）、膨化食品（16.06）	0.2	以油脂中的含量计
		调制乳（01.01.03）、方便米面制品（06.07）、果蔬汁（浆）类饮料（14.02.03）、蛋白饮料（14.03）、其他型碳酸饮料（14.04.02）、茶、咖啡、植物（类）饮料（14.05）、蛋白固体饮料（14.06.02）、特殊用途饮料（14.07）、风味饮料（14.08）	0.2	固体饮料按稀释倍数增加使用量
	迷迭香提取物、迷迭香提取物（超临界二氧化碳萃取法）（04.017，04.022）	植物油脂（02.01.01）	0.7	
		动物油脂（包括猪油、牛油、鱼油和其它动物脂肪等）（02.01.02）、熟制坚果与籽类（仅限油炸坚果与籽类）（04.05.02.01）、油炸面制品（06.03.02.05）、预制肉制品（08.02）、酱卤肉制品类（08.03.01）、熏、烧、烤肉类（08.03.02）、油炸肉类（08.03.03）、西式火腿（熏烤、烟熏、蒸煮火腿）类（08.03.04）、肉灌肠类（08.03.05）、发酵肉制品类（08.03.06）、膨化食品（16.06）	0.3	
	迷迭香提取物（04.017）	固体复合调味料（12.10.01）	0.7	2015 年 1 号公告
	迷迭香提取物（超临界二氧化碳萃取法）（04.022）	固体复合调味料（12.10.01）	0.7	2015 年 1 号公告
		半固体复合调味料（12.10.02）、液体复合调味料（不包括 12.03，12.04）（12.10.03）	0.3	
		蛋黄酱、沙拉酱（12.10.02.01）、浓缩汤（罐装、瓶装）（12.10.03.01）	0.3	

续表

类别	食品添加剂名称（代码）	使用范围及食品分类号	最大使用量/（g/kg）	备注
抗氧化剂	竹叶抗氧化物（04.019）	基本不含水的脂肪和油（02.01）、熟制坚果与籽类（仅限油炸坚果与籽类）（04.05.02.01）、油炸面制品（06.03.02.05）、即食谷物，包括碾轧燕麦（片）（06.06）、焙烤食品（07.0）、腌腊肉制品类（如咸肉、腊肉、板鸭、中式火腿、腊肠）（08.02.02）、酱卤肉制品类（08.03.01）、熏、烧、烤肉类（08.03.02）、油炸肉类（08.03.03）、西式火腿（熏烤、烟熏、蒸煮火腿）类（08.03.04）、肉灌肠类（08.03.05）、发酵肉制品类（08.03.06）、水产品及其制品（包括鱼类、甲壳类、贝类、软体类、棘皮类等水产品及其加工制品）（09.0）、果蔬汁（浆）类饮料（14.02.03）、茶（类）饮料（14.05.01）、膨化食品（16.06）	0.5	固体饮料按稀释倍数增加使用量
	乙二胺四乙酸二钠钙（04.020）	复合调味料（12.10）	0.075	
	茶多酚棕榈酸酯（04.021）	基本不含水的脂肪和油（02.01）	0.6	
	茶黄素	复合调味料（12.10）、植物蛋白饮料（14.03.02）	0.1	如用于果冻粉，按冲调倍数增加使用量 2016年第8号公告，新品种
		熟制坚果与籽类（仅限油炸坚果与籽类）（04.05.02.01）、坚果与籽类罐头（04.05.02.03）、油炸面制品（06.03.02.05）即食谷物，包括碾轧燕麦（片）（06.06）、方便米面制品（06.07）、碳酸饮料（14.04）、特殊用途饮料（14.07）、风味饮料（14.08）、其他类饮料（14.09）、果冻（16.01）、茶制品（包括调味茶和代用茶）（16.02.02）、膨化食品（16.06）	0.2	
		预制肉制品（08.02）、熟肉制品（08.03）、水产及其制品（包括鱼类、甲壳类、贝类、软体类、棘皮类等水产及其加工制品等）（09.0）、预制水产品（半成品）（09.03）	0.3	
		脂肪，油和乳化脂肪制品（02.0）、基本不含水的脂肪和油（02.01）、胶基糖果（05.02.01）、焙烤食品（07.0）	0.4	
		固体饮料（14.06）	0.8	
漂白剂	二氧化硫，焦亚硫酸钾，焦亚硫酸钠，亚硫酸钠，亚硫酸氢钠，低亚硫酸钠（05.001，05.002，05.003，05.004，05.005，05.006）	水果干类（04.01.02.02）、腌渍的蔬菜（04.02.02.03）、可可制品、巧克力和巧克力制品（包括代可可脂巧克力及制品）以及糖果（05.0）、饼干（07.03）、食糖（11.01）	0.1	最大使用量以二氧化硫残留量计 2016年第8号公告 2016年第9号公告 2016年第14号公告
		经表面处理的鲜水果（04.01.01.02）、蔬菜罐头（仅限竹笋、酸菜）（04.02.02.04）、干制的食用菌和藻类（04.03.02.02）、食用菌和藻类罐头（仅限蘑菇罐头）（04.03.02.04）、坚果与籽类罐头（04.05.02.03）、生湿面制品（如面条、饺子皮、馄饨皮、烧卖皮）（仅限拉面）（06.03.02.01）、冷冻米面制品（仅限风味派）（06.08）、调味糖浆（11.05）、半固体复合调味料（12.10.02）	0.05	
		果蔬汁（浆）（14.02.01）、果蔬汁（浆）类饮料（14.02.03）（浓缩果蔬汁（浆）按浓缩倍数折算；固体饮料按稀释倍数增加使用量）		
		干制蔬菜（04.02.02.02）、腐竹类（包括腐竹、油皮）（04.04.01.04）	0.2	
		干制蔬菜（仅限脱水马铃薯）（04.02.02.02）	0.4	
		蜜饯凉果（04.01.02.08）	0.35	
		食用淀粉（06.05.01）	0.03	
		淀粉糖（果糖、葡萄糖、饴糖、部分转化糖等）（11.02）	0.04	
		啤酒和麦芽饮料（15.03.05）	0.01	
		葡萄酒（15.03.01）、果酒（15.03.03）（甜型葡萄酒及果酒系列产品最大使用量为0.4g/L）	0.25g/L	

续表

<table>
<tr><th>类别</th><th>食品添加剂名称（代码）</th><th>使用范围及食品分类号</th><th>最大使用量/(g/kg)</th><th>备注</th></tr>
<tr><td rowspan="9">漂白剂</td><td>焦亚硫酸钾</td><td>配制酒（15.02）</td><td>0.25g/L</td><td rowspan="4"></td></tr>
<tr><td rowspan="2">焦亚硫酸钠</td><td>蔬菜罐头（04.02.02.04）</td><td>0.05</td></tr>
<tr><td>鲜水产（仅限于海水虾蟹类及其制品）（09.01）、冷冻水产品及其制品（仅限于海水虾蟹类及其制品）（09.02）</td><td>0.1</td></tr>
<tr><td>亚硫酸钠</td><td>果酱（04.01.02.05）</td><td>0.1</td></tr>
<tr><td rowspan="5">硫磺（05.007）</td><td>水果干类（04.01.02.02）、食糖（11.01）</td><td>0.1</td><td rowspan="5">只限用于熏蒸，最大使用量以二氧化硫残留量计</td></tr>
<tr><td>干制蔬菜（04.02.02.02）</td><td>0.2</td></tr>
<tr><td>蜜饯凉果（04.01.02.08）</td><td>0.35</td></tr>
<tr><td>经表面处理的鲜食用菌和藻类（04.03.01.02）</td><td>0.4</td></tr>
<tr><td>其他（仅限魔芋粉）（16.07）</td><td>0.9</td></tr>
<tr><td rowspan="6">膨松剂</td><td rowspan="3">硫酸铝钾（又名钾明矾），硫酸铝铵（又名铵明矾）（06.004，06.005）</td><td>豆类制品（04.04）、面糊（如用于鱼和禽肉的拖面糊）、裹粉、煎炸粉（06.03.02.04）、油炸面制品（06.03.02.05）、虾味片（06.05.02.02）、焙烤食品（07.0）</td><td rowspan="2">按生产需要适量使用</td><td>铝的残留量≤100mg/kg（干样品，以 Al 计）</td></tr>
<tr><td>腌制水产品（仅限海蜇）（09.03.02）</td><td>铝的残留量≤500mg/kg（以即食海蜇中 Al 计）</td></tr>
<tr><td>粉丝、粉条（06.05.02.01）［铝的残留量≤200mg/kg（干样品，以 Al 计）］</td><td>按生产需要适量使用</td><td>2015 年 1 号公告</td></tr>
<tr><td>碳酸氢钠（06.001）</td><td>各类食品（并符合表 A.3 的规定）、大米制品（仅限发酵大米制品）（06.02.02）、婴幼儿谷类辅助食品（13.02.01）</td><td>按生产需要适量使用</td><td></td></tr>
<tr><td>碳酸氢铵（06.002）</td><td>各类食品（并符合表 A.3 的规定）、婴幼儿谷类辅助食品（13.02.01）</td><td>按生产需要适量使用</td><td></td></tr>
<tr><td>酒石酸氢钾（06.007）</td><td>小麦粉及其制品（06.03）、焙烤食品（07.0）</td><td>按生产需要适量使用</td><td></td></tr>
<tr><td rowspan="5">着色剂</td><td rowspan="5">苋菜红及其铝色淀（08.001）</td><td>冷冻饮品（03.04 食用冰除外）（03.0）</td><td>0.025</td><td>以苋菜红计</td></tr>
<tr><td>蜜饯凉果（04.01.02.08）、腌渍的蔬菜（04.02.02.03）、可可制品、巧克力和巧克力制品（包括代可可脂巧克力及制品）以及糖果（05.0）、糕点上彩装（07.02.04）、焙烤食品馅料及表面用挂浆（仅限饼干夹心）（07.04）、果蔬汁（浆）类饮料（14.02.03）、碳酸饮料（14.04）、风味饮料（仅限果味饮料）（14.08）、固体饮料（14.06）、配制酒（15.02）、果冻（16.01）</td><td>0.05</td><td>以苋菜红计，高糖果蔬汁（浆）类饮料按照稀释倍数加入，高糖果味饮料按照稀释倍数加入，固体饮料使用量以苋菜红计，为按冲调倍数稀释后液体中的量，如用于果冻粉，按冲调倍数增加使用量</td></tr>
<tr><td>装饰性果蔬（04.01.02.09）</td><td>0.1</td><td rowspan="3">以苋菜红计</td></tr>
<tr><td>固体汤料（12.10.01.01）</td><td>0.2</td></tr>
<tr><td>果酱（04.01.02.05）、水果调味糖浆（11.05.01）</td><td>0.3</td></tr>
</table>

续表

类别	食品添加剂名称（代码）	使用范围及食品分类号	最大使用量/（g/kg）	备注
着色剂	胭脂红及其铝色淀（08.002）	果酱（04.01.02.05）、水果调味糖浆（11.05.01）、半固体复合调味料（12.10.02.01 蛋黄酱、沙拉酱除外）（12.10.02）	0.5	以胭脂红计，植物蛋白饮料按稀释倍数增加使用量
		肉制品的可食用动物肠衣类（08.004）、植物蛋白饮料（14.03.02）、胶原蛋白肠衣（16.03）	0.025	
		调制乳（01.01.03）、风味发酵乳（01.02.02）、调制炼乳（包括加糖炼乳及使用了非乳原料的调制炼乳等）（01.04.02）、冷冻饮品（03.04 食用冰除外）（03.0）、蜜饯凉果（04.01.02.08）、腌渍的蔬菜（04.02.02.03）、可可制品、巧克力和巧克力制品（包括代可可脂巧克力及制品）以及糖果（05.04 装饰糖果、顶饰和甜汁除外）（05.0）、虾味片（06.05.02.02）、糕点上彩装（07.02.04）、焙烤食品馅料及表面用挂浆（仅限饼干夹心和蛋糕夹心）（07.04）、果蔬汁（浆）类饮料（14.02.03）、含乳饮料（14.03.01）、碳酸饮料（14.04）、风味饮料（仅限果味饮料）（14.08）、配制酒（15.02）、果冻（16.01）	0.05	以胭脂红计，固体饮料按稀释倍数增加使用量；如用于果冻粉，按冲调倍数增加使用量
		膨化食品（16.06）		仅限使用胭脂红
		水果罐头（04.01.02.04）、装饰性果蔬（04.01.02.09）、糖果和巧克力制品包衣（05.03）	0.1	以胭脂红计
		调制乳粉和调制奶油粉（01.03.02）	0.15	
		调味糖浆（11.05）、蛋黄酱、沙拉酱（12.10.02.01）	0.2	
		蛋卷（07.03.03）	0.01	
	赤藓红及其铝色淀（08.003）	肉灌肠类（08.03.05）、肉罐头类（08.03.08）	0.015	以赤藓红计
		熟制坚果与籽类（仅限油炸坚果与籽类）（04.05.02.01）	0.025	
		膨化食品（16.06）		仅限使用赤藓红
		凉果类（04.01.02.08.02）、可可制品、巧克力和巧克力制品（包括代可可脂巧克力及制品）以及糖果（05.01.01 可可制品除外）（05.0）、糕点上彩装（07.02.04）、酱及酱制品（12.05）、复合调味料（12.10）、果蔬汁（浆）类饮料（14.02.03）、碳酸饮料（14.04）、风味饮料（仅限果味饮料）（14.08）、配制酒（15.02）	0.05	以赤藓红计，固体饮料按稀释倍数增加使用量
		装饰性果蔬（04.01.02.09）	0.1	以赤藓红计
	新红及其铝色淀（08.004）	凉果类（04.01.02.08.02）、可可制品、巧克力和巧克力制品（包括代可可脂巧克力及制品）以及糖果（05.01.01 可可制品除外）（05.0）、糕点上彩装（07.02.04）、果蔬汁（浆）类饮料（14.02.03）、碳酸饮料（14.04）、风味饮料（仅限果味饮料）（14.08）、配制酒（15.02）	0.05	以新红计，固体饮料按稀释倍数增加使用量
		装饰性果蔬（04.01.02.09）	0.1	以新红计

续表

类别	食品添加剂名称（代码）	使用范围及食品分类号	最大使用量/（g/kg）	备注
着色剂	柠檬黄及其铝色淀（08.005）	风味发酵乳（01.02.02）、调制炼乳（包括加糖炼乳及使用了非乳原料的调制炼乳等）（01.04.02）、冷冻饮品（03.04 食用冰除外）（03.0）、焙烤食品馅料及表面用挂浆（仅限饼干夹心和蛋糕夹心）（07.04）、果冻（16.01）	0.05	以柠檬黄计，如用于果冻粉，按冲调倍数增加使用量
		焙烤食品馅料及表面用挂浆（仅限风味派馅料）（07.04）		仅限使用柠檬黄
		即食谷物，包括碾轧燕麦（片）（06.06）	0.08	以柠檬黄计
		蜜饯凉果（04.01.02.08）、装饰性果蔬（04.01.02.09）、腌渍的蔬菜（04.02.02.03）、熟制豆类（04.04.01.06）、加工坚果与籽类（04.05.02）、可可制品、巧克力和巧克力制品（包括代可可脂巧克力及制品）以及糖果（05.01.01 可可制品除外）（05.0）、虾味片（06.05.02.02）、糕点上彩装（07.02.04）、香辛料酱（如芥末酱、青芥酱）（12.09.03）、饮料类（14.01 包装饮用水除外）（14.0）、配制酒（15.02）	0.1	以柠檬黄计，固体饮料按冲调倍数增加使用量
		谷类和淀粉类甜品（如米布丁、木薯布丁）（06.09）	0.06	以柠檬黄计，如用于布丁粉，按冲调倍数增加使用量
		除胶基糖果以外的其他糖果（05.02.02）、面糊（如用于鱼和禽肉的拖面糊）、裹粉、煎炸粉（06.03.02.04）、焙烤食品馅料及表面用挂浆（仅限布丁、糕点）（07.04）、其它调味糖浆（11.05.02）	0.3	以柠檬黄计
		粉圆（06.05.02.04）、固体复合调味料（12.10.01）	0.2	
		果酱（04.01.02.05）、水果调味糖浆（11.05.01）、半固体复合调味料（12.10.02）	0.5	
		蛋卷（07.03.03）	0.04	
		液体复合调味料（不包括 12.03，12.04）（12.10.03）	0.15	
		膨化食品（16.06）	0.1	仅限使用柠檬黄
	日落黄及其铝色淀（08.006）	谷类和淀粉类甜品（如米布丁、木薯布丁）（06.09）	0.02	以日落黄计，如用于布丁粉，按冲调倍数增加使用量，如用于果冻粉，按冲调倍数增加使用量
		果冻（16.01）	0.025	
		调制乳（01.01.03）、风味发酵乳（01.02.02）、调制炼乳（包括加糖炼乳及使用了非乳原料的调制炼乳等）（01.04.02）、含乳饮料（14.03.01）	0.05	
		冷冻饮品（03.04 食用冰除外）（03.0）	0.09	
		水果罐头（仅限西瓜酱罐头）（04.01.02.04）、蜜饯凉果（04.01.02.08）、熟制豆类（04.04.01.06）、加工坚果与籽类（04.05.02）、可可制品、巧克力和巧克力制品（包括代可可脂巧克力及制品）以及糖果（05.01.01、05.04 除外）（05.0）、虾味片（06.05.02.02）、糕点上彩装（07.02.04）、焙烤食品馅料及表面用挂浆（仅限饼干夹心）（07.04）、果蔬汁（浆）类饮料（14.02.03）、乳酸菌饮料（14.03.01.03）、植物蛋白饮料（14.03.02）、碳酸饮料（14.04）、特殊用途饮料（14.07）、风味饮料（14.08）、配制酒（15.02）	0.1	
		膨化食品（16.06）		仅限使用日落黄

续表

类别	食品添加剂名称（代码）	使用范围及食品分类号	最大使用量/（g/kg）	备注
着色剂	日落黄及其铝色淀（08.006）	装饰性果蔬（04.01.02.09）、粉圆（06.05.02.04）、复合调味料（12.10）	0.2	以日落黄计
		巧克力和巧克力制品、除05.01.01的以外的可可制品（05.01.02）、除胶基糖果以外的其它糖果（05.02.02）、糖果和巧克力制品包衣（05.03）、面糊（如用于鱼和禽肉的拖面糊）、裹粉、煎炸粉（06.03.02.04）、焙烤食品馅料及表面用挂浆（仅限布丁、糕点）（07.04）、其它调味糖浆（11.05.02）	0.3	
		果酱（04.01.02.05）、水果调味糖浆（11.05.01）、半固体复合调味料（12.10.02）	0.5	
		固体饮料（14.06）	0.6	
	亮蓝及其铝色淀（08.007）	膨化食品（16.06）	0.05	仅限使用亮蓝
		焙烤食品馅料及表面用挂浆（仅限风味派馅料）（07.04）		
		熟制坚果与籽类（仅限油炸坚果与籽类）（04.05.02.01）	0.05	以亮蓝计，如用于果冻粉，按冲调倍数增加使用量 2016年第8号公告
		饮料类（14.01包装饮用水除外）（14.0）	0.02	
		香辛料及粉（12.09.01）、香辛料酱（如芥末酱、青芥酱）（12.09.03）	0.01	
		即食谷物，包括碾轧燕麦（片）（仅限可可玉米片）（06.06）	0.015	
		风味发酵乳（01.02.02）、调制炼乳（包括加糖炼乳及使用了非乳原料的调制炼乳等）（01.04.02）、冷冻饮品（03.04食用冰除外）（03.0）、凉果类（04.01.02.08.02）、腌渍的蔬菜（04.02.02.03）、熟制豆类（04.04.01.06）、加工坚果与籽类（04.05.02）、虾味片（06.05.02.02）、糕点上彩装（07.02.04）、焙烤食品馅料及表面用挂浆（仅限饼干夹心）（07.04）、调味糖浆（11.05）、果蔬汁（浆）类饮料（14.02.03）、含乳饮料（14.03.01）、碳酸饮料（14.04）、风味饮料（仅限果味饮料）（14.08）、配制酒（15.02）、果冻（16.01）	0.025	
		装饰性果蔬（04.01.02.09）、粉圆（06.05.02.04）	0.1	
		固体饮料（14.06）	0.2	
		可可制品、巧克力和巧克力制品（包括代可可脂巧克力及制品）以及糖果（05.0）	0.3	
		果酱（04.01.02.05）、水果调味糖浆（11.05.01）、半固体复合调味料（12.10.02）	0.5	
	靛蓝及其铝色淀（08.008）	腌渍的蔬菜（04.02.02.03）	0.01	以靛蓝计
		熟制坚果与籽类（仅限油炸坚果与籽类）（04.05.02.01）	0.05	
		膨化食品（16.06）		仅限使用靛蓝
		蜜饯类（04.01.02.08.01）、凉果类（04.01.02.08.02）、可可制品、巧克力和巧克力制品（包括代可可脂巧克力及制品）以及糖果（05.01.01可可制品除外）（05.0）、糕点上彩装（07.02.04）、焙烤食品馅料及表面用挂浆（仅限饼干夹心）（07.04）、果蔬汁（浆）类饮料（14.02.03）、碳酸饮料（14.04）、风味饮料（仅限果味饮料）（14.08）、配制酒（15.02）	0.1	以靛蓝计，固体饮料按稀释倍数增加使用量
		装饰性果蔬（04.01.02.09）	0.2	
		除胶基糖果以外的其他糖果（05.02.02）	0.3	

续表

<table>
<tr><th>类别</th><th>食品添加剂名称（代码）</th><th>使用范围及食品分类号</th><th>最大使用量/（g/kg）</th><th>备注</th></tr>
<tr><td rowspan="16">着色剂</td><td rowspan="3">叶绿素铜钠盐，叶绿素铜钾盐（08.009）</td><td>冷冻饮品（03.04 食用冰除外）（03.0）、蔬菜罐头（04.02.02.04）、熟制豆类（04.04.01.06）、加工坚果与籽类（04.05.02）、糖果（05.02）、粉圆（06.05.02.04）、焙烤食品（07.0）、配制酒（15.02）、果冻（16.01）</td><td>0.5</td><td>如用于果冻粉，按冲调倍数增加使用量</td></tr>
<tr><td>饮料类（14.01 包装饮用水类除外）（14.0）</td><td>0.5</td><td>仅限使用叶绿素铜钠盐，固体饮料按稀释倍数增加使用量</td></tr>
<tr><td>果蔬汁（浆）类饮料（14.02.03）</td><td>按生产需要适量使用</td><td>固体饮料按稀释倍数增加使用量</td></tr>
<tr><td rowspan="13">β－胡萝卜素（08.010）</td><td>稀奶油（淡奶油）及其类似品（01.05.01 稀奶油除外）（01.05）、熟肉制品（08.03）</td><td>0.02</td><td rowspan="13">固体饮料按稀释倍数增加使用量；如用于果冻粉，按冲调倍数增加使用量</td></tr>
<tr><td>非熟化干酪（01.06.01）、蒸馏酒（15.01）、发酵酒（15.03.01 葡萄酒除外）（15.03）</td><td>0.6</td></tr>
<tr><td>其他油脂或油脂制品（仅限植脂末）（02.05）</td><td>0.065</td></tr>
<tr><td>除 04.01.02.05 外的果酱（如印度酸辣酱）（04.01.02.07）、糖果（05.02）、水产品罐头（09.05）</td><td>0.5</td></tr>
<tr><td>装饰性果蔬（04.01.02.09）、可可制品、巧克力和巧克力制品，包括代可可脂巧克力及制品（05.01）、焙烤食品馅料及表面用挂浆（07.04）、膨化食品（16.06）</td><td>0.1</td></tr>
<tr><td>发酵的水果制品（04.01.02.11）、干制蔬菜（04.02.02.02）、蔬菜罐头（04.02.02.04）、食用菌和藻类罐头（04.03.02.04）</td><td>0.2</td></tr>
<tr><td>腌渍的蔬菜（04.02.02.03）、腌渍的食用菌和藻类（04.03.02.03）</td><td>0.132</td></tr>
<tr><td>糖果和巧克力制品包衣（05.03）、装饰糖果（如工艺造型，或用于蛋糕装饰）、顶饰（非水果材料）和甜汁（05.04）</td><td>20.0</td></tr>
<tr><td>即食谷物，包括碾轧燕麦（片）（06.06）</td><td>0.4</td></tr>
<tr><td>肉制品的可食用动物肠衣类（08.04）</td><td>5.0</td></tr>
<tr><td>其他蛋制品（10.04）</td><td>0.15</td></tr>
<tr><td>调味糖浆（11.05）</td><td>0.05</td></tr>
</table>

续表

类别	食品添加剂名称（代码）	使用范围及食品分类号	最大使用量/（g/kg）	备注
着色剂	β-胡萝卜素（08.010）	调制乳（01.01.03）、风味发酵乳（01.02.02）、调制乳粉和调制奶油粉（01.03.02）、熟化干酪（01.06.02）、再制干酪（01.06.04）、干酪类似品（01.06.05）、以乳为主要配料的即食风味食品或其预制产品（不包括冰淇淋和风味发酵乳）（01.07）、水油状脂肪乳化制品（02.02.01.01 黄油和浓缩黄油除外）（02.02）、02.02 类以外的脂肪乳化制品，包括混合的和（或）调味的脂肪乳化制品（02.03）、脂肪类甜品（02.04）、冷冻饮品（03.04 食用冰除外）（03.0）、醋、油或盐渍水果（04.01.02.03）、水果罐头（04.01.02.04）、果酱（04.01.02.05）、蜜饯凉果（04.01.02.08）、水果甜品，包括果味液体甜品（04.01.02.10）、蔬菜泥（酱），番茄沙司除外（04.02.02.05）、其他加工蔬菜（04.02.02.08）、其他加工食用菌和藻类（04.03.02.06）、加工坚果与籽类（04.05.02）、面糊（如用于鱼和禽肉的拖面糊）、裹粉、煎炸粉（06.03.02.04）、油炸面制品（06.03.02.05）、杂粮罐头（06.04.02.01）、方便米面制品（06.07）、冷冻米面制品（06.08）、谷类和淀粉类甜品（如米布丁、木薯布丁）（06.09）、粮食制品馅料（06.10）、焙烤食品（07.0）、冷冻鱼糜制品（包括鱼丸等）（09.02.03）、预制水产品（半成品）（09.03）、熟制水产品（可直接食用）（09.04）、蛋制品（改变其物理性状）（10.03.01、10.03.03 除外）（10.03）、液体复合调味料（不包括 12.03，12.04）（12.10.03）、植物饮料（14.05.03）、果冻（16.01）	1.0	固体饮料按稀释倍数增加使用量；如用于果冻粉，按冲调倍数增加使用量
		固体复合调味料（12.10.01）、半固体复合调味料（12.10.02）、果蔬汁（浆）类饮料（14.02.03）、蛋白饮料类（14.03）、碳酸饮料（14.04）、茶（类）饮料（14.05.01）、咖啡（类）饮料（14.05.02）、特殊用途饮料（14.07）、风味饮料（14.08）	2.0	
	天然胡萝卜素（08.147）	各类食品（并符合表 A.3 的规定）	按生产需要适量使用	
	二氧化钛（08.011）	干制蔬菜（仅限脱水马铃薯）（04.02.02.02）、蛋黄酱、沙拉酱（12.10.02.01）	0.5	
		可可制品、巧克力和巧克力制品，包括代可可脂巧克力及制品（05.01）	2.0	
		果酱（04.01.02.05）、胶基糖果（05.02.01）、装饰糖果（如工艺造型，或用于蛋糕装饰）、顶饰（非水果材料）和甜汁（05.04）、调味糖浆（11.05）	5.0	
		凉果类（04.01.02.08.02）、话化类（04.01.02.08.04）、熟制坚果与籽类（仅限油炸坚果与籽类）（04.05.02.01）、除胶基糖果以外的其他糖果（05.02.02）、果冻（16.01）、膨化食品（16.06）	10.0	如用于果冻粉，按冲调倍数增加使用量
		其他（仅限饮料混浊剂）（16.07）	10.0g/L	
		糖果和巧克力制品包衣（05.03）、固体饮料（14.06）、胶原蛋白肠衣（16.03）	按生产需要适量使用	2016 年第 8 号公告
		其它（仅限魔芋凝胶制品）（16.07）	2.5	

续表

类别	食品添加剂名称（代码）	使用范围及食品分类号	最大使用量/（g/kg）	备注
着色剂	诱惑红及其铝色淀（08.012）	冷冻饮品（03.04 食用冰除外）（03.0）、即食谷物，包括碾轧燕麦（片）（仅限可可玉米片）（06.06）	0.07	以诱惑红计
		水果干类（仅限苹果干）（04.01.02.02）		以诱惑红计，用于燕麦片调色调香载体
		肉灌肠类（08.03.05）	0.015	以诱惑红计，固体饮料按冲调倍数增加使用量，如用于果冻粉，按冲调倍数增加使用量
		西式火腿（熏烤、烟熏、蒸煮火腿）类（08.03.04）、果冻（16.01）	0.025	
		固体复合调味料（12.10.01）	0.04	
		装饰性果蔬（04.01.02.09）、糕点上彩装（07.02.04）、肉制品的可食用动物肠衣类（08.04）、胶原蛋白肠衣（16.03）	0.05	
		配制酒（15.02）		仅限使用诱惑红
		半固体复合调味料（12.10.02.01 蛋黄酱、沙拉酱除外）（12.10.02）	0.5	以诱惑红计
		熟制豆类（04.04.01.06）、加工坚果与籽类（04.05.02）、焙烤食品馅料及表面用挂浆（仅限饼干夹心）（07.04）、饮料类（14.01 包装饮用水类除外）（14.0）	0.1	以诱惑红计，固体饮料按稀释倍数增加使用量
		膨化食品（16.06）		仅限使用诱惑红
		可可制品、巧克力和巧克力制品（包括代可可脂巧克力及制品）以及糖果（05.0）、调味糖浆（11.05）	0.3	以诱惑红计
		粉圆（06.05.02.04）	0.2	
	酸性红（又名偶氮玉红）（08.013）	冷冻饮品（03.04 食用冰除外）（03.0）、可可制品、巧克力和巧克力制品（包括代可可脂巧克力及制品）以及糖果（05.0）、焙烤食品馅料及表面用挂浆（仅限饼干夹心）（07.04）	0.05	
	氧化铁黑，氧化铁红（08.014，08.015）	糖果和巧克力制品包衣（05.03）	0.02	
	喹啉黄（08.016）	配制酒（15.02）	0.1g/L	
	甜菜红（08.101）	各类食品（并符合表 A.3 的规定）	按生产需要适量使用	
	姜黄（08.102）	冷冻饮品（03.04 食用冰除外）（03.0）、果酱（04.01.02.05）、凉果类（04.01.02.08.02）、装饰性果蔬（04.01.02.09）、熟制坚果与籽类（仅限油炸坚果与籽类）（04.05.02.01）、可可制品、巧克力和巧克力制品（包括代可可脂巧克力及制品）以及糖果（05.0）、方便米面制品（06.07）、焙烤食品（07.0）、调味品（12.0）、饮料类（14.01 包装饮用水除外）（14.0）、配制酒（15.02）、果冻（16.01）	按生产需要适量使用	固体饮料按稀释倍数增加使用量；如用于果冻粉按冲调倍数增加使用量
		腌渍蔬菜（04.02.02.03）	0.01	以姜黄素计
		粉圆（06.05.02.04）	1.2	
		即食谷物，包括碾轧燕麦（片）（06.06）	0.03	
		膨化食品（16.06）	0.2	
		调制乳粉和调制奶油粉（01.03.02）	0.4	

续表

类别	食品添加剂名称（代码）	使用范围及食品分类号	最大使用量/（g/kg）	备注
着色剂	红花黄（08.103）	冷冻饮品（03.04 食用冰除外）（03.0）、腌渍的蔬菜（04.02.02.03）、熟制坚果与籽类（仅限油炸坚果与籽类）（04.05.02.01）、方便米面制品（06.07）、粮食制品馅料（06.10）、腌腊肉制品类（如咸肉、腊肉、板鸭、中式火腿、腊肠）（08.02.02）、调味品（12.01 盐及代盐制品除外）（12.0）、膨化食品（16.06）	0.5	
		水果罐头（04.01.02.04）、蜜饯凉果（04.01.02.08）、装饰性果蔬（04.01.02.09）、蔬菜罐头（04.02.02.04）、糖果（05.02）、杂粮罐头（06.04.02.01）、糕点上彩装（07.02.04）、果蔬汁（浆）类饮料（14.02.03）、碳酸饮料（14.04）、风味饮料（仅限果味饮料）（14.08）、配制酒（15.02）、果冻（16.01）	0.2	固体饮料按稀释倍数增加使用量；如用于果冻粉，按冲调倍数增加使用量
	紫胶红（又名虫胶红）（08.104）	果酱（04.01.02.05）、可可制品、巧克力和巧克力制品（包括代可可脂巧克力及制品）以及糖果（05.0）、焙烤食品馅料及表面用挂浆（仅限风味派馅料）（07.04）、复合调味料（12.10）、果蔬汁（浆）类饮料（14.02.03）、碳酸饮料（14.04）、风味饮料（仅限果味饮料）（14.08）、配制酒（15.02）	0.5	固体饮料按稀释倍数增加使用量
	越橘红（08.105）	冷冻饮品（03.04 食用冰除外）（03.0）、果蔬汁（浆）类饮料（14.02.03）、风味饮料（仅限果味饮料）（14.08）	按生产需要适量使用	固体饮料按稀释倍数增加使用量
	辣椒红（08.106）	调理肉制品（生肉添加调理料）（08.02.01）	0.1	固体饮料按稀释倍数增加使用量；如用于果冻粉，按冲调倍数增加使用量 2016 年第 8 号公告 2016 年第 9 号公告
		糕点（07.02）	0.9	
		焙烤食品馅料及表面用挂浆（07.04）	1.0	
		冷冻米面制品（06.08）	2.0	
		冷冻饮品（03.04 食用冰除外）（03.0）、腌渍的蔬菜（04.02.02.03）、腌渍的食用菌和藻类（04.03.02.03）、豆干类（04.04.01.02）、熟制坚果与籽类（仅限油炸坚果与籽类）（04.05.02.01）、可可制品、巧克力和巧克力制品，包括代可可脂巧克力及制品（05.01）、糖果（05.02）、面糊（如用于鱼和禽肉的拖面糊）、裹粉、煎炸粉（06.03.02.04）、方便米面制品（06.07）、粮食制品馅料（06.10）、糕点上彩装（07.02.04）、饼干（07.03）、腌腊肉制品类（如咸肉、腊肉、板鸭、中式火腿、腊肠）（08.02.02）、熟肉制品（08.03）、冷冻鱼糜制品（包括鱼丸等）（09.02.03）、经烹调或油炸的水产品（09.04.02）、调味品（12.01 盐及代盐制品除外）（12.0）、果蔬汁（浆）类饮料（14.02.03）、蛋白饮料（14.03）、果冻（16.01）、膨化食品（16.06）	按生产需要适量使用	
	辣椒橙（08.107）	糕点（07.02）	0.9	
		焙烤食品馅料及表面用挂浆（07.04）	1.0	
		冷冻饮品（03.04 食用冰除外）（03.0）、糖果（05.02）、糕点上彩装（07.02.04）、饼干（07.03）、熟肉制品（08.03）、冷冻鱼糜制品（包括鱼丸等）（09.02.03）、半固体复合调味料（12.10.02）	按生产需要适量使用	

续表

类别	食品添加剂名称（代码）	使用范围及食品分类号	最大使用量/（g/kg）	备注
着色剂	焦糖色（普通法）（08.108）	果酱（04.01.02.05）	1.5	2016 年第 8 号公告 2016 年第 14 号公告
		膨化食品（16.06）	2.5	
		威士忌（15.01.04）、朗姆酒（15.01.06）	6.0g/L	
		调制炼乳（包括加糖炼乳及使用了非乳原料的调制炼乳等）（01.04.02）、冷冻饮品（03.04 食用冰除外）（03.0）、豆干再制品（04.04.01.03）、可可制品、巧克力和巧克力制品（包括代可可脂巧克力及制品）以及糖果（05.0）、其他蛋白饮料（14.03.04）	按生产需要适量使用	
		面糊（如用于鱼和禽肉的拖面糊）、裹粉、煎炸粉（06.03.02.04）、即食谷物，包括碾轧燕麦（片）（06.06）、饼干（07.03）、焙烤食品馅料及表面用挂浆（仅限风味派馅料）（07.04）、调理肉制品（生肉添加调理料）（08.02.01）、调味糖浆（11.05）、醋（12.03）、酱油（12.04）、酱及酱制品（12.05）、复合调味料（12.10）、果蔬汁（浆）类饮料（14.02.03）、含乳饮料（14.03.01）、风味饮料（仅限果味饮料）（14.08）、白兰地（15.01.03）、配制酒（15.02）、调香葡萄酒（15.03.01.03）、黄酒（15.03.02）、啤酒和麦芽饮料（15.03.05）、果冻（16.01）	按生产需要适量使用	固体饮料按稀释倍数增加使用量；如用于果冻粉，按冲调倍数增加使用量
	焦糖色（亚硫酸铵法）（08.109）	粮食制品馅料（仅限风味派）（06.10）	7.5	
		冷冻饮品（03.04 食用冰除外）（03.0）、含乳饮料（14.03.01）	2.0	
		威士忌（15.01.04）、朗姆酒（15.01.06）	6.0g/L	
		调制炼乳（包括加糖炼乳及使用了非乳原料的调制炼乳等）（01.04.02）	1.0	
		面糊（如用于鱼和禽肉的拖面糊）、裹粉、煎炸粉（06.03.02.04）、即食谷物，包括碾轧燕麦（片）（06.06）	2.5	
		饼干（07.03）、复合调味料（12.10）	50.0	
		酱及酱制品（12.05）、料酒及制品（12.07）、茶（类）饮料（14.05.01）	10.0	
		白兰地（15.01.03）、配制酒（15.02）、调香葡萄酒（15.03.01.03）、啤酒和麦芽饮料（15.03.05）	50.0g/L	
		黄酒（15.03.02）	30.0g/L	
		可可制品、巧克力和巧克力制品（包括代可可脂巧克力及制品）以及糖果（05.0）、酱油（12.04）、果蔬汁（浆）类饮料（14.02.03）、碳酸饮料（14.04）、固体饮料（14.06）、风味饮料（仅限果味饮料）（14.08）	按生产需要适量使用	
		咖啡（类）饮料（14.05.02）	0.1	
		植物饮料（14.05.03）	0.1	
	焦糖色（苛性硫酸盐）（08.151）	白兰地（15.01.03）、威士忌（15.01.04）、朗姆酒（15.01.06）、配制酒（15.02）	6.0g/L	
	焦糖色（加氨生产）（08.110）	可可制品、巧克力和巧克力制品（包括代可可脂巧克力及制品）以及糖果（05.0）、粉圆（06.05.02.04）、即食谷物，包括碾轧燕麦（片）（06.06）、饼干（07.03）、调味糖浆（11.05）、酱油（12.04）、酱及酱制品（12.05）、复合调味料（12.10）、果蔬汁（浆）类饮料（14.02.03）	按生产需要适量使用	固体饮料按稀释倍数增加使用量如用于果冻粉，按冲调倍数增加使用量
		调制炼乳（包括加糖炼乳及使用了非乳原料的调制炼乳等）（01.04.02）、冷冻饮品（03.04 食用冰除外）（03.0）、含乳饮料（14.03.01）	2.0	
		风味饮料（仅限果味饮料）（14.08）	5.0	
		醋（12.03）	1.0	
		面糊（如用于鱼和禽肉的拖面糊）、裹粉、煎炸粉（06.03.02.04）	12.0	
		果冻（16.01）	50.0	

续表

类别	食品添加剂名称（代码）	使用范围及食品分类号	最大使用量/(g/kg)	备注
着色剂	焦糖色（加氨生产）(08.110)	果酱（04.01.02.05）	1.5	
		黄酒（15.03.02）	30.0g/L	
		威士忌（15.01.04）、朗姆酒（15.01.06）	6.0g/L	
		白兰地（15.01.03）、配制酒（15.02）、调香葡萄酒（15.03.01.03）、啤酒和麦芽饮料（15.03.05）	50.0g/L	
	红米红（08.111）	调制乳（01.01.03）、冷冻饮品（03.04 食用冰除外）（03.0）、糖果（05.02）、含乳饮料（14.03.01）、配制酒（15.02）	按生产需要适量使用	固体饮料按稀释倍数增加使用量
	黑加仑红（08.122）	糕点上彩装（07.02.04）、果酒（15.03.03）	按生产需要适量使用	
		碳酸饮料（14.04）	0.3	固体饮料按稀释倍数增加使用量
	菊花黄浸膏（08.113）	可可制品、巧克力和巧克力制品（包括代可可脂巧克力及制品）以及糖果（05.0）、糕点上彩装（07.02.04）、果蔬汁（浆）类饮料（14.02.03）、风味饮料（仅限果味饮料）（14.08）	0.3	固体饮料按稀释倍数增加使用量
	黑豆红（08.114）	糖果（05.02）、糕点上彩装（07.02.04）、果蔬汁（浆）类饮料（14.02.03）、风味饮料（仅限果味饮料）（14.08）、配制酒（15.02）	0.8	固体饮料按稀释倍数增加使用量
	高粱红（08.115）	各类食品（并符合表 A.3 的规定）	按生产需要适量使用	
	玉米黄（08.116）	氢化植物油（02.01.01.02）、糖果（05.02）	5.0	
	萝卜红（08.117）	冷冻饮品（03.04 食用冰除外）（03.0）、果酱（04.01.02.05）、蜜饯类（04.01.02.08.01）、糖果（05.02）、糕点（07.02）、醋（12.03）、复合调味料（12.10）、果蔬汁（浆）类饮料（14.02.03）、风味饮料（仅限果味饮料）（14.08）、配制酒（15.02）、果冻（16.01）	按生产需要适量使用	固体饮料按稀释倍数增加使用量；如用于果冻粉，按冲调倍数增加使用量
	可可壳色（08.118）	糕点（07.02）	0.9	固体饮料按稀释倍数增加使用量
		焙烤食品馅料及表面用挂浆（07.04）、配制酒（15.02）	1.0	
		冷冻饮品（03.04 食用冰除外）（03.0）、饼干（07.03）	0.04	
		植物蛋白饮料（14.03.02）	0.25	
		碳酸饮料（14.04）	2.0	
		面包（07.01）	0.5	
		可可制品、巧克力和巧克力制品（包括代可可脂巧克力及制品）以及糖果（05.0）、糕点上彩装（07.02.04）	3.0	
	红曲米，红曲红（08.119，08.120）	风味发酵乳（01.02.02）	0.8	如用于果冻粉，按冲调倍数增加使用量 2016 年第 8 号公告
		糕点（07.02）	0.9	
		焙烤食品馅料及表面用挂浆（07.04）	1.0	
		调制乳（01.01.03）、调制炼乳（包括加糖炼乳及使用了非乳原料的调制炼乳等）（01.04.02）、冷冻饮品（03.04 食用冰除外）（03.0）、果酱（04.01.02.05）、腌渍的蔬菜（04.02.02.03）、蔬菜泥（酱），番茄沙司除外（04.02.02.05）、腐乳类（04.04.02.01）、熟制坚果与籽类（仅限油炸坚果与籽类）（04.05.02.01）、糖果（05.02）、装饰糖果（如工艺造型，或用于蛋糕装饰）、顶饰（非水果材料）和甜汁（05.04）、方便米面制品（06.07）、粮食制品馅料（06.10）、饼干（07.03）、腌腊肉制品类（如咸肉、腊肉、板鸭、中式火腿、腊肠）（08.02.02）、熟肉制品（08.03）、蛋制品（改变其物理性状）（10.03）、其他蛋制品（10.04）、调味糖浆（11.05）、调味品（12.01 盐及代盐制品除外）（12.0）、果蔬汁（浆）类饮料（14.02.03）、蛋白饮料（14.03）、碳酸饮料（14.04）、固体饮料（14.06）、风味饮料（仅限果味饮料）（14.08）、配制酒（15.02）、果冻（16.01）、膨化食品（16.06）	按生产需要适量使用	

续表

类别	食品添加剂名称（代码）	使用范围及食品分类号	最大使用量/（g/kg）	备注
着色剂	落葵红（08.121）	糖果（05.02）	0.1	固体饮料按稀释倍数增加使用量；如用于果冻粉，按冲调倍数增加使用量
		糕点上彩装（07.02.04）	0.2	
		碳酸饮料（14.04）	0.13	
		果冻（16.01）	0.25	
	栀子黄（08.112）	糕点（07.02）	0.9	如用于果冻粉，按冲调倍数增加使用量
		生湿面制品（如面条、饺子皮、馄饨皮、烧卖皮）（06.03.02.01）、焙烤食品馅料及表面用挂浆（07.04）	1.0	
		人造黄油（人造奶油）及其类似制品（如黄油和人造黄油混合品）（02.02.01.02）、腌渍的蔬菜（04.02.02.03）、熟制坚果与籽类（仅限油炸坚果与籽类）（04.05.02.01）、方便米面制品（06.07）、粮食制品馅料（06.10）、饼干（07.03）、熟肉制品（仅限禽肉熟制品）（08.03）、调味品（12.01 盐及代盐制品除外）（12.0）、固体饮料（14.06）	1.5	
		冷冻饮品（03.04 食用冰除外）（03.0）、蜜饯类（04.01.02.08.01）、坚果与籽类罐头（04.05.02.03）、可可制品、巧克力和巧克力制品（包括代可可脂巧克力及制品）以及糖果（05.0）、生干面制品（06.03.02.02）、果蔬汁（浆）类饮料（14.02.03）、风味饮料（仅限果味饮料）（14.08）、配制酒（15.02）、果冻（16.01）、膨化食品（16.06）	0.3	
	栀子蓝（08.123）	冷冻饮品（03.04 食用冰除外）（03.0）、焙烤食品（07.0）	1.0	
		腌渍的蔬菜（04.02.02.03）、熟制坚果与籽类（仅限油炸坚果与籽类）（04.05.02.01）、方便米面制品（06.07）、粮食制品馅料（06.10）、调味品（12.01 盐及代盐制品除外）（12.0）、果蔬汁类及其饮料（14.02）、蛋白饮料（14.03）、固体饮料（14.06）、膨化食品（16.06）	0.5	
		果酱（04.01.02.05）、糖果（05.02）	0.3	
		风味饮料（仅限果味饮料）（14.08）、配制酒（15.02）	0.2	
	沙棘黄（08.124）	糕点上彩装（07.02.04）	1.5	
		氢化植物油（02.01.01.02）	1.0	
	玫瑰茄红（08.125）	糖果（05.02）、果蔬汁（浆）类饮料（14.02.03）、风味饮料（仅限果味饮料）（14.08）、配制酒（15.02）	按生产需要适量使用	固体饮料按稀释倍数增加使用量
	橡子壳棕（08.126）	可乐型碳酸饮料（14.04.01）	1.0	固体饮料按稀释倍数增加使用量
		配制酒（15.02）	0.3	
	桑椹红（08.129）	果糕类（04.01.02.08.05）、果冻（16.01）	5.0	固体饮料按稀释倍数增加使用量；如用于果冻粉，按冲调倍数增加使用量
		糖果（05.02）	2.0	
		果蔬汁（浆）类饮料（14.02.03）、风味饮料（14.08）、果酒（15.03.03）	1.5	
	天然苋菜红（08.130）	蜜饯凉果（04.01.02.08）、装饰性果蔬（04.01.02.09）、糖果（05.02）、糕点上彩装（07.02.04）、果蔬汁（浆）类饮料（14.02.03）、碳酸饮料（14.04）、风味饮料（仅限果味饮料）（14.08）、配制酒（15.02）、果冻（16.01）	0.25	固体饮料按稀释倍数增加使用量；如用于果冻粉，按冲调倍数增加使用量
	金樱子棕（08.131）	糕点（07.02）	0.9	固体饮料按稀释倍数增加使用量
		焙烤食品馅料及表面用挂浆（07.04）、碳酸饮料（14.04）	1.0	
		配制酒（15.02）	0.2	

续表

类别	食品添加剂名称（代码）	使用范围及食品分类号	最大使用量/（g/kg）	备注
着色剂	姜黄素（08.132）	装饰糖果（如工艺造型，或用于蛋糕装饰）、顶饰（非水果材料）和甜汁（05.04）、方便米面制品（06.07）、调味糖浆（11.05）	0.5	如用于果冻粉，按冲调倍数增加使用量
		复合调味料（12.10）	0.1	
		熟制坚果与籽类（仅限油炸坚果与籽类）（04.05.02.01）、粮食制品馅料（06.10）、膨化食品（16.06）	按生产需要适量使用	
		冷冻饮品（03.04 食用冰除外）（03.0）	0.15	
		糖果（05.02）	0.7	
		面糊（如用于鱼和禽肉的拖面糊）、裹粉、煎炸粉（06.03.02.04）	0.3	
		可可制品、巧克力和巧克力制品（包括代可可脂巧克力及制品）以及糖果（05.0）、碳酸饮料（14.04）、果冻（16.01）	0.01	
	酸枣色（08.133）	腌渍的蔬菜（04.02.02.03）、果蔬汁（浆）类饮料（14.02.03）、风味饮料（14.08）	1.0	固体饮料按稀释倍数增加使用量
		糖果（05.02）、糕点（07.02）	0.2	
	花生衣红（08.134）	糖果（05.02）、饼干（07.03）、肉灌肠类（08.03.05）	0.4	固体饮料按稀释倍数增加使用量
		碳酸饮料（14.04）	0.1	
	葡萄皮红（08.135）	饮料类（14.01 包装饮用水除外）（14.0）	2.5	固体饮料按稀释倍数增加使用量
		果酱（04.01.02.05）	1.5	
		冷冻饮品（03.04 食用冰除外）（03.0）、配制酒（15.02）	1.0	
		糖果（05.02）、焙烤食品（07.0）	2.0	
	蓝锭果红（08.136）	糕点上彩装（07.02.04）	3.0	
		糖果（05.02）、糕点（07.02）	2.0	
		冷冻饮品（03.04 食用冰除外）（03.0）、果蔬汁（浆）类饮料（14.02.03）、风味饮料（14.08）	1.0	固体饮料按稀释倍数增加使用量
	藻蓝（淡、海水）（08.137）	冷冻饮品（03.04 食用冰除外）（03.0）、糖果（05.02）、香辛料及粉（12.09.01）、果蔬汁（浆）类饮料（14.02.03）、风味饮料（14.08）、果冻（16.01）	0.8	固体饮料按稀释倍数增加使用量；如用于果冻粉，按冲调倍数增加使用量
	植物炭黑（08.138）	粉圆（06.05.02.04）	1.5	
		冷冻饮品（03.04 食用冰除外）（03.0）、糖果（05.02）、糕点（07.02）、饼干（07.03）	5.0	
		胶原蛋白肠衣（16.03）	按生产需要适量使用	2016 年第 8 号公告
	密蒙黄（08.139）	糖果（05.02）、面包（07.01）、糕点（07.02）、果蔬汁（浆）类饮料（14.02.03）、风味饮料（14.08）、配制酒（15.02）	按生产需要适量使用	固体饮料按稀释倍数增加使用量
	紫草红（08.140）	糕点（07.02）	0.9	固体饮料按稀释倍数增加使用量
		焙烤食品馅料及表面用挂浆（07.04）	1.0	
		冷冻饮品（03.04 食用冰除外）（03.0）、饼干（07.03）、果蔬汁（浆）类饮料（14.02.03）、风味饮料（仅限果味饮料）（14.08）、果酒（15.03.03）	0.1	

续表

类别	食品添加剂名称（代码）	使用范围及食品分类号	最大使用量/（g/kg）	备注
着色剂	柑橘黄（08.143）	生干面制品（06.03.02.02）	按生产需要适量使用	
		各类食品（并符合表A.3的规定）		
	胭脂树橙（又名红木素，降红木素）（08.144）	熟化干酪（01.06.02）、再制干酪（01.06.04）、冷冻饮品（03.04食用冰除外）（03.0）、果酱（04.01.02.05）、代可可脂巧克及使用可可脂代用品的巧克力类似产品（05.01.03）、糖果（05.02）、焙烤食品（07.0）、饮料类（14.01包装饮用水类除外）（14.0）、果冻（16.01）	0.6	固体饮料按冲调倍数增加使用量，如用于果冻粉，按冲调倍数增加使用量
		复合调味料（12.10）	0.1	
		巧克力和巧克力制品、除05.01.01以外的可可制品（05.01.02）、西式火腿（熏烤、烟熏、蒸煮火腿）类（08.03.04）、肉灌肠类（08.03.05）	0.025	
		即食谷物，包括碾轧燕麦（片）（06.06）	0.07	
		人造黄油（人造奶油）及其类似制品（如黄油和人造黄油混合品）（02.02.01.02）	0.05	
		面糊（如用于鱼和禽肉的拖面糊）、裹粉、煎炸粉（06.03.02.04）、膨化食品（16.06）	0.01	
		其它油脂或油脂制品（仅限植脂末）（02.05）	0.02	
		方便米面制品（06.07）	0.012	
		粉圆（06.05.02.04）	0.15	
	胭脂虫红（08.145）	风味发酵乳（01.02.02）、半固体复合调味料（12.10.02）、果冻（16.01）	0.05	以胭脂红酸计，固体饮料按稀释倍数增加使用量；如用于果冻粉，按冲调倍数增加使用量
		干酪和再制干酪及其类似品（01.06）、熟制坚果与籽类（仅限油炸坚果与籽类）（04.05.02.01）、膨化食品（16.06）	0.1	
		调制炼乳（包括加糖炼乳及使用了非乳原料的调制炼乳等）（01.04.02）、冷冻饮品（03.04食用冰除外）（03.0）	0.15	
		即食谷物，包括碾轧燕麦（片）（06.06）	0.2	
		粉圆（06.05.02.04）、复合调味料（12.10）	1.0	
		配制酒（15.02）	0.25	
		代可可脂巧克力及使用可可脂代用品的巧克力类似产品（05.01.03）、糖果（05.02）、方便米面制品（06.07）	0.3	
		面糊（如用于鱼和禽肉的拖面糊）、裹粉、煎炸粉（06.03.02.04）、熟肉制品（08.03）	0.5	
		调制乳粉和调制奶油粉（01.03.02）、果酱（04.01.02.05）、焙烤食品（07.0）、饮料类（14.01包装饮用水类除外）（14.0）	0.6	
	叶黄素（08.146）	糖果（05.02）、方便米面制品（06.07）、焙烤食品（07.0）	0.15	固体饮料按稀释倍数增加使用量；如用于果冻粉，以冲调倍数增加使用量
		冷冻饮品（03.04食用冰除外）（03.0）、冷冻米面制品（06.08）	0.1	
		以乳为主要配料的即食风味食品或其预制产品（不包括冰淇淋和风味发酵乳）（01.07）、果酱（04.01.02.05）、杂粮罐头（06.04.02.01）、谷物和淀粉类甜品（仅限谷类甜品罐头）（06.09）、饮料类（14.01包装饮用水类除外）（14.0）、果冻（16.01）	0.05	
	核黄素（08.148）	方便米面制品（06.07）、固体复合调味料（12.10.01）	0.05	
		干制蔬菜（仅限脱水马铃薯）（04.02.02.02）	0.3	

续表

类别	食品添加剂名称（代码）	使用范围及食品分类号	最大使用量／（g/kg）	备注
着色剂	杨梅红（08.149）	饮料类（14.01 包装饮用水除外）（14.0）	0.1	固体饮料按稀释倍数增加使用量；如用于果冻粉，以冲调倍数增加使用量
		冷冻饮品（03.04 食用冰除外）（03.0）、糖果（05.02）、糕点上彩装（07.02.04）、果酒（仅限于配制果酒）（15.03.03）、果冻（16.01）	0.2	
	番茄红（08.150）	风味发酵乳（01.02.02）、饮料类（14.01 包装饮用水除外）（14.0）	0.006	固体饮料按稀释倍数增加使用量
	番茄红素（08.017）	调制乳（01.01.03）、风味发酵乳（01.02.02）、饮料类（14.01 包装饮用水除外）（14.0）	0.015	以纯番茄红素计，固体饮料按稀释倍数增加使用量
		糖果（05.02）	0.06	
		固体汤料（12.10.01.01）	0.39	
		半固体复合调味料（12.10.02）	0.04	
		即时谷物，包括碾轧燕麦（片）（06.06）、焙烤食品（07.0）、果冻（16.01）	0.05	以纯番茄红素计，如用于果冻粉，按冲调倍数增加使用量
	紫甘薯色素（08.154）	冷冻饮品（03.04 食用冰除外）（03.0）、糕点上彩装（07.02.04）、配制酒（15.02）	0.2	固体饮料按稀释倍数增加使用量
		糖果（05.02）、果蔬汁（浆）类饮料（14.02.03）	0.1	
	红曲黄色素（08.152）	糕点（07.02）、熟肉制品（08.03）、果蔬汁（浆）类饮料（14.02.03）、蛋白饮料（14.03）、碳酸饮料（14.04）、固体饮料（14.06）、风味饮料（14.08）、配制酒（15.02）、果冻（16.01）	按生产需要适量使用	如用于果冻粉，按冲调倍数增加使用量
		卤蛋（10.02.01）		2015 年 1 号公告
	β－阿朴－8′－胡萝卜素醛（08.018）	风味发酵乳（01.02.02）、糖果（05.02）、焙烤食品（07.0）	0.015	以β－阿朴－8′－胡萝卜素醛计，固体饮料按冲调倍数增加使用量
		再制干酪（01.06.04）	0.018	
		冷冻饮品（03.04 食用冰除外）（03.0）	0.020	
		半固体复合调味料（12.10.02）	0.005	
		饮料类（除外 14.01 包装饮用水）（14.0）	0.010	
	叶绿素铜（08.153）	稀奶油（01.05.01）、糖果（05.02）、焙烤食品（07.0）	按生产需要适量使用	
护色剂	硝酸钠，硝酸钾（09.001，09.003）	腌腊肉制品类（如咸肉、腊肉、板鸭、中式火腿、腊肠）（08.02.02）、酱卤肉制品类（08.03.01）、熏、烧、烤肉类（08.03.02）、油炸肉类（08.03.03）、西式火腿（熏烤、烟熏、蒸煮火腿）类（08.03.04）、肉灌肠类（08.03.05）、发酵肉制品类（08.03.06）	0.5	以亚硝酸钠（钾）计，残留量≤30mg/kg
	亚硝酸钠，亚硝酸钾（09.002，09.004）	腌腊肉制品类（如咸肉、腊肉、板鸭、中式火腿、腊肠）（08.02.02）、酱卤肉制品类（08.03.01）、熏、烧、烤肉类（08.03.02）、油炸肉类（08.03.03）、肉灌肠类（08.03.05）、发酵肉制品类（08.03.06）	0.15	以亚硝酸钠计，残留量≤30mg/kg
		西式火腿（熏烤、烟熏、蒸煮火腿）类（08.03.04）		以亚硝酸钠计，残留量≤70mg/kg
		肉罐头类（08.03.08）		以亚硝酸钠计，残留量≤50mg/kg
	葡萄糖酸亚铁（09.005）	腌渍的蔬菜（仅限橄榄）（04.02.02.03）	0.15	以铁计

续表

类别	食品添加剂名称（代码）	使用范围及食品分类号	最大使用量/（g/kg）	备注
乳化剂	蔗糖脂肪酸酯（10.001）	冷冻饮品（03.04 食用冰除外）（03.0）、经表面处理的鲜水果（04.01.01.02）、杂粮罐头（06.04.02.01）、肉及肉制品（08.0）、鲜蛋（10.01）、饮料类（14.01 包装饮用水除外）（14.0）	1.5	用于鸡蛋保鲜；固体饮料按冲调倍数增加使用量
		调制乳（01.01.03）、焙烤食品（07.0）	3.0	
		生湿面制品（如面条、饺子皮、馄饨皮、烧麦皮）（06.03.02.01）、生干面制品（06.03.02.02）、方便米面制品（06.07）、果冻（16.01）	4.0	如果用于果冻粉，按冲调倍数增加使用量
		果酱（04.01.02.05）、专用小麦粉（如自发粉、饺子粉等）（06.03.01.02）、面糊（如用于鱼和禽肉的拖面糊）、裹粉、煎炸粉（06.03.02.04）、调味糖浆（11.05）、调味品（12.0）、其它（仅限即食菜肴）（16.07）	5.0	
		稀奶油（淡奶油）及其类似品（01.05）、基本不含水的脂肪和油（02.01）、水油状脂肪乳化制品（02.02）、02.02 类以外的脂肪乳化制品，包括混合的和（或）调味的脂肪乳化制品（02.03）、可可制品、巧克力和巧克力制品（包括代可可脂巧克力及制品）以及糖果（05.0）、其它（仅限乳化天然色素）（16.07）	10.0	
	酪蛋白酸钠（又名酪朊酸钠）（10.002）	各类食品（并符合表 A.3 的规定）	按生产需要适量使用	以即食食品计，作为花生四烯酸（ARA）和二十二碳六烯酸（DHA）载体
		婴儿配方食品（13.01.01）、较大婴儿和幼儿配方食品（13.01.02）	1.0	
	山梨醇酐单月桂酸酯（又名司盘20），山梨醇酐单棕榈酸酯（又名司盘40），山梨醇酐单硬脂酸酯（又名司盘60），山梨醇酐三硬脂酸酯（又名司盘65），山梨醇酐单油酸酯（又名司盘80）（10.024，10.008，10.003，10.004，10.005）	其他（仅限饮料混浊剂）（16.07）	0.05	
		风味饮料（仅限果味饮料）（14.08）	0.5	
		豆类制品（04.04）	1.6	以每千克黄豆的使用量计
		调制乳（01.01.03）、冰淇淋、雪糕类（03.01）、经表面处理的鲜水果（04.01.01.02）、经表面处理的新鲜蔬菜（04.02.01.02）、除胶基糖果以外的其他糖果（05.02.02）、面包（07.01）、糕点（07.02）、饼干（07.03）、果蔬汁（浆）类饮料（14.02.03）、固体饮料（速溶咖啡除外）（14.06）	3.0	
		植物蛋白饮料（14.03.02）	6.0	
		稀奶油（淡奶油）及其类似品（01.05）、氢化植物油（02.01.01.02）、可可制品、巧克力和巧克力制品，包括代可可脂巧克力及制品（05.01）、速溶咖啡（14.06.03）、干酵母（16.04.01）	10.0	
		脂肪，油和乳化脂肪制品（02.01.01.01 植物油除外）（02.0）	15.0	
	单、双甘油脂肪酸酯（油酸、亚油酸、棕榈酸、山嵛酸、硬脂酸、月桂酸、亚麻酸）（10.006）	各类食品（并符合表 A.3 的规定）	按生产需要适量使用	
		稀奶油（01.05.01）、生湿面制品（如面条、饺子皮、馄饨皮、烧麦皮）（06.03.02.01）、婴幼儿配方食品（13.01）、婴幼儿辅助食品（13.02）		
		香辛料类（12.09）	5.0	
		其他糖和糖浆［如红糖、赤砂糖、冰片糖、原糖、果糖（蔗糖来源）、糖蜜、部分转化糖、槭树糖浆等］（11.01.02）	6.0	
		黄油和浓缩黄油（02.02.01.01）	20.0	
		生干面制品（06.03.02.02）	30.0	

续表

类别	食品添加剂名称（代码）	使用范围及食品分类号	最大使用量/（g/kg）	备注
乳化剂	木糖醇酐单硬脂酸酯（10.007）	面包（07.01）、糕点（07.02）	3.0	
		氢化植物油（02.01.01.02）、糖果（05.02）	5.0	
	双乙酰酒石酸单双甘油酯（10.010）	香辛料类（12.09）	0.001	固体饮料按稀释倍数增加使用量；如用果冻粉，按冲调倍数增加使用量
		醋、油或盐渍水果（04.01.02.03）、蜜饯凉果（04.01.02.08）	1.0	
		果泥（04.01.02.06）、装饰性果蔬（04.01.02.09）、水果甜品，包括果味液体甜品（04.01.02.10）、发酵的水果制品（04.01.02.11）、腌渍的蔬菜（04.02.02.03）、经水煮或油炸的蔬菜（04.02.02.07）、其他加工蔬菜（04.02.02.08）、腌渍的食用菌和藻类（04.03.02.03）、经水煮或油炸的藻类（04.03.02.05）、其他加工食用菌和藻类（04.03.02.06）、熟制豆类（04.04.01.06）、果冻（16.01）	2.5	
		杂粮粉（06.04.01）、食用淀粉（06.05.01）	3.0	
		调制乳（01.01.03）、稀奶油（01.05.01）、脂肪类甜品（02.04）、其他油脂或油脂制品（仅限植脂末）（02.05）、除04.01.02.05外的果酱（如印度酸辣酱）（04.01.02.07）、面糊（如用于鱼和禽肉的拖面糊）、裹粉、煎炸粉（06.03.02.04）、谷类和淀粉类甜品（如米布丁、木薯布丁）（06.09）、其他再制蛋（10.02.05）、其他蛋制品（10.04）、其他糖和糖浆［如红糖、赤砂糖、冰片糖、原糖、果糖（蔗糖来源）、糖蜜、部分转化糖、槭树糖浆等］（11.01.02）、液体复合调味料（不包括12.03，12.04）（12.10.03）、果蔬汁（浆）类饮料（14.02.03）、蛋白饮料（14.03）、碳酸饮料（14.04）、茶、咖啡、植物（类）饮料（14.05）、特殊用途饮料（14.07）、风味饮料（14.08）、蒸馏酒（15.01）、果酒（15.03.03）	5.0	
		稀奶油（淡奶油）及其类似品（01.05）	6.0	
		风味发酵乳（01.02.02）、乳粉（包括加糖乳粉）和奶油粉及其调制产品（01.03.01乳粉和奶油粉除外）（01.03）、干酪和再制干酪及其类似品（01.06）、以乳为主要配料的即食风味食品或其预制产品（不包括冰淇淋和风味发酵乳）（01.07）、水油状脂肪乳化制品（02.02）、黄油和浓缩黄油（02.02.01.01）、02.02类以外的脂肪乳化制品，包括混合的和（或）调味的脂肪乳化制品（02.03）、冷冻饮品（03.04食用冰除外）（03.0）、水果干类（04.01.02.02）、干制蔬菜（04.02.02.02）、除胶基糖果以外的其他糖果（05.02.02）、装饰糖果（如工艺造型，或用于蛋糕装饰）、顶饰（非水果材料）和甜汁（05.04）、生湿面制品（如面条、饺子皮、馄饨皮、烧麦皮）（06.03.02.01）、生干面制品（06.03.02.02）、油炸面制品（06.03.02.05）、方便米面制品（06.07）、冷冻米面制品（06.08）、预制肉制品（08.02）、熟肉制品（08.03）、水产及其制品（包括鱼类、甲壳类、贝类、软体类、棘皮类等水产及其加工制品等）（不包括09.01鲜水产）（09.0）、半固体复合调味料（12.10.02）、发酵酒（15.03.01葡萄酒除外）（15.03）	10.0	
		焙烤食品（07.0）、膨化食品（16.06）	20.0	

续表

类别	食品添加剂名称（代码）	使用范围及食品分类号	最大使用量/（g/kg）	备注
乳化剂		胶基果糖（05.02.01）	50.0	
	硬脂酰乳酸钠，硬脂酰乳酸钙（10.011，10.009）	植物油脂（02.01.01）	0.3	固体饮料按稀释倍数增加使用量
		调制乳（01.01.03）、风味发酵乳（01.02.02）、冰淇淋、雪糕类（03.01）、果酱（04.01.02.05）、干制蔬菜（仅限脱水马铃薯粉）（04.02.02.02）、装饰糖果（如工艺造型，或用于蛋糕装饰）、顶饰（非水果材料）和甜汁（05.04）、专用小麦粉（如自发粉、饺子粉等）（06.03.01.02）、生湿面制品（如面条、饺子皮、馄饨皮、烧卖皮）（06.03.02.01）、发酵面制品（06.03.02.03）、面包（07.01）、糕点（07.02）、饼干（07.03）、肉灌肠类（08.03.05）、调味糖浆（11.05）、蛋白饮料（14.03）、茶、咖啡、植物（类）饮料（14.05）、特殊用途饮料（14.07）、风味饮料（14.08）	2.0	
		稀奶油（01.05.01）、调制稀奶油（01.05.03）、稀奶油类似品（01.05.04）、水油状脂肪乳化制品（02.02）、02.02类以外的脂 肪乳化制品，包括混合的（或）调味的脂肪乳化制品（02.03）	5.0	
		其他油脂或油脂制品（仅限植脂末）（02.05）	10.0	
	氢化松香甘油酯（10.013）	经表面处理的鲜水果（04.01.01.02）	0.5	固体饮料按稀释倍数增加使用量
		果蔬汁（浆）类饮料（14.02.03）、风味饮料（仅限果味饮料）（14.08）	0.1	
	聚氧乙烯木糖醇酐单硬脂酸酯（10.017）	其他（发酵工艺）（16.07）	5.0	
	辛，癸酸甘油酯（10.018）	乳粉（包括加糖乳粉）和奶油粉及其调制产品（纯乳粉除外）（01.03）、氢化植物油（02.01.01.02）、冰淇淋、雪糕类（03.01）、可可制品、巧克力和巧克力制品（包括代可可脂巧克力及制品）以及糖果（05.0）、饮料类（14.01包装饮用水除外）（14.0）	按生产需要适量使用	固体饮料按稀释倍数增加使用量
	改性大豆磷脂（10.019）	各类食品（并符合表A.3的规定）	按生产需要适量使用	
	丙二醇脂肪酸酯（10.020）	熟制坚果与籽类（仅限油炸坚果与籽类）（04.05.02.01）、油炸面制品（06.03.02.05）、膨化食品（16.06）	2.0	
		糕点（07.02）	3.0	
		乳及乳制品（01.01.01、01.01.02、13.0涉及品种除外）（01.0）、冷冻饮品（03.04食用冰除外）（03.0）	5.0	
		脂肪，油和乳化脂肪制品（02.0）	10.0	
		复合调味料（12.10）	20.0	
	聚甘油脂肪酸酯（10.022）	糖果（05.02）	5.0	固体饮料按稀释倍数增加使用量；如用于果冻粉，按冲调倍数增加使用量
		调制乳（01.01.03）、调制乳粉和调制奶油粉（01.03.02）、稀奶油（淡奶油）及其类似品（01.05）、植物油（仅限煎炸用油）（02.01.01.01）、冷冻饮品（03.04食用冰除外）（03.0）、熟制坚果与籽类（仅限油炸坚果与籽类）（04.05.02.01）、可可制品、巧克力和巧克力制品，包括代可可脂巧克力及制品（05.01）、面糊（如用于鱼和禽肉的拖面糊）、裹粉、煎炸粉（06.03.02.04）、即食谷物，包括碾轧燕麦（片）（06.06）、方便米面制品（06.07）、焙烤食品（07.0）、调味品（仅限用于膨化食品的调味料）（12.0）、固体复合调味料（12.10.01）、半固体复合调味料（12.10.02）、膨化食品（16.06）、果冻（16.01）、饮料类（14.01包装饮用水除外）（14.0）	10.0	
	木松香甘油酯	糖果和巧克力制品包衣（05.03）	0.32	2016年第8号公告

续表

类别	食品添加剂名称（代码）	使用范围及食品分类号	最大使用量/（g/kg）	备注
乳化剂		脂肪，油和乳化脂肪制品（02.01.01.01 植物油除外）（02.0）	20.0	
	聚氧乙烯（20）山梨醇酐单月桂酸酯（又名吐温20），聚氧乙烯（20）山梨醇酐单棕榈酸酯（又名吐温40），聚氧乙烯（20）山梨醇酐单硬脂酸酯（又名吐温60），聚氧乙烯（20）山梨醇酐单油酸酯（又名吐温80）（10.025，10.026，10.015，10.016）	豆类制品（04.04）	0.05	以每千克黄豆的使用量计
		饮料类（14.01 包装饮用水类及 14.06 固体饮料除外）（14.0）	0.5	固体饮料按稀释倍数增加使用量
		果蔬汁（浆）类饮料（14.02.03）	0.75	
		液体复合调味料（不包括 12.03，12.04）（12.10.03）、稀奶油（01.05.01）、调制稀奶油（01.05.03）	1.0	
		调制乳（01.01.03）、冷冻饮品（03.04 食用冰除外）（03.0）	1.5	
		植物蛋白饮料（14.03.02）、含乳饮料（14.03.01）、糕点（07.02）	2.0	
		面包（07.01）	2.5	
		固体复合调味料（12.10.01）	4.5	
		半固体复合调味料（12.10.02）、水油状脂肪乳化制品（02.02）、02.02 类以外的脂肪乳化制品，包括混合的和（或）调味的脂肪乳化制品（02.03）	5.0	
		其他（仅限乳化天然色素）（16.07）	10.0	
	乙酰化单、双甘油脂肪酸酯（10.027）	各类食品（并符合表 A.3 的规定）	按生产需要适量使用	
	硬脂酸钾（10.028）	糕点（07.02）	0.18	
		香辛料及粉（12.09.01）	20.0	
	聚甘油蓖麻醇酸酯（PGPR）（10.029）	可可制品、巧克力和巧克力制品，包括代可可脂巧克力及制品（05.01）、糖果和巧克力制品包衣（05.03）、半固体复合调味料（12.10.02）	5.0	
		水油状脂肪乳化制品（02.02）	10.0	
	辛烯基琥珀酸淀粉钠（10.030）	各类食品（并符合表 A.3 的规定）	按生产需要适量使用	
		稀奶油（01.05.01）		
		婴儿配方食品（13.01.01）	1.0	作为 DHA/ARA 载体，以即食食品计
		较大婴儿和幼儿配方食品（13.01.02）	50.0	
		特殊医学用途婴儿配方食品（13.01.03）	150.0	使用量仅限粉状产品，液体产品按照稀释倍数折算
	乳酸脂肪酸甘油酯（10.031）	稀奶油（01.05.01）	5.0	
		各类食品（并符合表 A.3 的规定）	按生产需要适量使用	
	柠檬酸脂肪酸甘油酯（10.032）	婴幼儿配方食品（13.01）	24.0	
		各类食品（并符合表 A.3 的规定）	按生产需要适量使用	
	铵磷脂（10.033）	巧克力和巧克力制品、除 05.01.01 以外的可可制品（05.01.02）	10.0	

续表

类别	食品添加剂名称（代码）	使用范围及食品分类号	最大使用量/（g/kg）	备注
乳化剂	琥珀酸单甘油酯（10.038）	果蔬汁（浆）类饮料（14.02.03）、蛋白饮料（14.03）、茶、咖啡、植物（类）饮料（14.05）	2.0	
		以乳为主要原料的即食风味食品或其预制产品（不包括冰淇淋和风味发酵乳）（01.07）、调制乳（01.01.03）、焙烤食品（07.0）、含乳饮料（14.03.01）	5.0	
		干酪类似品（01.06.05）、脂肪，油和乳化脂肪制品（02.01 基本不含水的脂肪和油除外）（02.0）	10.0	
		固体饮料（14.06）	20.0	按稀释 10 倍计算
	硬脂酸钙（10.039）	香辛料及粉（12.09.01）、固体复合调味料（12.10.01）	20.0	
	酶解大豆磷脂（10.040）	各类食品（并符合表 A.3 的规定）	按生产需要适量使用	
	皂树皮提取物	果蔬汁（浆）类饮料（14.02.03）、蛋白饮料（14.03）、碳酸饮料（14.04）、特殊用途饮料（14.07）、风味饮料（14.08）	0.05	按皂素计，固体饮料按稀释倍数增加使用量 2016 年第 8 号公告
增味剂	谷氨酸钠，5′－鸟苷酸二钠，5′－肌苷酸二钠，5′－呈味核苷酸二钠（又名呈味核苷酸二钠）（12.001，12.002，12.003，12.004）	各类食品（并符合表 A.3 的规定）	按生产需要适量使用	
	琥珀酸二钠（12.005）	调味品（12.0）	20.0	
	L－丙氨酸（12.006）	调味品（12.0）	按生产需要适量使用	
	氨基乙酸（又名甘氨酸）（12.007）	调味品（12.0）、果蔬汁（浆）类饮料（14.02.03）、植物蛋白饮料（14.03.02）	1.0	固体饮料按稀释倍数增加使用量
		预制肉制品（08.02）、熟肉制品（08.03）	3.0	
面粉处理剂	L－半胱氨酸盐酸盐（13.003）	发酵面制品（06.03.02.03）	0.06	
		生湿面制品（如面条、饺子皮、馄饨皮、烧卖皮）（仅限拉面）（06.03.02.01）	0.3	
		冷冻米面制品（06.08）	0.6	
	偶氮甲酰胺（13.004）	小麦粉（06.03.01）	0.045	
	碳酸镁（13.005）	小麦粉（06.03.01）	1.5	
		固体饮料（14.06）	10.0	
	碳酸钙（13.006）	小麦粉（06.03.01）	0.03	碳酸钙包括轻质和重质碳酸钙
		各类食品（并符合表 A.3 的规定）	按生产需要适量使用	

续表

类别	食品添加剂名称（代码）	使用范围及食品分类号	最大使用量/（g/kg）	备注
被膜剂	紫胶（又名虫胶）（14.001）	可可制品、巧克力和巧克力制品，包括代可可脂巧克力及制品（05.01）、威化饼干（07.03.02）	0.2	2016年第9号公告
		经表面处理的鲜水果（仅限苹果）（04.01.01.02）	0.4	
		经表面处理的鲜水果（仅限柑橘类）（04.01.01.02）	0.5	
		胶基糖果（05.02.01）、除胶基糖果以外的其他糖果（05.02.02）	3.0	
		胶原蛋白肠衣（16.03）	按生产需要适量使用	
	白油（又名液体石蜡）（14.003）	除胶基糖果以外的其他糖果（05.02.02）、鲜蛋（10.01）	5.0	
	吗啉脂肪酸盐（又名果蜡）（14.004）	经表面处理的鲜水果（04.01.01.02）	按生产需要适量使用	
	松香季戊四醇酯（14.005）	经表面处理的鲜水果（04.01.01.02）、经表面处理的新鲜蔬菜（04.02.01.02）	0.09	
	巴西棕榈蜡（14.008）	新鲜水果（04.01.01）	0.0004	以残留量计
		可可制品、巧克力和巧克力制品（包括代可可脂巧克力及制品）以及糖果（05.0）	0.6	
	硬脂酸（又名十八烷酸）（14.009）	可可制品、巧克力和巧克力制品（包括代可可脂巧克力及制品）以及糖果（05.0）	1.2	
	聚乙烯醇（14.010）	糖果和巧克力制品包衣（05.03）	18.0	
	普鲁兰多糖（14.011）	果蔬汁（浆）类饮料（14.02.03）	3.0	固体饮料按稀释倍数增加使用量
		冷冻饮品（03.04食用冰除外）（03.0）	10.0	
		预制水产品（半成品）（09.03）	30.0	
		糖果（05.02）、糖果和巧克力制品包衣（05.03）、复合调味料（12.10）、蛋白固体饮料（14.06.02）	50.0	
		其他（仅限膜片）（16.07）	按生产需要适量使用	
	聚乙二醇（14.012）	糖果和巧克力制品包衣（05.03）	按生产需要适量使用	
	蜂蜡（14.013）	糖果（05.02）、糖果和巧克力制品包衣（05.03）	按生产需要适量使用	
	聚二甲基硅氧烷及其乳液（03.007）	经表面处理的鲜水果（04.01.01.02）、经表面处理的新鲜蔬菜（04.02.01.02）	0.0009	

续表

<table>
<tr><th>类别</th><th>食品添加剂名称（代码）</th><th>使用范围及食品分类号</th><th>最大使用量/（g/kg）</th><th>备注</th></tr>
<tr><td rowspan="14">水分保持剂</td><td rowspan="10">磷酸，焦磷酸二氢二钠，焦磷酸钠，磷酸二氢钙，磷酸二氢钾，磷酸氢二铵，磷酸氢二钾，磷酸氢钙，磷酸三钙，磷酸三钾，磷酸三钠，六偏磷酸钠，三聚磷酸钠，磷酸二氢钠，磷酸氢二钠，焦磷酸四钾，焦磷酸一氢三钠，聚偏磷酸钾，酸式焦磷酸钙（01.106，15.008，15.004，15.007，15.010，06.008，15.009，06.006，02.003，01.308，15.001，15.002，15.003，15.005，15.006，15.017，15.013，15.015，15.016）</td><td>婴幼儿配方食品（13.01）、婴幼儿辅助食品（13.02）</td><td>1.0</td><td>仅限使用磷酸氢钙和磷酸二氢钠，可单独或混合使用，最大使用量以磷酸根（PO$_4^{3-}$）计</td></tr>
<tr><td>米粉（包括汤圆粉等）（06.02.03）、谷物和淀粉类甜品（如米布丁、木薯布丁）（仅限谷类甜品罐头）（06.09）、预制水产品（半成品）（09.03）、水产品罐头（09.05）</td><td>1.0</td><td rowspan="9">可单独或混合使用，最大使用量以磷酸根（PO$_4^{3-}$）计</td></tr>
<tr><td>其他杂粮制品（仅限冷冻薯条、冷冻薯饼、冷冻土豆泥、冷冻红薯泥）（06.04.02.02）、杂粮罐头（06.04.02.01）</td><td>1.5</td></tr>
<tr><td>膨化食品（16.06）、熟制坚果与籽类（仅限油炸坚果与籽类）（04.05.02.01）</td><td>2.0</td></tr>
<tr><td>乳及乳制品（01.01.01、01.01.02、13.0 涉及品种除外）（01.0）、水油状脂肪乳化制品（02.02）、02.02 类以外的脂肪乳化制品，包括混合的和（或）调味的脂肪乳化制品（02.03）、冷冻饮品（03.04 食用冰除外）（03.0）、可可制品、巧克力和巧克力制品（包括代可可脂巧克力及制品）以及糖果（05.0）、小麦粉及其制品（06.03）、小麦粉（06.03.01）、生湿面制品（如面条、饺子皮、馄饨皮、烧卖皮）（06.03.02.01）、杂粮粉（06.04.01）、食用淀粉（06.05.01）、即食谷物，包括碾轧燕麦（片）（06.06）、方便米面制品（06.07）、预制肉制品（08.02）、熟肉制品（08.03）、冷冻鱼糜制品（包括鱼丸等）（09.02.03）、冷冻米面制品（06.08）、饮料类（14.01 包装饮用水除外）（14.0）、果冻（16.01）、稀奶油（01.05.01）、蔬菜罐头（04.02.02.04）、面糊（如用于鱼和禽肉的拖面糊）、裹粉、煎炸粉（06.03.02.04）、冷冻水产品（09.02.01）、热凝固蛋制品（如蛋黄酪、松花蛋肠）（10.03.02）</td><td>5.0</td></tr>
<tr><td>乳粉和奶油粉（01.03.01）、调味糖浆（11.05）</td><td>10.0</td></tr>
<tr><td>再制干酪（01.06.04）</td><td>14.0</td></tr>
<tr><td>焙烤食品（07.0）</td><td>15.0</td></tr>
<tr><td>其他油脂或油脂制品（仅限植脂末）（02.05）、复合调味料（12.10）</td><td>20.0</td></tr>
<tr><td>其他固体复合调味料（仅限方便湿面调味料包）（12.10.01.03）</td><td>80.0</td></tr>
<tr><td>焦磷酸钠，六偏磷酸钠（15.004，15.002）</td><td>熟制水产品（可直接食用）（09.04）</td><td>5.0</td><td>2015 年第 1 号公告</td></tr>
<tr><td>乳酸钠（15.012）</td><td>生湿面制品（如面条、饺子皮、馄饨皮、烧卖皮）（06.03.02.01）</td><td>2.4</td><td></td></tr>
<tr><td>乳酸钠（15.012）
乳酸钾（15.011）</td><td>各类食品（并符合表 A.3 的规定）</td><td>按生产需要适量使用</td><td></td></tr>
<tr><td>甘油（又名丙三醇）（15.014）</td><td>各类食品（并符合表 A.3 的规定）</td><td>按生产需要适量使用</td><td></td></tr>
</table>

续表

类别	食品添加剂名称（代码）	使用范围及食品分类号	最大使用量/（g/kg）	备注
防腐剂	苯甲酸及其钠盐（17.001，17.002）	碳酸饮料（14.04）、特殊用途饮料（14.07）	0.2	以苯甲酸计，固体饮料按稀释倍数增加使用量
		配制酒（15.02）	0.4	
		蜜饯凉果（04.01.02.08）	0.5	
		复合调味料（12.10）	0.6	
		除胶基糖果以外的其他糖果（05.02.02）、果酒（15.03.03）	0.8	
		风味冰、冰棍类（03.03）、果酱（罐头除外）（04.01.02.05）、腌渍的蔬菜（04.02.02.03）、调味糖浆（11.05）、醋（12.03）、酱油（12.04）、酱及酱制品（12.05）、半固体复合调味料（12.10.02）、液体复合调味料（不包括12.03，12.04）（12.10.03）、风味饮料（14.08）、蛋白饮料（14.03）、茶、咖啡、植物（类）饮料（14.05）、果蔬汁（浆）饮料（14.02.03）	1.0	
		胶基糖果（05.02.01）	1.5	
		浓缩果蔬汁（浆）（仅限食品工业用）（14.02.02）	2.0	
	山梨酸及其钾盐（17.003，17.004）	熟肉制品（08.03）、预制水产品（半成品）（09.03）	0.075	以山梨酸计，固体饮料按稀释倍数增加使用量；如用于果冻粉，按冲调倍数增加使用量 2016年第8号公告 2016年第9号公告
		葡萄酒（15.03.01）	0.2	
		配制酒（15.02）	0.4	
		风味冰、冰棍类（03.03）、经表面处理的鲜水果（04.01.01.02）、蜜饯凉果（04.01.02.08）、经表面处理的新鲜蔬菜（04.02.01.02）、加工食用菌和藻类（04.03.02）、酱及酱制品（12.05）、饮料类（14.01包装饮用水类除外）（14.0）、果冻（16.01）、胶原蛋白肠衣（16.03）	0.5	
		果酒（15.03.03）	0.6	
		配制酒（仅限青稞干酒）（15.02）	0.6g/L	
		干酪和再制干酪及其类似品（01.06）、氢化植物油（02.01.01.02）、人造黄油（人造奶油）及其类似制品（如黄油和人造黄油混合品）（02.02.01.02）、脂肪含量80%以下的乳化制品（02.02.02）、果酱（04.01.02.05）、腌渍的蔬菜（04.02.02.03）、豆干再制品（04.04.01.03）、新型豆制品（大豆蛋白及其膨化食品、大豆素肉等）（04.04.01.05）、除胶基糖果以外的其他糖果（05.02.02）、面包（07.01）、糕点（07.02）、焙烤食品馅料及表面用挂浆（07.04）、腌制水产品（仅限即食海蜇）（09.03.02）、风干、烘干、压干等水产品（09.03.04）、熟制水产品（可直接食用）（09.04）、其他水产品及其制品（09.06）、调味糖浆（11.05）、醋（12.03）、酱油（12.04）、复合调味料（12.10）、乳酸菌饮料（14.03.01.03）	1.0	
		胶基糖果（05.02.01）、其他杂粮制品（仅限杂粮灌肠制品）（06.04.02.02）、方便米面制品（仅限米面灌肠制品）（06.07）、肉罐肠类（08.03.05）、蛋制品（改变其物理性状）（10.03）	1.5	
		浓缩果蔬汁（浆）（仅限食品工业用）（14.02.02）	2.0	
	丙酸及其钠盐，钙盐（17.029，17.006，17.005）	生湿面制品（如面条、饺子皮、馄饨皮、烧卖皮）（06.03.02.01）	0.25	以丙酸计
		原粮（06.01）	1.8	
		豆类制品（04.04）、面包（07.01）、糕点（07.02）、醋（12.03）、酱油（12.04）	2.5	
		其他（杨梅罐头加工工艺）（16.07）	50.0	

续表

类别	食品添加剂名称（代码）	使用范围及食品分类号	最大使用量/（g/kg）	备注
防腐剂	对羟基苯甲酸酯类及其钠盐（对羟基苯甲酸甲酯钠、对羟基苯甲酸乙酯及其钠盐）（17.032，17.007，17.036）	经表面处理的鲜水果（04.01.01.02）、经表面处理的新鲜蔬菜（04.02.01.02）	0.012	以对羟基苯甲酸计
		热凝固蛋制品（如蛋黄酪、松花蛋肠）（10.03.02）、碳酸饮料（14.04）	0.2	以对羟基苯甲酸计，固体饮料按稀释倍数增加使用量
		果酱（罐头除外）（04.01.02.05）、醋（12.03）、酱油（12.04）、酱及酱制品（12.05）、蚝油、虾油、鱼露等（12.10.03.04）、果蔬汁（浆）类饮料（14.02.03）、风味饮料（仅限果味饮料）（14.08）	0.25	
		焙烤食品馅料及表面用挂浆（仅限糕点馅）（07.04）	0.5	以对羟基苯甲酸计
	脱氢乙酸及其钠盐（又名脱氢醋酸及其钠盐）（17.009（i），17.009（ii））	黄油和浓缩黄油（02.02.01.01）、腌渍的食用菌和藻类（04.03.02.03）、发酵豆制品（04.04.02）、果蔬汁（浆）（14.02.01）	0.3	以脱氢乙酸计，固体饮料按稀释倍数增加使用量
		面包（07.01）、糕点（07.02）、焙烤食品馅料及表面用挂浆（07.04）、预制肉制品（08.02）、熟肉制品（08.03）、复合调味料（12.10）	0.5	
		腌渍的蔬菜（04.02.02.03）、淀粉制品（06.05.02）	1.0	
	乙氧基喹（17.010）	经表面处理的鲜水果（04.01.01.02）	按生产需要适量使用	残留量≤1mg/kg
	肉桂醛（17.012）	经表面处理的鲜水果（04.01.01.02）	按生产需要适量使用	残留量≤0.3mg/kg
	双乙酸钠（又名二醋酸钠）（17.013）	豆干类（04.04.01.02）、豆干再制品（04.04.01.03）、原粮（06.01）、熟制水产品（可直接食用）（09.04）、膨化食品（16.06）	1.0	
		调味品（12.0）	2.5	
		预制肉制品（08.02）、熟肉制品（08.03）	3.0	
		粉圆（06.05.02.04）、糕点（07.02）	4.0	
		复合调味料（12.10）	10.0	
	液体二氧化碳（煤气化法）（17.034）	碳酸饮料（14.04）、其他发酵酒类（充气型）（15.03.06）	按生产需要适量使用	固体饮料按稀释倍数增加使用量
	二氧化碳（17.014）	除胶基糖果以外的其他糖果（05.02.02）、饮料类（14.0）、饮用天然矿泉水（14.01.01）其他发酵酒类（充气型）（15.03.06）、配制酒（15.02）	按生产需要适量使用	2016年第14号公告
	乳酸链球菌素（17.019）	醋（12.03）	0.15	
		食用菌和藻类罐头（04.03.02.04）、杂粮罐头（06.04.02.01）、酱油（12.04）、酱及酱制品（12.05）、复合调味料（12.10）、饮料类（14.01包装饮用水除外）（14.0）	0.2	固体饮料按冲调倍数增加使用量
		其他杂粮制品（仅限杂粮灌肠制品）（06.04.02.02）、方便米面制品（仅限方便湿面制品）（06.07）、方便米面制品（仅限米面灌肠制品）（06.07）、蛋制品（改变其物理性状）（10.03）	0.25	
		乳及乳制品（01.01.01、01.01.02、13.0涉及品种除外）（01.0）、预制肉制品（08.02）、熟肉制品（08.03）、熟制水产品（可直接食用）（09.04）	0.5	

续表

类别	食品添加剂名称（代码）	使用范围及食品分类号	最大使用量/（g/kg）	备注
防腐剂	联苯醚（又名二苯醚）（17.022）	经表面处理的鲜水果（仅限柑橘类）（04.01.01.02）	3.0	残留量≤12mg/kg
	2，4-二氯苯氧乙酸（17.027）	经表面处理的鲜水果（04.01.01.02）、经表面处理的新鲜蔬菜（04.02.01.02）	0.01	残留量≤2.0mg/kg
	稳定态二氧化氯（17.028）	经表面处理的鲜水果（04.01.01.02）、经表面处理的新鲜蔬菜（04.02.01.02）	0.01	
		水产品及其制品（包括鱼类、甲壳类、贝类、软体类、棘皮类等水产品及其加工制品）（仅限鱼类加工）（09.0）	0.05	
	纳他霉素（17.030）	发酵酒（15.03）	0.01g/L	
		蛋黄酱、沙拉酱（12.10.02.01）	0.02	残留量≤10mg/kg
		干酪和再制干酪及其类似品（01.06）	0.3	表面使用，残留量小于10mg/kg
		糕点（07.02）、酱卤肉制品类（08.03.01）、熏、烧、烤肉类（08.03.02）、油炸肉类（08.03.03）、西式火腿（熏烤、烟熏、蒸煮火腿）类（08.03.04）、肉灌肠类（08.03.05）、发酵肉制品（08.03.06）、果蔬汁（浆）（14.02.01）	0.3	表面使用，混悬液喷雾或浸泡，残留量小于10mg/kg
	单辛酸甘油酯（17.031）	肉灌肠类（08.03.05）	0.5	
		生湿面制品（如面条、饺子皮、馄饨皮、烧卖皮）（06.03.02.01）、糕点（07.02）、焙烤食品馅料及表面用挂浆（仅限豆馅）（07.04）	1.0	
	二甲基二碳酸盐（又名维果灵）（17.033）	果蔬汁（浆）类饮料（14.02.03）、碳酸饮料（14.04）、茶（类）饮料（14.05.01）、风味饮料（仅限果味饮料）（14.08）、其他饮料类（仅限麦芽汁发酵的非酒精饮料）（14.09）	0.25	固体饮料按稀释倍数增加使用量
		特殊用途饮料（包括运动饮料、营养素饮料等）（14.04.02.01）、风味饮料（14.08）	0.25	固体饮料按稀释倍数增加使用量 2015年第1号公告 2016年第8号公告
	溶菌酶（17.035）	干酪和再制干酪及其类似品（01.06）	按生产需要适量使用	
		发酵酒（15.03）	0.5	
	ε-聚赖氨酸（17.037）	焙烤食品（07.0）	0.15	固体饮料按稀释倍数增加使用量
		熟肉制品（08.03）	0.25	
		果蔬汁类及其饮料（14.02）	0.2g/L	
	ε-聚赖氨酸盐酸盐（17.038）	饮料类（14.0）	0.20	固体饮料按稀释倍数增加使用量
		大米及制品（06.02）	0.25	
		水果、蔬菜（包括块根类）、豆类、食用菌、藻类、坚果以及籽类等（04.0）、肉及肉制品（08.0）、小麦粉及其制品（06.03）	0.30	
		杂粮制品（06.04.02）	0.40	
		调味品（12.0）	0.50	

续表

类别	食品添加剂名称（代码）	使用范围及食品分类号	最大使用量/（g/kg）	备注
稳定剂和凝固剂	硫酸钙（又名石膏）（18.001）	小麦粉制品（06.03.02）	1.5	
		肉灌肠类（08.03.05）	3.0	
		腌腊肉制品（如咸肉、腊肉、板鸭、中式火腿、腊肠）（仅限腊肠）（08.02.02）	5.0	
		面包（07.01）、糕点（07.02）、饼干（07.03）	10.0	
		豆类制品（04.04）	按生产需要适量使用	
	氯化钙（18.002）	其它类饮用水（自然来源饮用水除外）（14.01.03）	0.1g/L	以钙计为 36mg/L
		装饰糖果（如工艺造型，或用于蛋糕装饰）、顶饰（非水果材料）和甜汁（05.04）、调味糖浆（11.05）	0.4	
		其他（仅限畜禽血制品）（16.07）	0.5	
		水果罐头（04.01.02.04）、果酱（04.01.02.05）、蔬菜罐头（04.02.02.04）	1.0	
		稀奶油（01.05.01）、调制稀奶油（01.05.03）、豆类制品（04.04）	按生产需要适量使用	
	氯化镁（18.003）	豆类制品（04.04）	按生产需要适量使用	
	丙二醇（18.004）	生湿面制品（如面条、饺子皮、馄饨皮、烧卖皮）（06.03.02.01）	1.5	
		糕点（07.02）	3.0	
	乙二胺四乙酸二钠（18.005）	饮料类（14.01 包装饮用水类除外）（14.0）	0.03	固体饮料按稀释倍数增加使用量
		果酱（04.01.02.05）、蔬菜泥（酱），番茄沙司除外（04.02.02.05）	0.07	
		果脯类（仅限地瓜果脯）（04.01.02.08.03）、腌渍的蔬菜（04.02.02.03）、蔬菜罐头（04.02.02.04）、坚果与籽类罐头（04.05.02.03）、杂粮罐头（06.04.02.01）	0.25	
		复合调味料（12.10）	0.075	
	柠檬酸亚锡二钠（18.006）	水果罐头（04.01.02.04）、蔬菜罐头（04.02.02.04）、食用菌和藻类罐头（04.03.02.04）	0.3	
	葡萄糖酸-δ-内酯（18.007）	各类食品（并符合表 A.3 的规定）	按生产需要适量使用	
	谷氨酰胺转氨酶（18.013）	豆类制品（04.04）	0.25	来源同表 C.3（酶制剂）

续表

类别	食品添加剂名称（代码）	使用范围及食品分类号	最大使用量/（g/kg）	备注
甜味剂	糖精钠（19.001）	冷冻饮品（03.04食用冰除外）（03.0）、腌渍的蔬菜（04.02.02.03）、复合调味料（12.10）、配制酒（15.02）	0.15	以糖精计
		果酱（04.01.02.05）	0.2	
		蜜饯凉果（04.01.02.08）、新型豆制品（大豆蛋白及其膨化食品、大豆素肉等）（04.04.01.05）、熟制豆类（04.04.01.06）、脱壳熟制坚果与籽类（04.05.02.01.02）	1.0	
		带壳熟制坚果与籽类（04.05.02.01.01）	1.2	
		水果干类（仅限芒果干、无花果干）（04.01.02.02）、凉果类（04.01.02.08.02）、话化类（04.01.02.08.04）、果糕类（04.01.02.08.05）	5.0	
	环己基氨基磺酸钠（又名甜蜜素），环己基氨基磺酸钙（19.002）	冷冻饮品（03.04食用冰除外）（03.0）、水果罐头（04.01.02.04）、腐乳类（04.04.02.01）、饼干（07.03）、复合调味料（12.10）、配制酒（15.02）、饮料类（14.01包装饮用水除外）（14.0）、果冻（16.01）	0.65	以环己基氨基磺酸计，固体饮料按稀释倍数增加使用量；如用于果冻粉，按冲调倍数增加使用量
		果酱（04.01.02.05）、蜜饯凉果（04.01.02.08）、腌渍的蔬菜（04.02.02.03）、熟制豆类（04.04.01.06）	1.0	
		脱壳熟制坚果与籽类（04.05.02.01.02）	1.2	
		面包（07.01）、糕点（07.02）	1.6	
		带壳熟制坚果与籽类（04.05.02.01.01）	6.0	
		凉果类（04.01.02.08.02）、话化类（04.01.02.08.04）、果糕类（04.01.02.08.05）	8.0	
	异麦芽酮糖（19.003）	调制乳（01.01.03）、风味发酵乳（01.02.02）、冷冻饮品（03.04食用冰除外）（03.0）、水果罐头（04.01.02.04）、果酱（04.01.02.05）、蜜饯凉果（04.01.02.08）、巧克力与巧克力制品（除05.01.01以外的可可制品）（05.01.02）、代可可脂巧克力及使用可可脂代用品的巧克力类似产品（05.01.03）、糖果（05.02）、糖果和巧克力制品包衣（05.03）、其他杂粮制品（06.04.02.02）、粮食制品馅料（06.01）、面包（07.01）、糕点（07.02）、饼干（07.03）、焙烤食品馅料及表面用挂浆（07.04）、饮料类（14.01包装饮用水除外）（14.0）、配制酒（15.02）	按生产需要适量使用	固体饮料按稀释倍数增加使用量 2016年第9号公告
	天门冬酰苯丙氨酸甲酯（又名阿斯巴甜）（19.004）	醋、油或盐渍水果（04.01.02.03）、腌渍的蔬菜（04.02.02.03）、腌渍的食用菌和藻类（04.03.02.03）、冷冻挂浆制品（09.02.02）、冷冻鱼糜制品（包括鱼丸等）（09.02.03）、预制水产品（半成品）（09.03）、熟制水产品（可直接食用）（09.04）、水产品罐头（09.05）	0.3	注：添加阿斯巴甜的食品应标明："阿斯巴甜（含苯丙氨酸）"。 固体饮料按稀释倍数增加使用量

续表

类别	食品添加剂名称（代码）	使用范围及食品分类号	最大使用量/（g/kg）	备注
甜味剂	天门冬酰苯丙氨酸甲酯（又名阿斯巴甜）（19.004）	加工坚果与籽类（04.05.02）、膨化食品（16.06）	0.5	注：添加阿斯巴甜的食品应标明："阿斯巴甜（含苯丙氨酸）"。固体饮料按稀释倍数增加使用量。
		调制乳（01.01.03）、果蔬汁（浆）类饮料（14.02.03）、蛋白饮料（14.03）、碳酸饮料（14.04）、茶、咖啡、植物（类）饮料（14.05）、特殊用途饮料（14.07）、风味饮料（14.08）	0.6	
		风味发酵乳（01.02.02）、稀奶油（淡奶油）及其类似品（01.05.01 稀奶油除外）（01.05）、非熟化干酪（01.06.01）、干酪类似品（01.06.05）、以乳为主要配料的即食风味食品或其预制产品（不包括冰淇淋和风味发酵乳）（01.07）、02.02 类以外的脂肪乳化制品，包括混合的和（或）调味的脂肪乳化制品（02.03）、脂肪类甜品（02.04）、冷冻饮品（03.04 食用冰除外）（03.0）、水果罐头（04.01.02.04）、果酱（04.01.02.05）、果泥（04.01.02.06）、除 04.01.02.05 外的果酱（如印度酸辣酱）（04.01.02.07）、装饰性果蔬（04.01.02.09）、水果甜品，包括果味液体甜品（04.01.02.10）、发酵的水果制品（04.01.02.11）、煮熟的或油炸的水果（04.01.02.12）、冷冻蔬菜（04.02.02.01）、干制蔬菜（04.02.02.02）、蔬菜罐头（04.02.02.04）、蔬菜泥（酱），番茄沙司除外（04.02.02.05）、经水煮或油炸的蔬菜（04.02.02.07）、其他加工蔬菜（04.02.02.08）、食用菌和藻类罐头（04.03.02.04）、经水煮或油炸的藻类（04.03.02.05）、其他加工食用菌和藻类（04.03.02.06）、装饰糖果（如工艺造型，或用于蛋糕装饰）、顶饰（非水果材料）和甜汁（05.04）、即食谷物，包括碾轧燕麦（片）（06.06）、谷类和淀粉类甜品（如米布丁、木薯布丁）（06.09）、焙烤食品馅料及表面用挂浆（07.04）、其他蛋制品（10.04）、果冻（16.01）	1.0	
		液体复合调味料（不包括 12.03，12.04）（12.10.03）	1.2	
		糕点（07.02）、饼干（07.03）、其他焙烤食品（07.05）	1.7	
		调制乳粉和调制奶油粉（01.03.02）、冷冻水果（04.01.02.01）、水果干类（04.01.02.02）、蜜饯凉果（04.01.02.08）、固体复合调味料（12.10.01）、半固体复合调味料（12.10.02）	2.0	
		发酵蔬菜制品（04.02.02.06）	2.5	
		可可制品、巧克力和巧克力制品，包括代可可脂巧克力及制品（05.01）、除胶基糖果以外的其他糖果（05.02.02）、调味糖浆（11.05）、醋（12.03）	3.0	
		面包（07.01）	4.0	
		胶基糖果（05.02.01）	10.0	
		餐桌甜味料（11.04）	按生产需要适量使用	

续表

类别	食品添加剂名称（代码）	使用范围及食品分类号	最大使用量/（g/kg）	备注
甜味剂	麦芽糖醇和麦芽糖醇液（19.005，19.022）	冷冻鱼糜制品（包括鱼丸等）（09.02.03）	0.5	固体饮料按稀释倍数增加使用量；如用于果冻粉，按冲调倍数增加使用量
		调制乳（01.01.03）、风味发酵乳（01.02.02）、炼乳及其调制产品（01.04）、稀奶油类似品（01.05.04）、冷冻饮品（03.04 食用冰除外）（03.0）、加工水果（04.01.02）、腌渍的蔬菜（04.02.02.03）、熟制豆类（04.04.01.06）、加工坚果与籽类（04.05.02）、可可制品、巧克力和巧克力制品，包括代可可脂巧克力及制品（05.01）、糖果（05.02）、粮食制品馅料（06.10）、面包（07.01）、糕点（07.02）、饼干（07.03）、焙烤食品馅料及表面用挂浆（07.04）、餐桌甜味料（11.04）、半固体复合调味料（12.10.02）、液体复合调味料（不包括12.03，12.04）（12.10.03）、饮料类（14.01 包装饮用水除外）（14.0）、果冻（16.01）、其他（豆制品工艺）（16.07）、其他（制糖工艺）（16.07）、其他（酿造工艺）（16.07）	按生产需要适量使用	
	山梨糖醇和山梨糖醇（液）（19.006，19.023）	冷冻鱼糜制品（包括鱼丸等）（09.02.03）	20	固体饮料按稀释倍数增加使用量 2016 年第 8 号公告
		生湿面制品（如面条、饺子皮、馄饨皮、烧卖皮）（06.03.02.01）	30.0	
		炼乳及其调制产品（01.04）、02.02 类以外的脂肪乳化制品，包括混合的和（或）调味的脂肪乳化制品（仅限植脂奶油）（02.03）、冷冻饮品（03.04 食用冰除外）（03.0）、果酱（04.01.02.05）、腌渍的蔬菜（04.02.02.03）、熟制坚果与籽类（仅限油炸坚果与籽类）（04.05.02.01）、巧克力和巧克力制品、除 05.01.01 以外的可可制品（05.01.02）、糖果（05.02）、面包（07.01）、糕点（07.02）、饼干（07.03）、焙烤食品馅料及表面用挂浆（仅限焙烤食品馅料）（07.04）、调味品（12.0）、饮料类（14.01 包装饮用水除外）（14.0）、膨化食品（16.06）、其他（豆制品工艺）（16.07）、其他（制糖工艺）（16.07）、其他（酿造工艺）（16.07）	按生产需要适量使用	
	木糖醇（19.007）	各类食品（并符合表 A.3 的规定）	按生产需要适量使用	
	甜菊糖苷（19.008）	餐桌甜味料（11.04）	0.05g/份	以甜菊醇当量计
		膨化食品（16.06）	0.17	
		风味发酵乳（01.02.02）、饮料类（14.01 包装饮用水除外）（14.0）	0.2	以甜菊醇当量计；固体饮料按稀释倍数增加使用量
		糕点（07.02）	0.33	以甜菊醇当量计
		调味品（12.0）	0.35	
		冷冻饮品（03.04 食用冰除外）（03.0）、果冻（16.01）	0.5	以甜菊醇当量计；如用于果冻粉，按冲调倍数增加使用量
		熟制坚果与籽类（04.05.02.01）	1.0	以甜菊醇当量计
		蜜饯凉果（04.01.02.08）	3.3	
		糖果（05.02）	3.5	
		茶制品（包括调味茶和代用茶类）（16.02.02）	10.0	
	甘草酸铵，甘草酸一钾及三钾（19.012，19.010）	蜜饯凉果（04.01.02.08）、糖果（05.02）、饼干（07.03）、肉罐头类（08.03.08）、调味品（12.0）、饮料类（14.01 包装饮用水除外）（14.0）	按生产需要适量使用	固体饮料按稀释倍数增加使用量

续表

类别	食品添加剂名称（代码）	使用范围及食品分类号	最大使用量/（g/kg）	备注
甜味剂	乙酰磺胺酸钾（又名安赛蜜）（19.011）	餐桌甜味料（11.04）	0.04g/份	固体饮料按冲调倍数增加使用量；如用于果冻粉，按冲调倍数增加使用量
		以乳为主要配料的即食风味食品或其预制产品（不包括冰淇淋和风味发酵乳）（仅限乳基甜品罐头）（01.07）、冷冻饮品（03.04 食用冰除外）（03.0）、水果罐头（04.01.02.04）、果酱（04.01.02.05）、蜜饯类（04.01.02.08.01）、腌渍的蔬菜（04.02.02.03）、加工食用菌和藻类（04.03.02）、杂粮罐头（06.04.02.01）、其他杂粮制品（仅限黑芝麻糊）（06.04.02.02）、谷类和淀粉类甜品（仅限谷类甜品罐头）（06.09）、焙烤食品（07.0）、饮料类（14.01 包装饮用水除外）（14.0）、果冻（16.01）	0.3	
		风味发酵乳（01.02.02）	0.35	
		调味品（12.0）	0.5	
		酱油（12.04）	1.0	
		糖果（05.02）	2.0	
		熟制坚果与籽类（04.05.02.01）	3.0	
		胶基糖果（05.02.01）	4.0	
	L-α-天冬氨酰-N-（2，2，4，4-四甲基-3-硫化三亚甲基）-D-丙氨酰胺（又名阿力甜）（19.013）	冷冻饮品（03.04 食用冰除外）（03.0）、饮料类（14.01 包装饮用水除外）（14.0）、果冻（16.01）	0.1	固体饮料按冲调倍数增加使用量；如用于果冻粉，按冲调倍数增加使用量
		餐桌甜味料（11.04）	0.15g/份	
		话化类（04.01.02.08.04）、胶基糖果（05.02.01）	0.3	
	乳糖醇（4-β-D 吡喃半乳糖-D-山梨醇）（19.014）	各类食品（并符合表 A.3 的规定）	按生产需要适量使用	
		稀奶油（01.05.01）、香辛料类（12.09）		
	罗汉果甜苷（19.015）	各类食品（并符合表 A.3 的规定）	按生产需要适量使用	
	三氯蔗糖（又名蔗糖素）（19.016）	餐桌甜味料（11.04）	0.05g/份	
		水果干类（04.01.02.02）、煮熟的或油炸的水果（04.01.02.12）	0.15	
		冷冻饮品（03.04 食用冰除外）（03.0）、水果罐头（04.01.02.04）、腌渍的蔬菜（04.02.02.03）、杂粮罐头（06.04.02.01）、焙烤食品（07.0）、醋（12.03）、酱油（12.04）、酱及酱制品（12.05）、复合调味料（12.10）、饮料类（14.01 包装饮用水除外）（14.0）、配制酒（15.02）	0.25	固体饮料按冲调倍数增加使用量
		调制乳（01.01.03）、风味发酵乳（01.02.02）、加工食用菌和藻类（04.03.02）	0.3	
		香辛料酱（如芥末酱、青芥酱）（12.09.03）	0.4	
		果酱（04.01.02.05）、果冻（16.01）	0.45	如用于果冻粉，按冲调倍数增加使用量
		方便米面制品（06.07）	0.6	
		发酵酒（15.03）	0.65	
		调制乳粉和调制奶油粉（01.03.02）、腐乳类（04.04.02.01）、加工坚果与籽类（04.05.02）、即食谷物，包括碾轧燕麦（片）（06.06）	1.0	
		蛋黄酱、沙拉酱（12.10.02.01）	1.25	
		蜜饯凉果（04.01.02.08）、糖果（05.02）	1.5	
		其他杂粮制品（仅限微波爆米花）（06.04.02.02）	5.0	

续表

类别	食品添加剂名称（代码）	使用范围及食品分类号	最大使用量/（g/kg）	备注
甜味剂	D-甘露糖醇（19.017）	糖果（05.02）	按生产需要适量使用	
	赤藓糖醇（19.018）	各类食品（并符合表A.3的规定）	按生产需要适量使用	
	N-[N-（3，3-二甲基丁基）]-L-α-天门冬氨-L-苯丙氨酸1-甲酯（又名纽甜）（19.019）	02.02类以外的脂肪乳化制品，包括混合的和（或）调味的脂肪乳化制品（02.03）、腌渍的蔬菜（04.02.02.03）、腌渍的食用菌和藻类（04.03.02.03）、预制水产品（半成品）（09.03）、水产品罐头（09.05）	0.01	
		醋（12.03）、香辛料酱（如芥末酱、青芥酱）（12.09.03）	0.012	
		调制乳（01.01.03）、含乳饮料（14.03.01）、植物饮料（14.05.03）	0.02	固体饮料按冲调数增加使用量
		加工坚果与籽类（04.05.02）、膨化食品（16.06）	0.032	
		稀奶油（淡奶油）及其类似品（01.05.01稀奶油除外）（01.05）、干酪类似品（01.06.05）、水果罐头（04.01.02.04）、加工蔬菜（04.02.02）、食用菌和藻类罐头（04.03.02.04）、经水煮或油炸的藻类（04.03.02.05）、其他加工食用菌和藻类（04.03.02.06）、坚果与籽类的泥（酱），包括花生酱等（04.05.02.04）、谷类和淀粉类甜品（如米布丁、木薯布丁）（06.09）、果蔬汁（浆）类饮料（14.02.03）、植物蛋白饮料（14.03.02）、复合蛋白饮料（14.03.03）、碳酸饮料（14.04）、特殊用途饮料（14.07）、风味饮料（14.08）、发酵酒（15.03.01葡萄酒除外）（15.03）	0.033	
		茶、咖啡、植物（类）饮料（14.05）	0.05	
		调制乳粉和调制奶油粉（01.03.02）、蜜饯凉果（04.01.02.08）、发酵的水果制品（04.01.02.11）、煮熟的或油炸的水果（04.01.02.12）	0.065	
		果酱（04.01.02.05）、果泥（04.01.02.06）、除04.01.02.05外的果酱（如印度酸辣酱）（04.01.02.07）、调味糖浆（11.05）、复合调味料（12.10）	0.07	
		焙烤食品（07.0）	0.08	
		风味发酵乳（01.02.02）、以乳为主要配料的即食风味食品或其预制产品（不包括冰淇淋和风味发酵乳）（01.07）、脂肪类甜品（02.04）、冷冻饮品（03.04食用冰除外）（03.0）、冷冻水果（04.01.02.01）、水果干类（04.01.02.02）、醋、油或盐渍水果（04.01.02.03）、装饰性果蔬（04.01.02.09）、水果甜品，包括果味液体甜品（04.01.02.10）、可可制品、巧克力和巧克力制品（包括代可可脂巧克力及制品）以及糖果（05.02糖果除外）（05.0）、焙烤食品馅料及其表面用挂浆（07.04）、其他蛋制品（10.04）、果冻（16.01）	0.1	如用于果冻粉、按冲调倍数增加使用量
		即食谷物，包括碾轧燕麦（片）（06.06）	0.16	
		除胶基糖果以外的其他糖果（05.02.02）	0.33	
		胶基糖果（05.02.01）	1.0	
		餐桌甜味料（11.04）	按生产需要适量使用	

续表

类别	食品添加剂名称（代码）	使用范围及食品分类号	最大使用量/（g/kg）	备注
甜味剂	天门冬酰苯丙氨酸甲酯乙酰磺胺酸（19.021）	餐桌甜味料（11.04）	0.09	固体饮料按冲调倍数增加使用量
		腌渍的蔬菜（04.02.02.03）	0.20	
		水果罐头（04.01.02.04）、蜜饯类（04.01.02.08.01）、杂粮罐头（06.04.02.01）	0.35	
		冷冻饮品（03.04 食用冰除外）（03.0）、果酱（04.01.02.05）、饮料类（14.01 包装饮用水除外）（14.0）	0.68	
		风味发酵乳（01.02.02）	0.79	
		调味品（12.0）	1.13	
		酱油（12.04）	2.0	
		糖果（05.02）	4.5	
		胶基糖果（05.02.01）	5.0	
	索马甜（19.020）	冷冻饮品（03.04 食用冰除外）（03.0）、加工坚果与籽类（04.05.02）、焙烤食品（07.0）、餐桌甜味料（11.04）、饮料类（14.01 包装饮用水除外）（14.0）	0.025	固体饮料按冲调倍数增加使用量
增稠剂	琼脂（20.001）	各类食品（并符合表 A.3 的规定）	按生产需要适量使用	
	明胶（20.002）	各类食品（并符合表 A.3 的规定）		
	羧甲基纤维素钠（CMC）（20.003）	各类食品（并符合表 A.3 的规定）	按生产需要适量使用	
		稀奶油（01.05.01）		
	海藻酸钠（又名褐藻酸钠）（20.004）	其他糖和糖浆［如红糖、赤砂糖、冰片糖、原糖、果糖（蔗糖来源）、糖蜜、部分转化糖、槭树糖浆等］（11.01.02）	10.0	
		各类食品（并符合表 A.3 的规定）、稀奶油（01.05.01）、黄油和浓缩黄油（02.02.01.01）、生湿面制品（如面条、饺子皮、馄饨皮、烧卖皮）（06.03.02.01）、生干面制品（06.03.02.02）、香辛料类（12.09）、果蔬汁（浆）（14.02.01）	按生产需要适量使用	
	海藻酸钾（20.005）	各类食品（并符合表 A.3 的规定）	按生产需要适量使用	
	果胶（20.006）	各类食品（并符合表 A.3 的规定）、稀奶油（01.05.01）、黄油和浓缩黄油（02.02.01.01）、生湿面制品（如面条、饺子皮、馄饨皮、烧卖皮）（06.03.02.01）、生干面制品（06.03.02.02）、其他糖和糖浆［如红糖、赤砂糖、冰片糖、原糖、果糖（蔗糖来源）、糖蜜、部分转化糖、槭树糖浆等］（11.01.02）、香辛料类（12.09）	按生产需要适量使用	
		果蔬汁（浆）（14.02.01）	3.0	固体饮料按稀释倍数增加使用量
	卡拉胶（20.007）	婴幼儿配方食品（13.01）	0.3g/L	以即食状态食品中的使用量计
		生干面制品（06.03.02.02）	8.0	
		其他糖和糖浆［如红糖、赤砂糖、冰片糖、原糖、果糖（蔗糖来源）、糖蜜、部分转化糖、槭树糖浆等］（11.01.02）	5.0	
		各类食品（并符合表 A.3 的规定）、黄油和浓缩黄油（02.02.01.01）、生湿面制品（如面条、饺子皮、馄饨皮、烧卖皮）（06.03.02.01）、稀奶油（01.05.01）、香辛料类（12.09）、果蔬汁（浆）（14.02.01）	按生产需要适量使用	固体饮料按稀释倍数增加使用量
	阿拉伯胶（20.008）	各类食品（并符合表 A.3 的规定）	按生产需要适量使用	
		盐及代盐制品（12.01）		2015年第1号公告

续表

类别	食品添加剂名称（代码）	使用范围及食品分类号	最大使用量/（g/kg）	备注
增稠剂	黄原胶（又名汉生胶）（20.009）	黄油和浓缩黄油（02.02.01.01）、其他糖和糖浆［如红糖、赤砂糖、冰片糖、原糖、果糖（蔗糖来源）、糖蜜、部分转化糖、槭树糖浆等］（11.01.02）	5.0	固体饮料按稀释倍数增加使用量
		生湿面制品（如面条、饺子皮、馄饨皮、烧卖皮）（06.03.02.01）	10.0	
		生干面制品（06.03.02.02）	4.0	
		各类食品（并符合表 A.3 的规定）、稀奶油（01.05.01）、香辛料类（12.09）、果蔬汁（浆）（14.02.01）	按生产需要适量使用	
		特殊医学用途婴儿配方食品（13.01.03）	9.0	使用量仅限粉状产品，液态产品按照稀释倍数折算
	海藻酸丙二醇酯（20.010）	调制乳（01.01.03）、风味发酵乳（01.02.02）	4.0	固体饮料按稀释倍数增加使用量
		含乳饮料（14.03.01）	4.0	
		冰淇淋、雪糕类（03.01）	1.0	
		半固体复合调味料（12.10.02）	8.0	
		饮料类（14.01 包装饮用水除外）（14.0）、啤酒和麦芽饮料（15.03.05）	0.3	
		乳及乳制品（01.01.01、01.01.02、13.0 涉及品种除外）（01.0）、果蔬汁（浆）类饮料（14.02.03）、咖啡（类）饮料（14.05.02）	3.0	
		淡炼乳（原味）（01.04.01）、氢化植物油（02.01.01.02）、水油状脂肪乳化制品（02.02）、02.02 类以外的脂肪乳化制品，包括混合的和（或）调味的脂肪乳化制品（02.03）、果酱（04.01.02.05）、可可制品、巧克力和巧克力制品，包括代可可脂巧克力及制品（05.01）、胶基糖果（05.02.01）、装饰糖果（如工艺造型，或用于蛋糕装饰）、顶饰（非水果材料）和甜汁（05.04）、生湿面制品（如面条、饺子皮、馄饨皮、烧卖皮）（06.03.02.01）、生干面制品（06.03.02.02）、方便米面制品（06.07）、冷冻米面制品（06.03）、调味糖浆（11.05）、植物蛋白饮料（14.03.02）	5.0	
	罗望子多糖胶（20.011）	冷冻饮品（03.04 食用冰除外）（03.0）、可可制品、巧克力和巧克力制品（包括代可可脂巧克力及制品）以及糖果（05.0）、果冻（16.01）	2.0	如用于果冻粉，按冲调倍数增加使用量
	羧甲基淀粉钠（20.012）	果酱（04.01.02.05）、酱及酱制品（12.05）	0.1	
		方便米面制品（06.07）	15.0	
		冰淇淋、雪糕类（03.01）	0.06	
		面包（07.01）	0.02	
	淀粉磷酸酯钠（20.013）	脂肪含量 80% 以上的乳化制品（02.02.01）、冷冻饮品（03.04 食用冰除外）（03.0）、果酱（04.01.02.05）、调味品（12.0）、饮料类（14.01 包装饮用水除外）（14.0）	按生产需要适量使用	固体饮料按稀释倍数增加使用量
	羟丙基淀粉（20.014）	各类食品（并符合表 A.3 的规定）	按生产需要适量使用	
	乙酰化二淀粉磷酸酯（20.015）			

续表

类别	食品添加剂名称（代码）	使用范围及食品分类号	最大使用量/（g/kg）	备注
增稠剂	羟丙基二淀粉磷酸酯（20.016）	各类食品（并符合表 A.3 的规定）	按生产需要适量使用	
		稀奶油（01.05.01）		
	磷酸化二淀粉磷酸酯（20.017）	生湿面制品（如面条、饺子皮、馄饨皮、烧麦皮）（06.03.02.01）、方便米面制品（06.07）	0.2	
		果酱（04.01.02.05）	1.0	
		固体饮料（14.06）	0.5	
	甲壳素（又名几丁质）（20.018）	氢化植物油（02.01.01.02）、其他油脂或油脂制品（仅限植脂末）（02.05）、冷冻饮品（03.04 食用冰除外）（03.0）、坚果与籽类的泥（酱），包括花生酱等（04.05.02.04）、蛋黄酱、沙拉酱（12.10.02.01）	2.0	固体饮料按稀释倍数增加使用量
		果酱（04.01.02.05）	5.0	
		醋（12.03）	1.0	
		啤酒和麦芽饮料（15.03.05）	0.4	
		乳酸菌饮料（14.03.01.03）	2.5	
	亚麻籽胶（又名富兰克胶）（20.020）	冰淇淋、雪糕类（03.01）	0.3	固体饮料按冲调倍数增加使用量
		生干面制品（06.03.02.02）	1.5	
		熟肉制品（08.03）、饮料类（14.01 包装饮用水除外）（14.0）	5.0	
	田菁胶（20.021）	冰淇淋、雪糕类（03.01）	5.0	固体饮料按稀释倍数增加使用量
		生干面制品（06.03.02.02）、方便米面制品（06.07）、面包（07.01）	2.0	
		植物蛋白饮料（14.03.02）	1.0	
	聚葡萄糖（20.022）	冷冻饮品（03.04 食用冰除外）（03.0）、可可制品、巧克力和巧克力制品（包括代可可脂巧克力及制品）以及糖果（05.0）、焙烤食品（07.0）、蛋黄酱、沙拉酱（12.10.02.01）、饮料类（14.01 包装饮用水除外）（14.0）、果冻（16.01）、调制乳（01.01.03）、风味发酵乳（01.02.02）、肉灌肠类（08.03.05）	按生产需要适量使用	如用于果冻粉，按冲调倍数增加使用量；固体饮料按稀释倍数增加使用量
	槐豆胶（又名刺槐豆胶）（20.023）	婴幼儿配方食品（13.01）	7.0	
		各类食品（并符合表 A.3 的规定）	按生产需要适量使用	
	β－环状糊精（20.024）	胶基糖果（05.02.01）	20.0	固体饮料按稀释倍数增加使用量
		方便米面制品（06.07）、预制肉制品（08.02）、熟肉制品（08.03）	1.0	
		果蔬汁（浆）类饮料（14.02.03）、植物蛋白饮料（14.03.02）、复合蛋白饮料（14.03.03）、其他蛋白饮料（14.03.04）、碳酸饮料（14.04）、茶、咖啡、植物（类）饮料（14.05）、特殊用途饮料（14.07）、风味饮料（14.08）、膨化食品（16.06）	0.5	
	α－环状糊精（18.011）γ－环状糊精（18.012）	各类食品（并符合表 A.3 的规定）	按生产需要适量使用	
	瓜尔胶（20.025）	稀奶油（01.05.01）	1.0	
		各类食品（并符合表 A.3 的规定）	按生产需要适量使用	
		较大婴儿和幼儿配方食品（13.01.02）	1.0g/L	以即食状态食品中的使用量计

续表

类别	食品添加剂名称（代码）	使用范围及食品分类号	最大使用量/（g/kg）	备注
增稠剂	脱乙酰甲壳素（又名壳聚糖）（20.026）	西式火腿（熏烤、烟熏、蒸煮火腿）类（08.03.04）、肉罐肠类（08.03.05）	6.0	
	结冷胶（20.027） 羟丙基甲基纤维素（HPMC）（20.028）	各类食品（并符合表 A.3 的规定）	按生产需要适量使用	
	皂荚糖胶（20.029）	冰淇淋、雪糕类（03.01）、专用小麦粉（如自发粉、饺子粉等）（06.03.01.02）、调味品（12.0）、饮料类（14.01 包装饮用水除外）（14.0）	4.0	固体饮料按冲调倍数增加使用量
	氧化淀粉（20.030） 乙酰化双淀粉己二酸酯（20.031） 酸处理淀粉（20.032） 氧化羟丙基淀粉（20.033） 磷酸酯双淀粉（20.034）	各类食品（并符合表 A.3 的规定）	按生产需要适量使用	
	聚丙烯酸钠（20.036）	生湿面制品（如面条、饺子皮、馄饨皮、烧卖皮）（06.03.02.01）	2.0	
		各类食品（并符合表 A.3 的规定）	按生产需要适量使用	
	沙蒿胶（20.037）	专用小麦粉（如自发粉、饺子粉等）（06.03.01.02）、生干面制品（仅限挂面）（06.03.02.02）、杂粮制品（06.04.02）、方便米面制品（仅限方便面）（06.07）	0.3	
		预制肉制品（08.02）、西式火腿（熏烤、烟熏、蒸煮火腿）类（08.03.04）、肉罐肠类（08.03.05）、冷冻鱼糜制品（包括鱼丸等）（09.02.03）	0.5	
	醋酸酯淀粉（20.039）	各类食品（并符合表 A.3 的规定）、生湿面制品（如面条、饺子皮、馄饨皮、烧麦皮）（仅限生湿面条）（06.03.02.01）	按生产需要适量使用	
	海萝胶（20.040）	胶基糖果（05.02.01）	10.0	
	刺云实胶（20.041）	干酪和再制干酪及其类似品（01.06）	8.0	
		焙烤食品（07.0）	1.5	
		冷冻饮品（03.04 食用冰除外）（03.0）、果酱（04.01.02.05）、果冻（16.01）	5.0	如用于果冻粉，按冲调倍数增加使用量
		预制肉制品（08.02）、熟肉制品（08.03）	10.0	
		饮料类（14.01 包装饮用水除外）（14.0）	2.5	固体饮料按稀释倍数增加使用量

续表

类别	食品添加剂名称（代码）	使用范围及食品分类号	最大使用量/（g/kg）	备注
增稠剂	可得然胶（20.042）	风味发酵乳（01.02.02）、冰淇淋、雪糕类（03.01）、豆腐类（04.04.01.01）、胶基糖果（05.02.01）生湿面制品（如面条、饺子皮、馄饨皮、烧卖皮）（06.03.02.01）、生干面制品（06.03.02.02）、方便米面制品（06.07）、熟肉制品（08.03）、冷冻鱼糜制品（包括鱼丸等）（09.02.03）、蛋黄酱、沙拉酱（12.10.02.01）、植物蛋白饮料（14.03.02）、其他固体饮料（14.06.04）果冻（16.01）、其他（仅限人造海鲜产品，如人造鲍鱼、人造海参、人造海鲜贝类等）（16.07）	按生产需要适量使用	如用于果冻粉，按冲调倍数增加使用量 2016年第8号公告
	甲基纤维素（20.043）	各类食品（并符合表A.3的规定）	按生产需要适量使用	
	可溶性大豆多糖（20.044）	脂肪类甜品（02.04）、冷冻饮品（03.04食用冰除外）（03.0）、大米制品（06.02.02）、小麦粉制品（06.03.02）、淀粉制品（06.05.02）、方便米面制品（06.07）、冷冻米面制品（06.08）、焙烤食品（07.0）、调味品（12.0）、饮料类（14.01包装饮用水除外）（14.0）	10.0	固体饮料按稀释倍数增加使用量
	刺梧桐胶（18.010）（注：代码属于稳定剂）	水油状脂肪乳化制品（02.02）	按生产需要适量使用	
	决明胶（20.045）	肉灌肠类（08.03.05）	1.5	
		小麦粉制品（06.03.02）	3.0	
		风味发酵乳（01.02.02）、稀奶油（01.05.01）、以乳为主要配料的即食风味食品或其预制产品（不包括冰淇淋和风味发酵乳）（01.07）、冰淇淋、雪糕类（03.01）、方便米面制品（06.07）、焙烤食品（07.0）、半固体复合调味料（12.10.02）、液体复合调味料（不包括12.03、12.04）（12.10.03）、乳酸菌饮料（14.03.01.03）	2.5	固体饮料按稀释倍数增加使用量
	海藻酸钙（又名褐藻酸钙）	小麦粉制品（06.03.02）、面包（07.01）	5.0	2016年第8号公告，新品种
其它	高锰酸钾（00.001）	食用淀粉（06.05.01）	0.5	
	异构化乳糖液（00.003）	饮料类（14.01包装饮用水除外）（14.0）	1.5	固体饮料按稀释倍数增加使用量
		饼干（07.03）	2.0	
		乳粉（包括加糖乳粉）和奶油粉及其调制产品（01.03）、婴幼儿配方食品（13.01）	15.0	
	咖啡因（00.007）	可乐型碳酸饮料（14.04.01）	0.15	固体饮料按稀释倍数增加使用量
	氯化钾（00.008）	盐及代盐制品（12.01）	350	
		其他类饮用水（自然来源饮用水除外）（14.01.03）、各类食品（并符合表A.3的规定）	按生产需要适量使用	
	辣椒油树脂（00.012）	膨化食品（16.06）	1.0	2016年第8号公告 2016年第9号公告
		复合调味料（12.10）	10.0	
		再制干酪（01.06.04）、腌渍的蔬菜（04.02.02.03）、腌渍的食用菌和藻类（04.03.02.03）、豆干类（04.04.01.02）、豆干再制品（04.04.01.03）、新型豆制品（大豆蛋白及其膨化食品、大豆素肉等）（04.04.01.05）、经烹调或油炸的水产品（09.04.02）	按生产需要适量使用	
	硫酸锌（00.018）	其他类饮用水（自然来源饮用水除外）（14.01.03）	0.006g/L	以Zn计2.4mg/L
	冰结构蛋白（00.020）	冷冻饮品（03.04食用冰除外）（03.0）	按生产需要适量使用	
	硫酸镁（00.021）	其他类饮用水（自然来源饮用水除外）（14.01.03）	0.05	

续表

类别	食品添加剂名称（代码）	使用范围及食品分类号	最大使用量/（g/kg）	备注
其他	乳糖酶（00.023）	调制乳（01.01.03）、调制乳粉和调制奶油粉（01.03.02）、调制炼乳（包括加糖炼乳及使用了非乳原料的调制炼乳等）（01.04.02）、稀奶油（淡奶油）及其类似品（01.05）	按生产需要适量使用	来源、供体同表C.3
	硫酸亚铁（00.022）	发酵豆制品（仅限臭豆腐）（04.04.02）	0.15	以 $FeSO_4$ 计 2014 年 5 号公告
	半乳甘露聚糖（00.014）	各类食品（并符合表A.3的规定）	按生产需要适量使用	

注：①表2-6由GB 2760—2014中表A.1、表A.2、国家卫生和计划生育委员会截至2016年第17号公告整理而得。
②表中所提到的表A.3为GB 2760—2014中相应表格。

表2-7 表2-6中按生产需要适量使用的添加剂所例外的食品类别名单

食品分类号	食品名称	食品分类号	食品名称
01.01.01	巴氏杀菌乳	09.01	鲜水产
01.01.02	灭菌乳	09.03	预制水产品（半成品）
01.02.01	发酵乳	10.01	鲜蛋
01.03.01	乳粉和奶油粉	10.03.01	脱水蛋制品（如蛋白粉、蛋黄粉、蛋白片）
01.05.01	稀奶油	10.03.03	蛋液与液态蛋
02.01	基本不含水的脂肪和油	11.01.01	白糖及白糖制品（如白砂糖、绵白糖、冰糖、方糖等）
02.02.01.01	黄油和浓缩黄油	11.01.02	其他糖和糖浆［如红糖、赤砂糖、冰片糖、原糖、果糖（蔗糖来源）、糖蜜、部分转化糖、槭树糖浆等］
04.01.01	新鲜水果	11.03.01	蜂蜜
04.02.01	新鲜蔬菜	12.01	盐及代盐制品
04.02.02.01	冷冻蔬菜	12.09	香辛料类
04.02.02.06	发酵蔬菜制品	13.01	婴幼儿配方食品
04.03.01	新鲜食用菌和藻类	13.02	婴幼儿辅助食品
04.03.02.01	冷冻食用菌和藻类	14.01.01	饮用天然矿泉水
06.01	原粮	14.01.02	饮用纯净水
06.02	大米及其制品	14.01.03	其他类饮用水
06.03.01	小麦粉	14.02.01	果蔬汁（浆）
06.03.02.01	生湿面制品（如面条、饺子皮、馄饨皮、烧卖皮）	14.02.02	浓缩果蔬汁（浆）
06.03.02.02	生干面制品	15.03.01	葡萄酒
06.04.01	杂粮粉	16.02.01	茶叶、咖啡
08.01	生、鲜肉		

注：表2-7摘自GB 2760—2014中表A.3。

2.10 胶基糖果中基础剂物质及其配料名单

胶基糖果中基础剂物质（简称胶基）及其配料应由符合表 2－8 中所列的各项物质配合制成，各成分用量在本标准中有规定者按规定执行，未规定者按生产需要适量使用。

表 2－8 胶基及其配料允许使用的物质名单

胶基中文名称/类别	胶基中文名称/类别
F1 天然橡胶 1 巴拉塔树胶 2 节路顿胶 3 来开欧胶 4 芡茨棕树胶 5 糖胶树胶 6 天然橡胶（乳胶固形物）	F5 乳化剂、软化剂 1 丙二醇 2 单、双、三脂肪酸甘油酯 3 单脂肪酸甘油酯 4 甘油 5 果胶 6 海藻酸、海藻酸钠、海藻酸铵 7 磷脂 8 明胶 9 氢化植物油 10 三乙酸甘油酯 11 脱脂可可粉 12 乙酰化单双脂肪酸甘油酯 13 硬脂酸、硬脂酸钙、硬脂酸镁、硬脂酸钠、硬脂酸钾 14 蔗糖脂肪酸酯
F2 合成橡胶 1 丁二烯－苯乙烯 75/25、50/50 橡胶（丁苯橡胶） 2 聚丁烯 3 聚乙烯 4 聚异丁烯 5 异丁烯－异戊二烯共聚物（丁基橡胶）	
F3 树脂 1 部分二聚松香（包括松香、木松香、妥尔松香）甘油酯 2 部分氢化松香（包括松香、木松香、妥尔松香）甘油酯 3 部分氢化松香（包括松香、木松香、妥尔松香）季戊四醇酯 4 部分氢化松香（包括松香、木松香、妥尔松香）甲酯 5 醋酸乙烯酯－月桂酸乙烯酯共聚物 6 合成树脂（包括萜烯树脂） 7 聚醋酸乙烯酯 8 聚合松香（包括木松香、妥尔松香）甘油酯 9 木松香甘油酯 10 松香（包括松香、木松香、妥尔松香）季戊四醇酯 11 松香甘油酯 12 妥尔松香甘油酯	F6 抗氧化剂、防腐剂 1 苯甲酸钠 2 丁基羟基茴香醚（BHA） 3 二丁基羟基甲苯（BHT） 4 没食子酸丙酯（PG） 5 山梨酸钾 6 生育酚 7 竹叶抗氧化物
F4 蜡类 1 巴西棕榈蜡 2 蜂蜡 3 聚乙烯蜡均聚物 4 石蜡 5 石油石蜡（费－托合成法） 6 微晶石蜡 7 小烛树蜡	F7 填充剂 1 滑石粉 2 磷酸氢钙 3 碳酸钙（包括轻质和重质碳酸钙） 4 碳酸镁

注：表 2－8 摘自 GB 2760—2011 中附录 D，GB 2760—2014 已删除该部分内容。

3 GB 14880—2012《食品安全国家标准 食品营养强化剂使用标准》解读

3.1 GB 14880—2012《食品安全国家标准 食品营养强化剂使用标准》概述

中华人民共和国卫生部（以下简称卫生部）于 2012 年 3 月 15 日正式发布了 GB 14880—2012《食品安全国家标准 食品营养强化剂使用标准》，该标准代替了《食品营养强化剂使用卫生标准》（GB 14880—1994），并于 2013 年 1 月 1 日起实施。

3.2 GB 14880—2012《食品安全国家标准 食品营养强化剂使用标准》节选

前言

本标准代替 GB 14880—1994《食品营养强化剂使用卫生标准》。

本标准与 GB 14880—1994 相比，主要变化如下：

——标准名称改为《食品安全国家标准 食品营养强化剂使用标准》；

——增加了卫生部 1997 年～2012 年 1 号公告及 GB 2760—1996 附录 B 中营养强化剂的相关规定；

——增加了术语和定义；

——增加了营养强化的主要目的、使用营养强化剂的要求和可强化食品类别的选择要求；

——在风险评估的基础上，结合本标准的食品类别（名称），调整、合并了部分营养强化剂的使用品种、使用范围和使用量，删除了部分不适宜强化的食品类别；

——列出了允许使用的营养强化剂化合物来源名单；

——增加了可用于特殊膳食用食品的营养强化剂化合物来源名单和部分营养成分的使用范围和使用量；

——增加了食品类别（名称）说明；

——删除了原标准中附录 A“食品营养强化剂使用卫生标准实施细则”；

——保健食品中营养强化剂的使用和食用盐中碘的使用，按相关国家标准或法规管理。

1. GB 14880—2012《食品营养强化剂使用标准》范围

本标准规定了食品营养强化的主要目的、使用营养强化剂的要求、可强化食品类别的选择要求以及营养强化剂的使用规定。

本标准适用于食品中营养强化剂的使用。国家法律、法规和（或）标准另有规定的除外。

2. GB 14880—2012《食品营养强化剂使用标准》术语和定义

2.1　营养强化剂

为了增加食品的营养成分（价值）而加入到食品中的天然或人工合成的营养素和其它营养成分。

2.2　营养素

食物中具有特定生理作用，能维持机体生长、发育、活动、繁殖以及正常代谢所需的物质，包括蛋白质、脂肪、碳水化合物、矿物质、维生素等。

2.3　其它营养成分

除营养素以外的具有营养和（或）生理功能的其它食物成分。

2.4　特殊膳食用食品

为满足特殊的身体或生理状况和（或）满足疾病、紊乱等状态下的特殊膳食需求，专门加工或配方的食品。这类食品的营养素和（或）其它营养成分的含量与可类比的普通食品有显著不同。

3. 营养强化的主要目的

3.1　弥补食品在正常加工、储存时造成的营养素损失。

3.2 在一定的地域范围内，有相当规模的人群出现某些营养素摄入水平低或缺乏，通过强化可以改善其摄入水平低或缺乏导致的健康影响。

3.3 某些人群由于饮食习惯和（或）其它原因可能出现某些营养素摄入量水平低或缺乏，通过强化可以改善其摄入水平低或缺乏导致的健康影响。

3.4 补充和调整特殊膳食用食品中营养素和（或）其它营养成分的含量。

4　使用营养强化剂的要求

4.1 营养强化剂的使用不应导致人群食用后营养素及其它营养成分摄入过量或不均衡，不应导致任何营养素及其它营养成分的代谢异常。

4.2 营养强化剂的使用不应鼓励和引导与国家营养政策相悖的食品消费模式。

4.3 添加到食品中的营养强化剂应能在特定的储存、运输和食用条件下保持质量的稳定。

4.4 添加到食品中的营养强化剂不应导致食品一般特性如色泽、滋味、气味、烹调特性等发生明显不良改变。

4.5 不应通过使用营养强化剂夸大食品中某一营养成分的含量或作用误导和欺骗消费者。

5　可强化食品类别的选择要求

5.1 应选择目标人群普遍消费且容易获得的食品进行强化。

5.2 作为强化载体的食品消费量应相对比较稳定。

5.3 我国居民膳食指南中提倡减少食用的食品不宜作为强化的载体。

6　营养强化剂的使用规定

6.1 营养强化剂在食品中的使用范围、使用量应符合附录A的要求，允许使用的化合物来源应符合附录 B 的规定。

6.2 特殊膳食用食品中营养素及其它营养成分的含量按相应的食品安全国家标准执行，允许使用的营养强化剂及化合物来源应符合本标准附录 C 和（或）相应产品标准的要求。

7 食品类别（名称）说明

食品类别（名称）说明用于界定营养强化剂的使用范围，只适用于本标准，见附录 D。如允许某一营养强化剂应用于某一食品类别（名称）时，则允许其应用于该类别下的所有类别食品，另有规定的除外。

8 营养强化剂质量标准

按照本标准使用的营养强化剂化合物来源应符合相应的质量规格要求。

3.3 食品营养强化剂的使用规定

本书将 GB 14880—2012 中的表 A.1、表 B.1、表 C.1、表 C.2 进行了全部整理，制成了表 3-1,方便查找。

表 3-1 食品营养强化剂的允许使用品种、范围及使用量（GB 14880—2012 整理版）

种类	品种（化合物来源）	使用范围及食品分类号	每千克使用量	备注
氨基酸及含氮化合物	L-赖氨酸（L-盐酸赖氨酸、L-赖氨酸天门冬氨酸盐）	大米及其制品（06.02）、小麦粉及其制品（06.03）、杂粮粉及其制品（06.04）、面包（07.01）	1~2g	
	牛磺酸（牛磺酸又称氨基乙基磺酸）	调制乳粉（01.03.02）、豆粉、豆浆粉（04.04.01.07）、果冻（16.01）	0.3~0.5g	牛磺酸及其来源的化合物允许用于特殊膳食用食品
		含乳饮料（14.03.01）、特殊用途饮料（14.04.02.01）	0.1~0.5g	
		豆浆（04.04.01.08）	0.06~0.1g	
		风味饮料（14.04.02.02）	0.4~0.6g	
		固体饮料类（14.06）	1.1~1.4g	
		调制乳（01.01.03）、风味发酵乳（01.02.02）	0.1~0.5g	2012 年 15 号公告
		干酪和再制干酪（仅限再制干酪）（01.06）、其他乳制品（仅限奶片）（01.08）	0.3~0.5g	
	L-蛋氨酸又称 L-甲硫氨酸（非动物源性）	不属于普通食品用营养强化剂	未规定	L-蛋氨酸（L-甲硫氨酸）及其来源的化合物仅允许用于特殊膳食用食品
	L-酪氨酸（非动物源性）	不属于普通食品用营养强化剂	未规定	L-酪氨酸及其来源的化合物仅允许用于特殊膳食用食品
	L-色氨酸（非动物源性）	不属于普通食品用营养强化剂	未规定	L-色氨酸及其来源的化合物仅允许用于特殊膳食用食品

续表

种类	品种（化合物来源）	使用范围及食品分类号	每kg使用量	备注
维生素类	维生素A（醋酸视黄酯又称醋酸维生素A、棕榈酸视黄酯又称棕榈酸维生素A、全反式视黄醇、β-胡萝卜素）	植物油（02.01.01.01）、人造黄油及其类似制品（02.02.01.02）	4～8mg	1. 维生素A添加量均以视黄醇当量（RE）计算 2. 1μg视黄醇当量=1μg RE=1μg视黄醇=3.33IU维生素A 3. 如用β-胡萝卜素强化，可折成维生素A来表示 4. 1μgβ-胡萝卜素=0.167μg视黄醇 维生素A及其来源的四种化合物允许用于特殊膳食用食品
		调制乳粉（儿童用乳粉和孕产妇用乳粉除外）（01.03.02）	3～9mg	
		调制乳（01.01.03）、果冻（16.01）	0.6～1.0mg	
		固体饮料类（14.06）	4～17mg	
		冰淇淋类、雪糕类（03.01）、大米（06.02.01）、小麦粉（06.03.01）	0.6～1.2mg	
		调制乳粉（仅限儿童用乳粉）（01.03.02）	1.2～7mg	
		调制乳粉（仅限孕产妇用乳粉）（01.03.02）	2～10mg	
		豆粉、豆浆粉（04.04.01.07）	3～7mg	
		豆浆（04.04.01.08）	0.6～1.4mg	
		即食谷物，包括辗轧燕麦（片）（06.06）	2～6mg	
		西式糕点（07.02.02）、饼干（07.03）	2.33～4mg	
		含乳饮料（14.03.01）	0.3～1mg	
		膨化食品（16.06）	0.6～1.5mg	
		风味发酵乳（01.02.02）	3～9mg	2012年15号公告
		干酪和再制干酪（仅限再制干酪）（01.06）	0.6～1mg	
		植物蛋白饮料（14.03.02）	0.6～1.4mg	2014年3号公告
	β-胡萝卜素	固体饮料类（14.06）	3～6mg	
	维生素B_1（盐酸硫胺素、硝酸硫胺素）	调制乳粉（仅限儿童用乳粉）（01.03.02）	1.5～14mg	维生素B_1及其来源的两种化合物允许用于特殊膳食用食品
		大米及其制品（06.02）、小麦粉及其制品（06.03）、杂粮粉及其制品（06.04）、面包（07.01）	3～5mg	
		含乳饮料（14.03.01）	1～2mg	
		调制乳粉（仅限孕产妇用乳粉）（01.03.02）	3～17mg	
		胶基糖果（05.02.01）	16～33mg	
		固体饮料类（14.06）	9～22mg	
		豆粉、豆浆粉（04.04.01.07）	6～15mg	
		豆浆（04.04.01.08）	1～3mg	
		即食谷物，包括辗轧燕麦（片）（06.06）	7.5～17.5mg	
		果冻（16.01）	1～7mg	
		风味饮料（14.04.02.02）	2～3mg	
		西式糕点（07.02.02）、饼干（07.03）	3～6mg	
		果蔬汁（肉）饮料（包括发酵型产品等）（14.02.03）	2～5mg	2012年15号公告
		植物蛋白饮料（14.03.02）	1～3mg	2014年3号公告

续表

种类	品种（化合物来源）	使用范围及食品分类号	每 kg 使用量	备注
维生素类	维生素 B_2（核黄素、核黄素-5′-磷酸钠）	调制乳粉（仅限儿童用乳粉）(01.03.02)	8～14mg	维生素 B_2 及其来源的两种化合物允许用于特殊膳食用食品
		大米及其制品（06.02）、小麦粉及其制品（06.03）、杂粮粉及其制品（06.04）、面包（07.01）	3～5mg	
		含乳饮料（14.03.01）	1～2mg	
		调制乳粉（仅限孕产妇用乳粉）(01.03.02)	4～22mg	
		胶基糖果（05.02.01）	16～33mg	
		固体饮料类（14.06）	9～22mg	
		豆粉、豆浆粉（04.04.01.07）	6～15mg	
		豆浆（04.04.01.08）	1～3mg	
		即食谷物，包括辗轧燕麦（片）(06.06)	7.5～17.5mg	
		果冻（16.01）	1～7mg	
		西式糕点（07.02.02）、饼干（07.03）	3.3～7.0mg	
		果蔬汁（肉）饮料（包括发酵型产品等）(14.02.03)	2～5mg	2012 年 15 号公告
		植物蛋白饮料（14.03.02）	1～3mg	2014 年 3 号公告
	维生素 B_6（盐酸吡哆醇、5′-磷酸吡哆醛）	调制乳粉（仅限儿童用乳粉）(01.03.02)	1～7mg	维生素 B_6 及其来源的两种化合物允许用于特殊膳食用食品
		调制乳粉（仅限孕产妇用乳粉）(01.03.02)	4～22mg	
		即食谷物，包括辗轧燕麦（片）(06.06)	10～25mg	
		调制乳粉（儿童用乳粉和孕产妇用乳粉除外）(01.03.02)	8～16mg	
		固体饮料类（14.06）	7～22mg	
		饮料类（14.01、14.06 涉及品种除外）(14.0)	0.4～1.6mg	
		饼干（07.03）	2～5mg	
		其他焙烤食品（07.05）	3～15mg	
		果冻（16.01）	1～7mg	
	维生素 B_{12}（氰钴胺、盐酸氰钴胺、羟钴胺）	调制乳粉（仅限儿童用乳粉）(01.03.02)	10～30μg	维生素 B_6 及其来源的三种化合物允许用于特殊膳食用食品
		调制乳粉（仅限孕产妇用乳粉）(01.03.02)、固体饮料类（14.06）	10～66μg	
		即食谷物，包括辗轧燕麦（片）(06.06)	5～10μg	
		饮料类（14.01、14.06 涉及品种除外）(14.0)	0.6～1.8μg	
		果冻（16.01）	2～6μg	
		其它焙烤食品（07.05）	10～70μg	

续表

种类	品种（化合物来源）	使用范围及食品分类号	每 kg 使用量	备注
维生素类	维生素 C（L－抗坏血酸、L－抗坏血酸钙、维生素 C 磷酸酯镁、L－抗坏血酸钠、L－抗坏血酸钾、L－抗坏血酸－6－棕榈酸盐又称抗坏血酸棕榈酸酯）	调制乳粉（儿童用乳粉和孕产妇用乳粉除外）（01.03.02）	0.3～1g	如用维生素 C 磷酸酯镁、抗坏血酸钠盐、抗坏血酸钾盐、抗坏血酸－6－棕榈酸盐强化须经折算 维生素 C 及其来源的五种化合物（不包括维生素 C 磷酸酯镁）允许用于特殊膳食用食品
		调制乳粉（仅限儿童用乳粉）（01.03.02）	0.14～0.8g	
		调制乳粉（仅限孕产妇用乳粉）（01.03.02）	1～1.6g	
		水果罐头（04.01.02.01）	0.2～0.4g	
		果泥（04.01.02.02）	0.05～0.1g	
		果蔬汁（肉）饮料（包括发酵型产品等）（14.02.03）	0.25～0.5g	
		含乳饮料（14.03.01）	0.12～0.24g	
		水基调味饮料类（14.04）	0.25～0.5g	
		胶基糖果（05.02.01）	0.63～13g	
		豆粉、豆浆粉（04.04.01.07）	0.4～0.7g	
		果冻（16.01）、风味发酵乳（01.02.02）、含乳饮料（14.03.01）	0.12～0.24g	
		即食谷物，包括辗轧燕麦（片）（06.06）	0.3～0.75g	
		除胶基糖果以外的其他糖果（05.02.02）	1～6g	
		固体饮料类（14.06）	1～2.25g	
		调制乳（01.01.03）	0.12～0.24g	2012 年 15 号公告
	维生素 D（麦角钙化醇又称维生素 D_2、胆钙化醇又称维生素 D_3）	调制乳（01.01.03）、含乳饮料（14.03.01）、果冻（16.01）	10～40μg	1μg 维生素 D = 40IU 维生素 D 维生素 D 及其来源的两种化合物允许用于特殊膳食用食品
		调制乳粉（儿童用乳粉和孕产妇用乳粉除外）（01.03.02）	63～125μg	
		调制乳粉（仅限儿童用乳粉）（01.03.02）	20～112μg	
		调制乳粉（仅限孕产妇用乳粉）（01.03.02）	23～112μg	
		人造黄油极其类似制品（02.02.01.02）	125～156μg	
		冰淇淋类、雪糕类（03.01）、固体饮料类（14.06）	10～20μg	
		豆粉、豆浆粉（04.04.01.07）	15～60μg	
		豆浆（04.04.01.08）	3～15μg	
		藕粉（06.05.02.03）	50～100μg	
		即食谷物，包括辗轧燕麦（片）（06.06）	12.5～37.5μg	
		饼干（07.03）	16.7～33.3μg	
		果蔬汁（肉）饮料（包括发酵型产品等）（14.02.03）、风味饮料（14.04.02.02）	2～10μg	
		膨化食品（16.06）	10～60μg	
		其他焙烤食品（07.05）	10～70μg	
		风味发酵乳（01.02.02）	10～40μg	2012 年 15 号公告
		干酪和再制干酪（仅限再制干酪）（01.06）、其他乳制品（仅限奶片）（01.08）	63～125μg	
		植物蛋白饮料（14.03.02）	3～15μg	2013 年 2 号公告

续表

种类	品种（化合物来源）	使用范围及食品分类号	每 kg 使用量	备注
维生素类	维生素 E（$d-\alpha-$生育酚、$dl-\alpha-$生育酚、$d-\alpha-$醋酸生育酚、$dl-\alpha-$醋酸生育酚、混合生育酚浓缩物、维生素 E 琥珀酸钙、$d-\alpha-$琥珀酸生育酚、$dl-\alpha-$琥珀酸生育酚）	人造奶油及其类似制品（02.02.01.02）、植物油（02.01.01.01）	100～180mg	1. 以 $d-\alpha$ 生育酚计算。2. 如用 $dl-\alpha$ 生育酚、$d-\alpha$ 醋酸生育酚或 $dl-\alpha$ 醋酸生育酚强化，须经折算。3. 1mg 维生素 E = 1IU 维生素 E = 1mgα－TE（α－生育酚当量）= 1mg$d-\alpha$－生育酚 1mg 维生素 E 琥珀酸钙（天然型）=1.168IU（0.78α－TE）。1mg 维生素 E 琥珀酸钙（合成型）=0.85IU（0.57α－TE）。α－TE 为α－生育酚当量。（2003 年 4 号公告）维生素 E 及其来源的七种化合物（不包括维生素 E 琥珀酸钙）允许用于特殊膳食用食品
		调制乳粉（儿童用乳粉和孕产妇用乳粉除外）（01.03.02）	100～310mg	
		调制乳粉（仅限儿童用乳粉）（01.03.02）	10～60mg	
		调制乳粉（仅限孕产妇用乳粉）（01.03.02）	32～156mg	
		即食谷物，包括辗轧燕麦（片）（06.06）	50～125mg	
		豆粉、豆浆粉（04.04.01.07）	30～70mg	
		豆浆（04.04.01.08）	5～15mg	
		饮料类（14.01、14.06 涉及品种除外）（14.0）	10～40mg	
		固体饮料（14.06）	76～180mg	
		果冻（16.01）	10～70mg	
		胶基糖果（05.02.01）	1.05～1.45g	
		调制乳（01.01.03）	≤0.2g	2013 年 2 号公告
	烟酸又称尼克酸（烟酸、烟酰胺）	大米及其制品（06.02）、小麦粉及其制品（06.03）、杂粮粉及其制品（06.04）、面包（07.01）	40～50mg	烟酸（尼克酸）及其来源的两种化合物允许用于特殊膳食用食品
		调制乳粉（仅限儿童用乳粉）（01.03.02）	23～47mg	
		调制乳粉（仅限孕产妇用乳粉）（01.03.02）	42～100mg	
		豆粉、豆浆粉（04.04.01.07）	60～120mg	
		豆浆（04.04.01.08）	10～30mg	
		即食谷物，包括辗轧燕麦（片）（06.06）	75～218mg	
		饼干（07.03）	30～60mg	
		饮料类（14.01、14.06 涉及品种除外）（14.0）	3～18mg	
		固体饮料类（14.06）	110～330mg	
	维生素 K［植物甲萘醌维生素 K_2（发酵法）］	调制乳粉（仅限儿童用乳粉）（01.03.02）	420～750μg	维生素 K 及其来源的化合物允许用于特殊膳食用食品 2016 年第 8 号公告
		调制乳粉（仅限孕产妇用乳粉）（01.03.02）	340～680μg	
	生物素（D－生物素）	调制乳粉（仅限儿童用乳粉）（01.03.02）	38～76μg	生物素及其来源的化合物允许用于特殊膳食用食品
	叶酸（叶酸又称蝶酰谷氨酸）	调制乳粉（儿童用乳粉和孕产妇用乳粉除外）（01.03.02）	2～5mg	叶酸及其来源的化合物允许用于特殊膳食用食品
		调制乳粉（仅限儿童用乳粉）（01.03.02）	0.42～3mg	
		调制乳粉（仅限孕产妇用乳粉）（01.03.02）	2～8.2mg	
		调制乳（仅限孕产妇用调制乳）（01.01.03）	0.4～1.2mg	
		固体饮料类（14.06）	0.6～6mg	
		大米（仅限免淘洗大米）（06.02.01）、小麦粉（06.03.01）	1～3mg	
		即食谷物，包括辗轧燕麦（片）（06.06）	1～2.5mg	
		饼干（07.03）	0.39～0.78mg	
		果蔬汁（肉）饮料（包括发酵型产品等）（14.02.03）	0.157～0.313mg	
		其他焙烤食品（07.05）	2～7mg	
		果冻（16.01）	0.05～0.1mg	

续表

种类	品种（化合物来源）	使用范围及食品分类号	每 kg 使用量	备注
维生素类	泛酸 （D－泛酸钙、D－泛酸钠）	调制乳粉（仅限儿童用乳粉）（01.03.02）	6～60mg	泛酸及其来源的两种化合物允许用于特殊膳食用食品
		调制乳粉（仅限孕产妇用乳粉）（01.03.02）	20～80mg	
		即食谷物，包括辗轧燕麦（片）（06.06）	30～50mg	
		固体饮料类（14.06）	22～80mg	
		果冻（16.01）	2～5mg	
		风味饮料（14.04.02.02）、碳酸饮料（14.04.01）、茶饮料类（14.05.01）	1.1～2.2mg	
	左旋肉碱又称 L－肉碱 （左旋肉碱又称 L－肉碱、左旋肉碱酒石酸盐又称 L－肉碱酒石酸盐）	调制乳粉（仅限儿童用乳粉）（01.03.02）	0.05～0.15g	以 L－肉碱计，L－肉碱－L－酒石酸盐换算为 L－肉碱系数为 0.68。 左旋肉碱（L－肉碱）及其来源的两种化合物允许用于特殊膳食用食品
		调制乳粉（儿童用乳粉除外）（01.03.02）	0.3～0.4g	
		果蔬汁（肉）饮料（包括发酵型产品等）（14.02.03）、含乳饮料（14.03.01）、风味饮料（14.04.02.02）	0.6～3g	
		特殊用途饮料（仅限运动饮料）（14.04.02.01）	0.1～1g	
		固体饮料类（14.06）	6～30g	
		果蔬汁（肉）饮料（包括发酵型产品等）（14.02.03）、含乳饮料（14.03.01）、风味饮料（包括果味、乳味、茶味、咖啡味及其他味饮料等）（14.04.02.02）	0.1～3g	2016 年第 8 号公告
	胆碱 （氯化胆碱、酒石酸氢胆碱）	调制乳粉（仅限儿童用乳粉）（01.03.02）	0.8～1.5g	胆碱及其来源的两种化合物允许用于特殊膳食用食品
		调制乳粉（仅限孕产妇用乳粉）（01.03.02）	1.6～3.4g	
		果冻（16.01）	50～100mg	
	肌醇 （肌醇又称环己六醇）	调制乳粉（仅限儿童用乳粉）（01.03.02）	210～250mg	肌醇及其来源的化合物允许用于特殊膳食用食品
		果蔬汁（肉）饮料（包括发酵型产品等）（14.02.03）、风味饮料（14.04.02.02）	60～120mg	
矿物质类	钙（碳酸钙、葡萄糖酸钙、柠檬酸钙、乳酸钙、L－乳酸钙、磷酸氢钙、L－苏糖酸钙、甘氨酸钙、天门冬氨酸钙、柠檬酸苹果酸钙、醋酸钙又称乙酸钙、氯化钙、磷酸三钙又称磷酸钙、维生素 E 琥珀酸钙、甘油磷酸钙、氧化钙、硫酸钙、骨粉又称超细鲜骨粉）	大米及其制品（06.02）、小麦粉及其制品（06.03）、杂粮粉及其制品（06.04）、面包（07.01）	1.6～3.2g	各种钙盐中钙元素含量：葡萄糖酸钙 9%；碳酸钙 40%；磷酸氢钙（含 2 结晶水）23%；磷酸氢钙（含 5 结晶水）17.7%；柠檬酸钙（含 4 结晶水）17.7%；乳酸钙 13%；乙酸钙 22.2%。 钙及其来源的十种化合物（不包括乳酸钙、L－苏糖酸钙、甘氨酸钙、天门冬氨酸钙、柠檬酸苹果酸钙、醋酸钙、维生素 E 琥珀酸钙、骨粉又称超细鲜骨粉）允许用于特殊膳食用食品
		西式糕点（07.02.02）、饼干（07.03）	2.67～5.33g	
		调制乳粉（仅限儿童用乳粉）（01.03.02）	3～6g	
		调制乳粉（儿童用乳粉除外）（01.03.02）	3～7.2g	
		干酪和再制干酪（01.06）	2.5～10g	
		调制乳（01.01.03）	0.25～1g	
		冰淇淋类、雪糕类（03.01）	2.4～3g	
		豆粉、豆浆粉（04.04.01.07）	1.6～8g	
		藕粉（06.05.02.03）	2.4～3.2g	
		即食谷物，包括辗轧燕麦（片）（06.06）	2～7g	
		其他焙烤食品（07.05）	3～15g	
		肉灌肠类（08.03.05）	0.85～1.7g	
		肉松类（08.03.07.01）	2.5～5g	
		肉干类（08.03.07.02）	1.7～2.55g	
		脱水蛋制品（10.03.01）	0.19～0.65g	
		醋（12.03）	6～8g	
		固体饮料类（14.06）	2.5～10g	
		饮料类（14.01、14.02 及 14.06 涉及品种除外）（14.0）	0.16～1.35g	
		果蔬汁（肉）饮料（包括发酵型产品等）（14.02.03）	1～1.8g	
		果冻（16.01）	0.39～0.8g	
		风味发酵乳（01.02.02）	0.25～1.0g	2016 年第 14 号公告

续表

种类	品种（化合物来源）	使用范围及食品分类号	每 kg 使用量	备注
矿物质类	铁（硫酸亚铁、葡萄糖酸亚铁、柠檬酸铁铵、富马酸亚铁、柠檬酸铁、乳酸亚铁、氯化高铁血红素、焦磷酸铁、铁卟啉、甘氨酸亚铁、还原铁、乙二胺四乙酸铁钠、羰基铁粉、碳酸亚铁、柠檬酸亚铁、延胡索酸亚铁、琥珀酸亚铁、血红素铁、电解铁）	大米及其制品（06.02）、小麦粉及其制品（06.03）、杂粮粉及其制品（06.04）、面包（07.01）	14～26mg	各种铁盐中铁元素含量：硫酸亚铁（含 7 个结晶水）20%；乳酸亚铁（含 3 个结晶水）19.39%；柠檬酸铁（含 5 个结晶水）16.67%；富马酸亚铁 32.9%；葡萄糖酸亚铁 12%；柠檬酸铁铵 16%。 铁及其来源的七种化合物（不包括乳酸亚铁、氯化高铁血红素、铁卟啉、甘氨酸亚铁、还原铁、羰基铁粉、碳酸亚铁、柠檬酸亚铁、延胡索酸亚铁、琥珀酸亚铁、血红素铁、电解铁）允许用于特殊膳食用食品
		调制乳粉（儿童用乳粉和孕产妇用乳粉除外）（01.03.02）	60～200mg	
		调制乳粉（仅限儿童用乳粉）（01.03.02）	25～135mg	
		调制乳粉（仅限孕产妇用乳粉）（01.03.02）	50～280mg	
		调制乳（01.01.03）	10～20mg	
		豆粉、豆浆粉（04.04.01.07）	46～80mg	
		除胶基糖果以外的其他糖果（05.02.02）	0.6～1.2g	
		其他焙烤食品（07.05）	50～200mg	
		即食谷物，包括辗轧燕麦（片）（06.06）	35～80mg	
		西式糕点（07.02.02）	40～60mg	
		饼干（07.03）	40～80mg	
		酱油（12.04）	180～260mg	
		饮料类（14.01 及 14.06 涉及品种除外）（14.0）、果冻（16.01）	10～20mg	
		固体饮料类（14.06）	95～220mg	
		风味发酵乳（01.02.02）	10～20mg	2012 年 15 号公告
		干酪和再制干酪（仅限再制干酪）（01.06）	60～100mg	
	锌（硫酸锌、葡萄糖酸锌、甘氨酸锌、氧化锌、乳酸锌、柠檬酸锌、氯化锌、乙酸锌、碳酸锌）	大米及其制品（06.02）、小麦粉及其制品（05.03）、杂粮粉及其制品（06.04）、面包（07.01）	10～40mg	各种锌盐中锌元素含量：硫酸锌 22.7%；葡萄糖酸锌 14%；乳酸锌（含 3 个结晶水）22.2%。 锌及其来源的七种化合物（不包括甘氨酸锌、碳酸锌）允许用于特殊膳食用食品
		调制乳粉（儿童用乳粉和孕产妇用乳粉除外）（01.03.02）	30～60mg	
		调制乳粉（仅限儿童用乳粉）（01.03.02）	50～175mg	
		调制乳粉（仅限孕产妇用乳粉）（01.03.02）	30～140mg	
		调制乳（01.01.03）	5～10mg	
		豆粉、豆浆粉（04.04.01.07）	29～55.5mg	
		即食谷物，包括辗轧燕麦（片）（06.06）	37.5～112.5mg	
		西式糕点（07.02.02）、饼干（07.03）	45～80mg	
		饮料类（14.01 及 14.06 涉及品种除外）（14.0）	3～20mg	
		固体饮料类（14.06）	60～180mg	
		果冻（16.01）	10～20mg	
	镁（硫酸镁、氯化镁、氧化镁、碳酸镁、磷酸氢镁、葡萄糖酸镁）	调制乳粉（儿童用乳粉和孕产妇用乳粉除外）（01.03.02）	0.3～1.1g	各种镁盐中锌元素含量：硫酸镁（含 7 个结晶水）9.9%；氯化镁（含 6 个结晶水）12%；葡萄糖酸镁 5.39%。 镁及其来源的六种化合物允许用于特殊膳食用食品
		调制乳粉（仅限儿童用乳粉）（01.03.02）	0.3～2.8g	
		调制乳粉（仅限孕产妇用乳粉）（01.03.02）	0.3～2.3g	
		饮料类（14.01 及 14.06 涉及品种除外）（14.0）	30～60mg	
		固体饮料类（14.06）	1.3～2.1g	
	L－苏糖酸镁	调制乳粉（儿童用乳粉和孕妇用乳粉除外）（01.03.02）	300～1100mg	以镁计 2016 年第 8 号公告
		饮料类（14.01 及 14.06 涉及品种除外）（14.0）	30～60mg	
	铜（硫酸铜、葡萄糖酸铜、柠檬酸铜、碳酸铜）	调制乳粉（儿童用乳粉和孕产妇用乳粉除外）（01.03.02）	3～7.5mg	各种铜盐中铜元素含量：碳酸铜 54%，硫酸铜（含 5 个结晶水）25.5%；无水硫酸铜 39.8%。 铜及其来源的四种化合物允许用于特殊膳食用食品
		调制乳粉（仅限儿童用乳粉）（01.03.02）	2～12mg	
		调制乳粉（仅限孕产妇用乳粉）（01.03.02）	4～23mg	

续表

种类	品种（化合物来源）	使用范围及食品分类号	每 kg 使用量	备注
矿物质类	锰（硫酸锰、氯化锰、碳酸锰、柠檬酸锰、葡萄糖酸锰）	调制乳粉（儿童用乳粉和孕产妇用乳粉除外）（01.03.02）	0.3～4.3mg	各种锰盐中锰元素含量：硫酸锰 32.5%；氯化锰 27.8%；碳酸锰 47.8% 锰及其来源的五种化合物允许用于特殊膳食用食品
		调制乳粉（仅限儿童用乳粉）（01.03.02）	7～15mg	
		调制乳粉（仅限孕产妇用乳粉）（01.03.02）	11～26mg	
	硒（亚硒酸钠、硒酸钠、硒蛋白、富硒食用菌粉、L－硒－甲基硒代半胱氨酸、硒化卡拉胶、富硒酵母）	大米及其制品（06.02）、小麦粉及其制品（06.03）、杂粮粉及其制品（06.04）、面包（07.01）、调制乳粉（儿童用乳粉除外）（01.03.02）	140～280μg	1. 亚硒酸钠中硒元素含量为 45.7%；硒酸钠中硒元素含量为 41.8% 2. 硒化卡拉胶仅限用于 14.03.01 含乳饮料 硒及其来源的两种化合物（不包括硒蛋白、富硒食用菌粉、L－硒－甲基硒代半胱氨酸、硒化卡拉胶、富硒酵母）允许用于特殊膳食用食品 以硒计 2016 年第 9 号公告
		调制乳粉（仅限儿童用乳粉）（01.03.02）	60～130μg	
		饼干（07.03）	30～110μg	
		含乳饮料（14.03.01）	50～200μg	
	钾（葡萄糖酸钾、柠檬酸钾、磷酸二氢钾、磷酸氢二钾、氯化钾）	调制乳粉（仅限孕产妇用乳粉）（01.03.02）	7～14.1g	钾及其来源的五种化合物允许用于特殊膳食用食品
	磷（磷酸三钙又称磷酸钙、磷酸氢钙）	豆粉、豆浆粉（04.04.01.07）	1.6～3.7g	磷及其来源的两种化合物允许用于特殊膳食用食品
		固体饮料类（14.06）	1.96～7.04g	
	碘（碘酸钾、碘化钾、海藻碘）	食用盐	14～39mg	GB 26878—2011《食品安全国家标准　食用盐碘含量》
	碘（碘酸钾、碘化钾、碘化钠）	不属于普通食品用营养强化剂	未规定	碘及其来源的三种化合物仅允许用于特殊膳食用食品
	铬（硫酸铬、氯化铬）	不属于普通食品用营养强化剂	未规定	铬及其来源的两种化合物仅允许用于特殊膳食用食品
	钼（钼酸钠、钼酸铵）	不属于普通食品用营养强化剂	未规定	钼及其来源的两种化合物仅允许用于特殊膳食用食品
	钠（碳酸氢钠、磷酸二氢钠、柠檬酸钠、氯化钠、磷酸氢二钠）	不属于普通食品用营养强化剂	未规定	钠及其来源的五种化合物仅允许用于特殊膳食用食品
必需脂肪酸类	1，3－二油酸－2－棕榈酸甘油三酯（1，3－二油酸 2－棕榈酸甘油三酯）	调制乳粉（仅限儿童用乳粉，液体按稀释倍数折算）（01.03.02）	24～96g	
	1，3－二油酸－2－棕榈酸甘油三酯	婴儿配方食品（13.01.01）、特殊医学用途婴儿配方食品（13.01.03）	32～96g	该营养强化剂仅允许用于部分特殊膳食用食品
		较大婴儿和幼儿配方食品（13.01.02）、	24～96g	

续表

种类	品种（化合物来源）	使用范围及食品分类号	每 kg 使用量	备注
必需脂肪酸类	γ－亚麻酸（γ－亚麻酸）	调制乳粉（01.03.02）、植物油（02.01.01.01）、饮料类（14.01，14.06 涉及品种除外）（14.0）	20～50g	
	花生四烯酸又称 AA 或 ARA（花生四烯酸油脂，来源：高山被孢霉）	调制乳粉（仅限儿童用乳粉）（01.03.02）	≤1%（占总脂肪酸的百分比）	花生四烯酸（AA 或 ARA）及其来源的化合物允许用于特殊膳食用食品
		婴幼儿谷类辅助食品（13.02.01）	≤2.3g	该营养强化剂仅允许用于部分特殊膳食用食品
	二十二碳六烯酸又称 DHA（二十二碳六烯酸油脂，来源：裂壶藻、吾肯氏壶藻、寇氏隐甲藻、金枪鱼油）	调制乳粉（仅限儿童用乳粉）（01.03.02）	≤0.5%（占总脂肪酸的百分比）	二十二碳六烯酸（DHA）及其来源的化合物允许用于特殊膳食用食品
		调制乳粉（仅限孕产妇用乳粉）（01.03.02）	0.3～1g	
		婴幼儿谷类辅助食品（13.02.01）	≤1.15g	该营养强化剂仅允许用于部分特殊膳食用食品
核苷酸类	核苷酸 化合物来源于以下化合物：5′－单磷酸胞苷（5′－CMP）、5′－单磷酸尿苷（5′－UMP）、5′－单磷酸腺苷（5′－AMP）、5′－肌苷酸二钠、5′－鸟苷酸二钠、5′－尿苷酸二钠、5′－胞苷酸二钠	婴幼儿配方食品（13.01）	0.12～0.58g（以核苷酸总量计）	核苷酸及其来源的七种化合物仅允许用于特殊膳食用食品
植物营养素	叶黄素 （万寿菊来源）	调制乳粉（仅限儿童用乳粉，液体按稀释倍数折算）（01.03.02）	1.62～2.7mg	
	叶黄素	婴儿配方食品（13.01.01）、特殊医学用途婴儿配方食品（13.01.03）	0.3～2mg	该营养强化剂仅允许用于部分特殊膳食用食品
		较大婴儿和幼儿配方食品（13.01.02）	1.62～4.23mg	
低聚糖类	低聚果糖（菊苣来源）	调制乳粉（仅限儿童用乳粉和孕产妇用乳粉）（01.03.02）	≤64.5g	
	低聚半乳糖（乳糖来源）、低聚半乳糖、低聚果糖（菊苣来源）、多聚果糖（菊苣来源）、棉子糖（甜菜来源）	婴幼儿配方食品（13.01）、婴幼儿谷类辅助食品（13.02.01）、	单独或混合使用，该类物质总量≤64.5g	该营养强化剂仅允许用于部分特殊膳食用食品 2016 年第 8 号公告
	酵母 β－葡聚糖	较大婴儿和幼儿园配方食品（仅限幼儿配方粉）、调制乳粉（仅限儿童用粉）	0.21～0.67g	2012 年第 6 号公告
钙铁吸收剂	乳铁蛋白 （乳铁蛋白）	调制乳（01.01.03）、风味发酵乳（01.02.02）、含乳饮料（14.03.01）	≤1.0g	
	乳铁蛋白	婴幼儿配方食品（13.01）	≤1.0g	该营养强化剂仅允许用于部分特殊膳食用食品
		调制乳粉（01.03.02）	≤1.0g	2012 年第 15 号公告
		婴幼儿配方食品（以即食状态计，粉状产品按冲调倍数增加使用量）（13.01）	1.0g/L	2013 年第 11 号公告

续表

种类	品种（化合物来源）	使用范围及食品分类号	每 kg 使用量	备注
钙铁吸收剂	酪蛋白钙肽（酪蛋白钙肽）、酪蛋白磷酸肽（酪蛋白磷酸肽）	粮食和粮食制品，包括大米、面粉、杂粮、淀粉等（06.01 及 07.0 涉及品种除外）（06.0）、饮料类（14.01 涉及品种除外）（14.0）	≤1.6g	固体饮料按冲调倍数增加使用量
	酪蛋白钙肽	婴幼儿配方食品（13.01）、婴幼儿辅助食品（13.02）	≤3.0g	该营养强化剂仅允许用于部分特殊膳食用食品
	酪蛋白磷酸肽（酪蛋白磷酸肽）	调制乳（01.01.03）、风味发酵乳（01.02.02）	≤1.6g	
		婴幼儿配方食品（13.01）、婴幼儿辅助食品（13.02）	≤3.0g	该营养强化剂仅允许用于部分特殊膳食用食品
膳食纤维	聚葡萄糖	婴幼儿配方食品（13.01）	15.6~31.25g	该营养强化剂仅允许用于部分特殊膳食用食品

注：（1）表 3－1 由 GB 14880—2012 中表 A.1、表 B.1、附录 C、国家卫生和计划生育委员会截至 2016 年第 17 号公告整理而得。

（2）属于仅允许用于部分特殊膳食用食品的营养强化剂，其使用量仅限于粉状产品，在液态产品中使用需按相应的稀释倍数折算。

（3）特殊膳食用食品的类别参见表 2－5 中 13.0。

附　录

中华人民共和国食品安全法

（2009 年 2 月 28 日第十一届全国人民代表大会常务委员会第七次会议通过 2015 年 4 月 24 日第十二届全国人民代表大会常务委员会第十四次会议修订）

第一章　总则

第一条　为了保证食品安全，保障公众身体健康和生命安全，制定本法。

第二条　在中华人民共和国境内从事下列活动，应当遵守本法：

（一）食品生产和加工（以下称食品生产），食品销售和餐饮服务（以下称食品经营）；

（二）食品添加剂的生产经营；

（三）用于食品的包装材料、容器、洗涤剂、消毒剂和用于食品生产经营的工具、设备（以下称食品相关产品）的生产经营；

（四）食品生产经营者使用食品添加剂、食品相关产品；

（五）食品的贮存和运输；

（六）对食品、食品添加剂、食品相关产品的安全管理。

供食用的源于农业的初级产品（以下称食用农产品）的质量安全管理，遵守《中华人民共和国农产品质量安全法》的规定。但是，食用农产品的市场销售、有关质量安全标准的制定、有关安全信息的公布和本法对农业投入品作出规定的，应当遵守本法的规定。

第三条　食品安全工作实行预防为主、风险管理、全程控制、社会共治，建立科学、严格的监督管理制度。

第四条　食品生产经营者对其生产经营食品的安全负责。

食品生产经营者应当依照法律、法规和食品安全标准从事生产经营活动，保证食品安全，诚信自律，对社会和公众负责，接受社会监督，承担社会责任。

第五条　国务院设立食品安全委员会，其职责由国务院规定。

国务院食品药品监督管理部门依照本法和国务院规定的职责，对食品生产经营活动实施监督管理。

国务院卫生行政部门依照本法和国务院规定的职责，组织开展食品安全风险监测和风险评估，会同国务院食品药品监督管理部门制定并公布食品安全国家标准。

国务院其他有关部门依照本法和国务院规定的职责，承担有关食品安全工作。

第六条　县级以上地方人民政府对本行政区域的食品安全监督管理工作负责，统一领导、组织、协调本行政区域的食品安全监督管理工作以及食品安全突发事件应对工作，建立健全食品安全全程监督管理工作机制和信息共享机制。

县级以上地方人民政府依照本法和国务院的规定，确定本级食品药品监督管理、卫生行政部门和其他有关部门的职责。有关部门在各自职责范围内负责本行政区域的食品安全监督管理工作。

县级人民政府食品药品监督管理部门可以在乡镇或者特定区域设立派出机构。

第七条　县级以上地方人民政府实行食品安全监督管理责任制。上级人民政府负责对下一级人民政府的食品安全监督管理工作进行评议、考核。县级以上地方人民政府负责对本级食品药品监督管理部门和其他有关部门的食品安全监督管理工作进行评议、考核。

第八条　县级以上人民政府应当将食品安全工作纳入本级国民经济和社会发展规划，将食品安全工作经费列入本级政府财政预算，加强食品安全监督管理能力建设，为食品安全工作提供保障。

县级以上人民政府食品药品监督管理部门和其他有关部门应当加强沟通、密切配合，按照各自职责分工，依法行使职权，承担责任。

第九条　食品行业协会应当加强行业自律，按照章程建立健全行业规范和奖惩机制，提供食品安全信息、技术等服务，引导和督促食品生产经营者依法生产经营，推动行业诚信建设，宣传、普及食品安全知识。

消费者协会和其他消费者组织对违反本法规定，损害消费者合法权益的行为，依法进行社会监督。

第十条　各级人民政府应当加强食品安全的宣传教育，普及食品安全知识，鼓励社会组织、基层群众性自治组织、食品生产经营者开展食品安全法律、法规以及食品安全标准和知识的普及工作，倡导健康的饮食方式，增强消费者食品安全意识和自我保护能力。

新闻媒体应当开展食品安全法律、法规以及食品安全标准和知识的公益宣传，并对食品安全违法行为进行舆论监督。有关食品安全的宣传报道应当真实、公正。

第十一条　国家鼓励和支持开展与食品安全有关的基础研究、应用研究，鼓励和支持食品生产经营者为提高食品安全水平采用先进技术和先进管理规范。

国家对农药的使用实行严格的管理制度，加快淘汰剧毒、高毒、高残留农药，推动替代产品的研发和应用，鼓励使用高效低毒低残留农药。

第十二条　任何组织或者个人有权举报食品安全违法行为，依法向有关部门了解食品安全信息，对食品安全监督管理工作提出意见和建议。

第十三条　对在食品安全工作中做出突出贡献的单位和个人，按照国家有关规定给予表彰、奖励。

第二章　食品安全风险监测和评估

第十四条　国家建立食品安全风险监测制度，对食源性疾病、食品污染以及食品中的有害因素进行监测。

国务院卫生行政部门会同国务院食品药品监督管理、质量监督等部门，制定、实施国家食品安全风险监测计划。

国务院食品药品监督管理部门和其他有关部门获知有关食品安全风险信息后，应当立即核实并向国务院卫生行政部门通报。对有关部门通报的食品安全风险信息以及医疗机构报告的食源性疾病等有关疾病信息，国务院卫生行政部门应当会同国务院有关部门分析研究，认为必要的，及时调整国家食品安全风险监测计划。

省、自治区、直辖市人民政府卫生行政部门会同同级食品药品监督管理、质量监督等部门，根据国家食品安全风险监测计划，结合本行政区域的具体情况，制定、调整本行政区域的食品安全风险监测方案，报国务院卫生行政部门备案并实施。

第十五条　承担食品安全风险监测工作的技术机构应当根据食品安全风险监测计划和监测方案开展监测工作，保证监测数据真实、准确，并按照食品安全风险监测计划和监测方案的要求报送监测数据和分析结果。

食品安全风险监测工作人员有权进入相关食用农产品种植养殖、食品生产经营场所采集样品、收集相关数据。采集样品应当按照市场价格支付费用。

第十六条　食品安全风险监测结果表明可能存在食品安全隐患的，县级以上人民政府卫生行政部门应当及时将相关信息通报同级食品药品监督管理等部门，并报告本级人民政府和上级人民政府卫生行政部门。食品药品监督管理等部门应当组织开展进一步调查。

第十七条　国家建立食品安全风险评估制度，运用科学方法，根据食品安全风险监测信息、科学数据以及有关信息，对食品、食品添加剂、食品相关产品中生物性、化学性和物理性危害因素进行风险评估。

国务院卫生行政部门负责组织食品安全风险评估工作，成立由医学、农业、食品、营养、生物、环境等方面的专家组成的食品安全风险评估专家委员会进行食品安全风险评估。食品安全风险评估结果由国务院卫生行政部门公布。

对农药、肥料、兽药、饲料和饲料添加剂等的安全性评估，应当有食品安全风险评估专家委员会的专家参加。

食品安全风险评估不得向生产经营者收取费用，采集样品应当按照市场价格支付费用。

第十八条　有下列情形之一的，应当进行食品安全风险评估：

（一）通过食品安全风险监测或者接到举报发现食品、食品添加剂、食品相关产品可能存在安全隐患的；

（二）为制定或者修订食品安全国家标准提供科学依据需要进行风险评估的；

（三）为确定监督管理的重点领域、重点品种需要进行风险评估的；

（四）发现新的可能危害食品安全因素的；

（五）需要判断某一因素是否构成食品安全隐患的；

（六）国务院卫生行政部门认为需要进行风险评估的其他情形。

第十九条　国务院食品药品监督管理、质量监督、农业行政等部门在监督管理工作中发现需要进行食品安全风险评估的，应当向国务院卫生行政部门提出食品安全风险评估的建议，并提供风险来源、相关检验数据和结论等信息、资料。属于本法第十八条规定情形的，国务院卫生行政部门应当及时进行食品安全风险评估，并向国务院有关部门通报评估结果。

第二十条　省级以上人民政府卫生行政、农业行政部门应当及时相互通报食品、食用农产品安全风险监测信息。

国务院卫生行政、农业行政部门应当及时相互通报食品、食用农产品安全风险评估结果等信息。

第二十一条　食品安全风险评估结果是制定、修订食品安全标准和实施食品安全监督管理的科学依据。

经食品安全风险评估，得出食品、食品添加剂、食品相关产品不安全结论的，国务院食品药品监督管理、质量监督等部门应当依据各自职责立即向社会公告，告知消费者停止食用或者使用，并采取相应措施，确保该食品、食品添加剂、食品相关产品停止生产经营；需要制定、修订相关食品安全国家标准的，国务院卫生行政部门应当会同国务院食品药品监督管理部门立即制定、修订。

第二十二条　国务院食品药品监督管理部门应当会同国务院有关部门，根据食品安全风险评估结果、食品安全监督管理信息，对食品安全状况进行综合分析。对经综合分析表明可能具有较高程度安全风险的食品，国务院食品药品监督管理部门应当及时提出食品安全风险警示，并向社会公布。

第二十三条　县级以上人民政府食品药品监督管理部门和其他有关部门、食品安全风险评估专家委员会及其技术机构，应当按照科学、客观、及时、公开的原则，组织食品生产经营者、食品检验机构、认证机构、食品行业协会、消费者协会以及新闻媒体等，就食品安全风险评估信息和食品安全监督管理信息进行交流沟通。

第三章　食品安全标准

第二十四条　制定食品安全标准，应当以保障公众身体健康为宗旨，做到科学合理、安全可靠。

第二十五条　食品安全标准是强制执行的标准。除食品安全标准外，不得制定其他食品强制性标准。

第二十六条　食品安全标准应当包括下列内容：

（一）食品、食品添加剂、食品相关产品中的致病性微生物，农药残留、兽药残留、生物毒素、重金属等污染物质以及其他危害人体健康物质的限量规定；

（二）食品添加剂的品种、使用范围、用量；

（三）专供婴幼儿和其他特定人群的主辅食品的营养成分要求；

（四）对与卫生、营养等食品安全要求有关的标签、标志、说明书的要求；

（五）食品生产经营过程的卫生要求；

（六）与食品安全有关的质量要求；

（七）与食品安全有关的食品检验方法与规程；

（八）其他需要制定为食品安全标准的内容。

第二十七条　食品安全国家标准由国务院卫生行政部门会同国务院食品药品监督管理部门制定、公布，国务院标准化行政部门提供国家标准编号。

食品中农药残留、兽药残留的限量规定及其检验方法与规程由国务院卫生行政部门、国务院农业行政部门会同国务院食品药品监督管理部门制定。

屠宰畜、禽的检验规程由国务院农业行政部门会同国务院卫生行政部门制定。

第二十八条　制定食品安全国家标准，应当依据食品安全风险评估结果并充分考虑食用农产品安全风险评估结果，参照相关的国际标准和国际食品安全风险评估结果，并将食品安全国家标准草案向社会公布，广泛听取食品生产经营者、消费者、有关部门等方面的意见。

食品安全国家标准应当经国务院卫生行政部门组织的食品安全国家标准审评委员会审查通过。食品安全国家标准审评委员会由医学、农业、食品、营养、生物、环境等方面的专家以及国务院有关部门、食品行业协会、消费者协会的代表组成，对食品安全国家标准草案的科学性和实用性等进行审查。

第二十九条　对地方特色食品，没有食品安全国家标准的，省、自治区、直辖市人民政府卫生行政部门可以制定并公布食品安全地方标准，报国务院卫生行政部门备案。食品安全国家标准制定后，该地方标准即行废止。

第三十条　国家鼓励食品生产企业制定严于食品安全国家标准或者地方标准的企业标准，在本企业适用，并报省、自治区、直辖市人民政府卫生行政部门备案。

第三十一条　省级以上人民政府卫生行政部门应当在其网站上公布制定和备案的食品安全国家标准、地方标准和企业标准，供公众免费查阅、下载。

对食品安全标准执行过程中的问题，县级以上人民政府卫生行政部门应当会同有关部门及时给予指导、解答。

第三十二条　省级以上人民政府卫生行政部门应当会同同级食品药品监督管理、质量监督、农业行政等部门，分别对食品安全国家标准和地方标准的执行情况进行跟踪评价，并根据评价结果及时修订食品安全标准。

省级以上人民政府食品药品监督管理、质量监督、农业行政等部门应当对食品安全标准执行中存在的问题进行收集、汇总，并及时向同级卫生行政部门通报。

食品生产经营者、食品行业协会发现食品安全标准在执行中存在问题的，应当立即向卫生行政部门报告。

第四章　食品生产经营

第一节　一般规定

第三十三条　食品生产经营应当符合食品安全标准，并符合下列要求：

（一）具有与生产经营的食品品种、数量相适应的食品原料处理和食品加工、包装、贮存等场所，保持该场所环境整洁，并与有毒、有害场所以及其他污染源保持规定的距离；

（二）具有与生产经营的食品品种、数量相适应的生产经营设备或者设施，有相应的消毒、更衣、盥洗、采光、照明、通风、防腐、防尘、防蝇、防鼠、防虫、洗涤以及处理废水、存放垃圾和废弃物的设备或者设施；

（三）有专职或者兼职的食品安全专业技术人员、食品安全管理人员和保证食品安全的规章制度；

（四）具有合理的设备布局和工艺流程，防止待加工食品与直接入口食品、原料与成品交叉污染，避免食品接触有毒物、不洁物；

（五）餐具、饮具和盛放直接入口食品的容器，使用前应当洗净、消毒，炊具、用具用后应当洗净，保持清洁；

（六）贮存、运输和装卸食品的容器、工具和设备应当安全、无害，保持清洁，防止食品污染，并符合保证食品安全所需的温度、湿度等特殊要求，不得将食品与有毒、有害物品一同贮存、运输；

（七）直接入口的食品应当使用无毒、清洁的包装材料、餐具、饮具和容器；

（八）食品生产经营人员应当保持个人卫生，生产经营食品时，应当将手洗净，穿戴清洁的工作衣、帽等；销售无包装的直接入口食品时，应当使用无毒、清洁的容器、售货工具和设备；

（九）用水应当符合国家规定的生活饮用水卫生标准；

（十）使用的洗涤剂、消毒剂应当对人体安全、无害；

（十一）法律、法规规定的其他要求。

非食品生产经营者从事食品贮存、运输和装卸的，应当符合前款第六项的规定。

第三十四条　禁止生产经营下列食品、食品添加剂、食品相关产品：

（一）用非食品原料生产的食品或者添加食品添加剂以外的化学物质和其他可能危害人体健康物质的食品，或者用回收食品作为原料生产的食品；

（二）致病性微生物，农药残留、兽药残留、生物毒素、重金属等污染物质以及其他危害人体健康的物质含量超过食品安全标准限量的食品、食品添加剂、食品相关产品；

（三）用超过保质期的食品原料、食品添加剂生产的食品、食品添加剂；

（四）超范围、超限量使用食品添加剂的食品；

（五）营养成分不符合食品安全标准的专供婴幼儿和其他特定人群的主辅食品；

（六）腐败变质、油脂酸败、霉变生虫、污秽不洁、混有异物、掺假掺杂或者感官性状异常的食品、食品添加剂；

（七）病死、毒死或者死因不明的禽、畜、兽、水产动物肉类及其制品；

（八）未按规定进行检疫或者检疫不合格的肉类，或者未经检验或者检验不合格的肉类制品；

（九）被包装材料、容器、运输工具等污染的食品、食品添加剂；

（十）标注虚假生产日期、保质期或者超过保质期的食品、食品添加剂；

（十一）无标签的预包装食品、食品添加剂；

（十二）国家为防病等特殊需要明令禁止生产经营的食品；

（十三）其他不符合法律、法规或者食品安全标准的食品、食品添加剂、食品相关产品。

第三十五条　国家对食品生产经营实行许可制度。从事食品生产、食品销售、餐饮服务，应当依法取得许可。但是，销售食用农产品，不需要取得许可。

县级以上地方人民政府食品药品监督管理部门应当依照《中华人民共和国行政许可法》的规定，审核申请人提交的本法第三十三条第一款第一项至第四项规定要求的相关资料，必要时对申请人的生产经营场所进行现场核查；对符合规定条件的，准予许可；对不符合规定条件的，不予许可并书面说明理由。

第三十六条　食品生产加工小作坊和食品摊贩等从事食品生产经营活动，应当符合本法规定的与其生产经营规模、条件相适应的食品安全要求，保证所生产经营的食品卫生、无毒、无害，食品药品监督管理部门应当对其加强监督管理。

县级以上地方人民政府应当对食品生产加工小作坊、食品摊贩等进行综合治理，加强服务和统一规划，改善其生产经营环境，鼓励和支持其改进生产经营条件，进入集中交易市场、店铺等固定场所经营，或者在指定的临时经营区域、时段经营。

食品生产加工小作坊和食品摊贩等的具体管理办法由省、自治区、直辖市制定。

第三十七条　利用新的食品原料生产食品，或者生产食品添加剂新品种、食品相关产品新品种，应当向国务院卫生行政部门提交相关产品的安全性评估材料。国务院卫生行政部门应当自收到申请之日起六十日内组织审查；对符合食品安全要求的，准予许可并公布；对不符合食品安全要求的，不予许可并书面说明理由。

第三十八条　生产经营的食品中不得添加药品，但是可以添加按照传统既是食品又是中药材的物质。按照传统既是食品又是中药材的物质目录由国务院卫生行政部门会同国务院食品药品监督管理部门制定、公布。

第三十九条　国家对食品添加剂生产实行许可制度。从事食品添加剂生产，应当具有与所生产食品添加剂品种相适应的场所、生产设备或者设施、专业技术人员和管理制度，并依照本法第三十五条第二款规定的程序，取得食品添加剂生产许可。

生产食品添加剂应当符合法律、法规和食品安全国家标准。

第四十条　食品添加剂应当在技术上确有必要且经过风险评估证明安全可靠，方可列入允许使用的范围；有关食品安全国家标准应当根据技术必要性和食品安全风险评估结果及时修订。

食品生产经营者应当按照食品安全国家标准使用食品添加剂。

第四十一条　生产食品相关产品应当符合法律、法规和食品安全国家标准。对直接接触食品的包装材料等具有较高风险的食品相关产品，按照国家有关工业产品生产许可证管理的规定实施生产许可。质量监督部门应当加强对食品相关产品生产活动的监督管理。

第四十二条　国家建立食品安全全程追溯制度。

食品生产经营者应当依照本法的规定，建立食品安全追溯体系，保证食品可追溯。国家鼓励食品生产经营者采用信息化手段采集、留存生产经营信息，建立食品安全追溯体系。

国务院食品药品监督管理部门会同国务院农业行政等有关部门建立食品安全全程追溯协作

机制。

第四十三条　地方各级人民政府应当采取措施鼓励食品规模化生产和连锁经营、配送。

国家鼓励食品生产经营企业参加食品安全责任保险。

第二节　生产经营过程控制

第四十四条　食品生产经营企业应当建立健全食品安全管理制度，对职工进行食品安全知识培训，加强食品检验工作，依法从事生产经营活动。

食品生产经营企业的主要负责人应当落实企业食品安全管理制度，对本企业的食品安全工作全面负责。

食品生产经营企业应当配备食品安全管理人员，加强对其培训和考核。经考核不具备食品安全管理能力的，不得上岗。食品药品监督管理部门应当对企业食品安全管理人员随机进行监督抽查考核并公布考核情况。监督抽查考核不得收取费用。

第四十五条　食品生产经营者应当建立并执行从业人员健康管理制度。患有国务院卫生行政部门规定的有碍食品安全疾病的人员，不得从事接触直接入口食品的工作。

从事接触直接入口食品工作的食品生产经营人员应当每年进行健康检查，取得健康证明后方可上岗工作。

第四十六条　食品生产企业应当就下列事项制定并实施控制要求，保证所生产的食品符合食品安全标准：

（一）原料采购、原料验收、投料等原料控制；

（二）生产工序、设备、贮存、包装等生产关键环节控制；

（三）原料检验、半成品检验、成品出厂检验等检验控制；

（四）运输和交付控制。

第四十七条　食品生产经营者应当建立食品安全自查制度，定期对食品安全状况进行检查评价。生产经营条件发生变化，不再符合食品安全要求的，食品生产经营者应当立即采取整改措施；有发生食品安全事故潜在风险的，应当立即停止食品生产经营活动，并向所在地县级人民政府食品药品监督管理部门报告。

第四十八条　国家鼓励食品生产经营企业符合良好生产规范要求，实施危害分析与关键控制点体系，提高食品安全管理水平。

对通过良好生产规范、危害分析与关键控制点体系认证的食品生产经营企业，认证机构应当依法实施跟踪调查；对不再符合认证要求的企业，应当依法撤销认证，及时向县级以上人民政府食品药品监督管理部门通报，并向社会公布。认证机构实施跟踪调查不得收取费用。

第四十九条　食用农产品生产者应当按照食品安全标准和国家有关规定使用农药、肥料、兽药、饲料和饲料添加剂等农业投入品，严格执行农业投入品使用安全间隔期或者休药期的规定，不得使用国家明令禁止的农业投入品。禁止将剧毒、高毒农药用于蔬菜、瓜果、茶叶和中草药材等国家规定的农作物。

食用农产品的生产企业和农民专业合作经济组织应当建立农业投入品使用记录制度。

县级以上人民政府农业行政部门应当加强对农业投入品使用的监督管理和指导，建立健全农业投入品安全使用制度。

第五十条　食品生产者采购食品原料、食品添加剂、食品相关产品，应当查验供货者的许可证和产品合格证明；对无法提供合格证明的食品原料，应当按照食品安全标准进行检验；不得采购或者使用不符合食品安全标准的食品原料、食品添加剂、食品相关产品。

食品生产企业应当建立食品原料、食品添加剂、食品相关产品进货查验记录制度，如实记录食品原料、食品添加剂、食品相关产品的名称、规格、数量、生产日期或者生产批号、保质期、进货日期以及供货者名称、地址、联系方式等内容，并保存相关凭证。记录和凭证保存期限不得少于产品保质期满后六个月；没有明确保质期的，保存期限不得少于二年。

第五十一条　食品生产企业应当建立食品出厂检验记录制度，查验出厂食品的检验合格证和安全状况，如实记录食品的名称、规格、数量、生产日期或者生产批号、保质期、检验合格证号、销售日期以及购货者名称、地址、联系方式等内容，并保存相关凭证。记录和凭证保存期限应当符合本法第五十条第二款的规定。

第五十二条　食品、食品添加剂、食品相关产品的生产者，应当按照食品安全标准对所生产的食品、食品添加剂、食品相关产品进行检验，检验合格后方可出厂或者销售。

第五十三条　食品经营者采购食品，应当查验供货者的许可证和食品出厂检验合格证或者其他合格证明（以下称合格证明文件）。

食品经营企业应当建立食品进货查验记录制度，如实记录食品的名称、规格、数量、生产日期或者生产批号、保质期、进货日期以及供货者名称、地址、联系方式等内容，并保存相关凭证。记录和凭证保存期限应当符合本法第五十条第二款的规定。

实行统一配送经营方式的食品经营企业，可以由企业总部统一查验供货者的许可证和食品合格证明文件，进行食品进货查验记录。

从事食品批发业务的经营企业应当建立食品销售记录制度，如实记录批发食品的名称、规格、数量、生产日期或者生产批号、保质期、销售日期以及购货者名称、地址、联系方式等内容，并保存相关凭证。记录和凭证保存期限应当符合本法第五十条第二款的规定。

第五十四条　食品经营者应当按照保证食品安全的要求贮存食品，定期检查库存食品，及时清理变质或者超过保质期的食品。

食品经营者贮存散装食品，应当在贮存位置标明食品的名称、生产日期或者生产批号、保质期、生产者名称及联系方式等内容。

第五十五条　餐饮服务提供者应当制定并实施原料控制要求，不得采购不符合食品安全标准的食品原料。倡导餐饮服务提供者公开加工过程，公示食品原料及其来源等信息。

餐饮服务提供者在加工过程中应当检查待加工的食品及原料，发现有本法第三十四条第六项规定情形的，不得加工或者使用。

第五十六条　餐饮服务提供者应当定期维护食品加工、贮存、陈列等设施、设备；定期清洗、校验保温设施及冷藏、冷冻设施。

餐饮服务提供者应当按照要求对餐具、饮具进行清洗消毒，不得使用未经清洗消毒的餐具、饮具；餐饮服务提供者委托清洗消毒餐具、饮具的，应当委托符合本法规定条件的餐具、饮具集中消毒服务单位。

第五十七条　学校、托幼机构、养老机构、建筑工地等集中用餐单位的食堂应当严格遵守法律、法规和食品安全标准；从供餐单位订餐的，应当从取得食品生产经营许可的企业订购，并按照要求对订购的食品进行查验。供餐单位应当严格遵守法律、法规和食品安全标准，当餐加工，确保食品安全。

学校、托幼机构、养老机构、建筑工地等集中用餐单位的主管部门应当加强对集中用餐单位的食品安全教育和日常管理，降低食品安全风险，及时消除食品安全隐患。

第五十八条　餐具、饮具集中消毒服务单位应当具备相应的作业场所、清洗消毒设备或者设施，用水和使用的洗涤剂、消毒剂应当符合相关食品安全国家标准和其他国家标准、卫生规范。

餐具、饮具集中消毒服务单位应当对消毒餐具、饮具进行逐批检验，检验合格后方可出厂，并应当随附消毒合格证明。消毒后的餐具、饮具应当在独立包装上标注单位名称、地址、联系方式、消毒日期以及使用期限等内容。

第五十九条　食品添加剂生产者应当建立食品添加剂出厂检验记录制度，查验出厂产品的检验合格证和安全状况，如实记录食品添加剂的名称、规格、数量、生产日期或者生产批号、保质期、检验合格证号、销售日期以及购货者名称、地址、联系方式等相关内容，并保存相关凭证。记录和凭证保存期限应当符合本法第五十条第二款的规定。

第六十条　食品添加剂经营者采购食品添加剂，应当依法查验供货者的许可证和产品合格证明文件，如实记录食品添加剂的名称、规格、数量、生产日期或者生产批号、保质期、进货日期以及供货者名称、地址、联系方式等内容，并保存相关凭证。记录和凭证保存期限应当符合本法第五十条第二款的规定。

第六十一条　集中交易市场的开办者、柜台出租者和展销会举办者，应当依法审查入场食品经营者的许可证，明确其食品安全管理责任，定期对其经营环境和条件进行检查，发现其有违反本法规定行为的，应当及时制止并立即报告所在地县级人民政府食品药品监督管理部门。

第六十二条　网络食品交易第三方平台提供者应当对入网食品经营者进行实名登记，明确其食品安全管理责任；依法应当取得许可证的，还应当审查其许可证。

网络食品交易第三方平台提供者发现入网食品经营者有违反本法规定行为的，应当及时制止并立即报告所在地县级人民政府食品药品监督管理部门；发现严重违法行为的，应当立即停止提供网络交易平台服务。

第六十三条　国家建立食品召回制度。食品生产者发现其生产的食品不符合食品安全标准或者有证据证明可能危害人体健康的，应当立即停止生产，召回已经上市销售的食品，通知相关生产经营者和消费者，并记录召回和通知情况。

食品经营者发现其经营的食品有前款规定情形的，应当立即停止经营，通知相关生产经营者和消费者，并记录停止经营和通知情况。食品生产者认为应当召回的，应当立即召回。由于食品经营者的原因造成其经营的食品有前款规定情形的，食品经营者应当召回。

食品生产经营者应当对召回的食品采取无害化处理、销毁等措施，防止其再次流入市场。但是，对因标签、标志或者说明书不符合食品安全标准而被召回的食品，食品生产者在采取补救措施且能保证食品安全的情况下可以继续销售；销售时应当向消费者明示补救措施。

食品生产经营者应当将食品召回和处理情况向所在地县级人民政府食品药品监督管理部门报告；需要对召回的食品进行无害化处理、销毁的，应当提前报告时间、地点。食品药品监督管理部门认为必要的，可以实施现场监督。

食品生产经营者未依照本条规定召回或者停止经营的，县级以上人民政府食品药品监督管理部门可以责令其召回或者停止经营。

第六十四条　食用农产品批发市场应当配备检验设备和检验人员或者委托符合本法规定的食品检验机构，对进入该批发市场销售的食用农产品进行抽样检验；发现不符合食品安全标准的，应当要求销售者立即停止销售，并向食品药品监督管理部门报告。

第六十五条　食用农产品销售者应当建立食用农产品进货查验记录制度，如实记录食用农产品的名称、数量、进货日期以及供货者名称、地址、联系方式等内容，并保存相关凭证。记录和凭证保存期限不得少于六个月。

第六十六条　进入市场销售的食用农产品在包装、保鲜、贮存、运输中使用保鲜剂、防腐剂等食品添加剂和包装材料等食品相关产品，应当符合食品安全国家标准。

第三节　标签、说明书和广告

第六十七条　预包装食品的包装上应当有标签。标签应当标明下列事项：

（一）名称、规格、净含量、生产日期；

（二）成分或者配料表；

（三）生产者的名称、地址、联系方式；

（四）保质期；

（五）产品标准代号；

（六）贮存条件；

（七）所使用的食品添加剂在国家标准中的通用名称；

（八）生产许可证编号；

（九）法律、法规或者食品安全标准规定应当标明的其他事项。

专供婴幼儿和其他特定人群的主辅食品，其标签还应当标明主要营养成分及其含量。

食品安全国家标准对标签标注事项另有规定的，从其规定。

第六十八条　食品经营者销售散装食品，应当在散装食品的容器、外包装上标明食品的名称、生产日期或者生产批号、保质期以及生产经营者名称、地址、联系方式等内容。

第六十九条　生产经营转基因食品应当按照规定显著标示。

第七十条　食品添加剂应当有标签、说明书和包装。标签、说明书应当载明本法第六十七条第一款第一项至第六项、第八项、第九项规定的事项，以及食品添加剂的使用范围、用量、使用方法，并在标签上载明“食品添加剂”字样。

第七十一条　食品和食品添加剂的标签、说明书，不得含有虚假内容，不得涉及疾病预防、治疗功能。生产经营者对其提供的标签、说明书的内容负责。

食品和食品添加剂的标签、说明书应当清楚、明显，生产日期、保质期等事项应当显著标注，容易辨识。

食品和食品添加剂与其标签、说明书的内容不符的，不得上市销售。

第七十二条　食品经营者应当按照食品标签标示的警示标志、警示说明或者注意事项的要求销售食品。

第七十三条　食品广告的内容应当真实合法，不得含有虚假内容，不得涉及疾病预防、治疗功能。食品生产经营者对食品广告内容的真实性、合法性负责。

县级以上人民政府食品药品监督管理部门和其他有关部门以及食品检验机构、食品行业协会不得以广告或者其他形式向消费者推荐食品。消费者组织不得以收取费用或者其他牟取利益的方式向消费者推荐食品。

第四节　特殊食品

第七十四条　国家对保健食品、特殊医学用途配方食品和婴幼儿配方食品等特殊食品实行严格监督管理。

第七十五条　保健食品声称保健功能，应当具有科学依据，不得对人体产生急性、亚急性或者慢性危害。

保健食品原料目录和允许保健食品声称的保健功能目录，由国务院食品药品监督管理部门会同国务院卫生行政部门、国家中医药管理部门制定、调整并公布。

保健食品原料目录应当包括原料名称、用量及其对应的功效；列入保健食品原料目录的原料只能用于保健食品生产，不得用于其他食品生产。

第七十六条　使用保健食品原料目录以外原料的保健食品和首次进口的保健食品应当经国务院食品药品监督管理部门注册。但是，首次进口的保健食品中属于补充维生素、矿物质等营养物质的，应当报国务院食品药品监督管理部门备案。其他保健食品应当报省、自治区、直辖市人民政府食品药品监督管理部门备案。

进口的保健食品应当是出口国（地区）主管部门准许上市销售的产品。

第七十七条　依法应当注册的保健食品，注册时应当提交保健食品的研发报告、产品配方、生产工艺、安全性和保健功能评价、标签、说明书等材料及样品，并提供相关证明文件。国务院食品药品监督管理部门经组织技术审评，对符合安全和功能声称要求的，准予注册；对不符合要求的，不予注册并书面说明理由。对使用保健食品原料目录以外原料的保健食品作出准予注册决定的，应当及时将该原料纳入保健食品原料目录。

依法应当备案的保健食品，备案时应当提交产品配方、生产工艺、标签、说明书以及表明产品安全性和保健功能的材料。

第七十八条　保健食品的标签、说明书不得涉及疾病预防、治疗功能，内容应当真实，与注册或者备案的内容相一致，载明适宜人群、不适宜人群、功效成分或者标志性成分及其含量等，并声明“本品不能代替药物”。保健食品的功能和成分应当与标签、说明书相一致。

第七十九条　保健食品广告除应当符合本法第七十三条第一款的规定外，还应当声明“本品不能代替药物”；其内容应当经生产企业所在地省、自治区、直辖市人民政府食品药品监督管理部门审查批准，取得保健食品广告批准文件。省、自治区、直辖市人民政府食品药品监督管理部门应当公布并及时更新已经批准的保健食品广告目录以及批准的广告内容。

第八十条　特殊医学用途配方食品应当经国务院食品药品监督管理部门注册。注册时，应当提交产品配方、生产工艺、标签、说明书以及表明产品安全性、营养充足性和特殊医学用途临床效果的材料。

特殊医学用途配方食品广告适用《中华人民共和国广告法》和其他法律、行政法规关于药品广告管理的规定。

第八十一条　婴幼儿配方食品生产企业应当实施从原料进厂到成品出厂的全过程质量控制，对出厂的婴幼儿配方食品实施逐批检验，保证食品安全。

生产婴幼儿配方食品使用的生鲜乳、辅料等食品原料、食品添加剂等，应当符合法律、行政法规的规定和食品安全国家标准，保证婴幼儿生长发育所需的营养成分。

婴幼儿配方食品生产企业应当将食品原料、食品添加剂、产品配方及标签等事项向省、自治区、直辖市人民政府食品药品监督管理部门备案。

婴幼儿配方乳粉的产品配方应当经国务院食品药品监督管理部门注册。注册时，应当提交配方研发报告和其他表明配方科学性、安全性的材料。

不得以分装方式生产婴幼儿配方乳粉，同一企业不得用同一配方生产不同品牌的婴幼儿配方乳粉。

第八十二条　保健食品、特殊医学用途配方食品、婴幼儿配方乳粉的注册人或者备案人应当对其提交材料的真实性负责。

省级以上人民政府食品药品监督管理部门应当及时公布注册或者备案的保健食品、特殊医学用途配方食品、婴幼儿配方乳粉目录，并对注册或者备案中获知的企业商业秘密予以保密。

保健食品、特殊医学用途配方食品、婴幼儿配方乳粉生产企业应当按照注册或者备案的产品配方、生产工艺等技术要求组织生产。

第八十三条　生产保健食品，特殊医学用途配方食品、婴幼儿配方食品和其他专供特定人群的主辅食品的企业，应当按照良好生产规范的要求建立与所生产食品相适应的生产质量管理体系，定期对该体系的运行情况进行自查，保证其有效运行，并向所在地县级人民政府食品药品监督管理部门提交自查报告。

第五章　食品检验

第八十四条　食品检验机构按照国家有关认证认可的规定取得资质认定后，方可从事食品检验活动。但是，法律另有规定的除外。

食品检验机构的资质认定条件和检验规范，由国务院食品药品监督管理部门规定。

符合本法规定的食品检验机构出具的检验报告具有同等效力。

县级以上人民政府应当整合食品检验资源，实现资源共享。

第八十五条　食品检验由食品检验机构指定的检验人独立进行。

检验人应当依照有关法律、法规的规定，并按照食品安全标准和检验规范对食品进行检验，尊重科学，恪守职业道德，保证出具的检验数据和结论客观、公正，不得出具虚假检验报告。

第八十六条　食品检验实行食品检验机构与检验人负责制。食品检验报告应当加盖食品检验机构公章，并有检验人的签名或者盖章。食品检验机构和检验人对出具的食品检验报告负责。

第八十七条　县级以上人民政府食品药品监督管理部门应当对食品进行定期或者不定期的抽样检验，并依据有关规定公布检验结果，不得免检。进行抽样检验，应当购买抽取的样品，委托符合本法规定的食品检验机构进行检验，并支付相关费用；不得向食品生产经营者收取检验费和其他费用。

第八十八条　对依照本法规定实施的检验结论有异议的，食品生产经营者可以自收到检验结论之日起七个工作日内向实施抽样检验的食品药品监督管理部门或者其上一级食品药品监督管理部门提出复检申请，由受理复检申请的食品药品监督管理部门在公布的复检机构名录中随机确定复检机构进行复检。复检机构出具的复检结论为最终检验结论。复检机构与初检机构不得为同一机构。复检机构名录由国务院认证认可监督管理、食品药品监督管理、卫生行政、农业行政等部门共同公布。

采用国家规定的快速检测方法对食用农产品进行抽查检测，被抽查人对检测结果有异议的，可以自收到检测结果时起四小时内申请复检。复检不得采用快速检测方法。

第八十九条　食品生产企业可以自行对所生产的食品进行检验，也可以委托符合本法规定的食品检验机构进行检验。

食品行业协会和消费者协会等组织、消费者需要委托食品检验机构对食品进行检验的，应当委托符合本法规定的食品检验机构进行。

第九十条　食品添加剂的检验，适用本法有关食品检验的规定。

第六章　食品进出口

第九十一条　国家出入境检验检疫部门对进出口食品安全实施监督管理。

第九十二条　进口的食品、食品添加剂、食品相关产品应当符合我国食品安全国家标准。

进口的食品、食品添加剂应当经出入境检验检疫机构依照进出口商品检验相关法律、行政法规的规定检验合格。

进口的食品、食品添加剂应当按照国家出入境检验检疫部门的要求随附合格证明材料。

第九十三条　进口尚无食品安全国家标准的食品，由境外出口商、境外生产企业或者其委托的进口商向国务院卫生行政部门提交所执行的相关国家（地区）标准或者国际标准。国务院卫生行政部门对相关标准进行审查，认为符合食品安全要求的，决定暂予适用，并及时制定相应的食品安全国家标准。进口利用新的食品原料生产的食品或者进口食品添加剂新品种、食品相关产品新品种，依照本法第三十七条的规定办理。

出入境检验检疫机构按照国务院卫生行政部门的要求，对前款规定的食品、食品添加剂、食品相关产品进行检验。检验结果应当公开。

第九十四条　境外出口商、境外生产企业应当保证向我国出口的食品、食品添加剂、食品相关产品符合本法以及我国其他有关法律、行政法规的规定和食品安全国家标准的要求，并对标签、说明书的内容负责。

进口商应当建立境外出口商、境外生产企业审核制度，重点审核前款规定的内容；审核不合格的，不得进口。

发现进口食品不符合我国食品安全国家标准或者有证据证明可能危害人体健康的，进口商应当立即停止进口，并依照本法第六十三条的规定召回。

第九十五条　境外发生的食品安全事件可能对我国境内造成影响，或者在进口食品、食品添加剂、食品相关产品中发现严重食品安全问题的，国家出入境检验检疫部门应当及时采取风险预警或者控制措施，并向国务院食品药品监督管理、卫生行政、农业行政部门通报。接到通报的部门应当及时采取相应措施。

县级以上人民政府食品药品监督管理部门对国内市场上销售的进口食品、食品添加剂实施监督管理。发现存在严重食品安全问题的，国务院食品药品监督管理部门应当及时向国家出入境检验检疫部门通报。国家出入境检验检疫部门应当及时采取相应措施。

第九十六条　向我国境内出口食品的境外出口商或者代理商、进口食品的进口商应当向国家出入境检验检疫部门备案。向我国境内出口食品的境外食品生产企业应当经国家出入境检验检疫部门注册。已经注册的境外食品生产企业提供虚假材料，或者因其自身的原因致使进口食品发生重大食品安全事故的，国家出入境检验检疫部门应当撤销注册并公告。

国家出入境检验检疫部门应当定期公布已经备案的境外出口商、代理商、进口商和已经注册的境外食品生产企业名单。

第九十七条　进口的预包装食品、食品添加剂应当有中文标签；依法应当有说明书的，还应当有中文说明书。标签、说明书应当符合本法以及我国其他有关法律、行政法规的规定和食品安全国家标准的要求，并载明食品的原产地以及境内代理商的名称、地址、联系方式。预包装食品没有中文标签、中文说明书或者标签、说明书不符合本条规定的，不得进口。

第九十八条　进口商应当建立食品、食品添加剂进口和销售记录制度，如实记录食品、食品添加剂的名称、规格、数量、生产日期、生产或者进口批号、保质期、境外出口商和购货者名称、地址及联系方式、交货日期等内容，并保存相关凭证。记录和凭证保存期限应当符合本法第五十条第二款的规定。

第九十九条　出口食品生产企业应当保证其出口食品符合进口国（地区）的标准或者合同要求。

出口食品生产企业和出口食品原料种植、养殖场应当向国家出入境检验检疫部门备案。

第一百条　国家出入境检验检疫部门应当收集、汇总下列进出口食品安全信息，并及时通报相关部门、机构和企业：

（一）出入境检验检疫机构对进出口食品实施检验检疫发现的食品安全信息；

（二）食品行业协会和消费者协会等组织、消费者反映的进口食品安全信息；

（三）国际组织、境外政府机构发布的风险预警信息及其他食品安全信息，以及境外食品行业协会等组织、消费者反映的食品安全信息；

（四）其他食品安全信息。

国家出入境检验检疫部门应当对进出口食品的进口商、出口商和出口食品生产企业实施信用管理，建立信用记录，并依法向社会公布。对有不良记录的进口商、出口商和出口食品生产企业，应当加强对其进出口食品的检验检疫。

第一百零一条　国家出入境检验检疫部门可以对向我国境内出口食品的国家（地区）的食品安全管理体系和食品安全状况进行评估和审查，并根据评估和审查结果，确定相应检验检疫要求。

第七章　食品安全事故处置

第一百零二条　国务院组织制定国家食品安全事故应急预案。

县级以上地方人民政府应当根据有关法律、法规的规定和上级人民政府的食品安全事故应急预案以及本行政区域的实际情况，制定本行政区域的食品安全事故应急预案，并报上一级人民政府备案。

食品安全事故应急预案应当对食品安全事故分级、事故处置组织指挥体系与职责、预防预警机制、处置程序、应急保障措施等作出规定。

食品生产经营企业应当制定食品安全事故处置方案，定期检查本企业各项食品安全防范措施的落实情况，及时消除事故隐患。

第一百零三条　发生食品安全事故的单位应当立即采取措施，防止事故扩大。事故单位和接收病人进行治疗的单位应当及时向事故发生地县级人民政府食品药品监督管理、卫生行政部门报告。

县级以上人民政府质量监督、农业行政等部门在日常监督管理中发现食品安全事故或者接到事故举报，应当立即向同级食品药品监督管理部门通报。

发生食品安全事故，接到报告的县级人民政府食品药品监督管理部门应当按照应急预案的规定向本级人民政府和上级人民政府食品药品监督管理部门报告。县级人民政府和上级人民政府食品药品监督管理部门应当按照应急预案的规定上报。

任何单位和个人不得对食品安全事故隐瞒、谎报、缓报，不得隐匿、伪造、毁灭有关证据。

第一百零四条　医疗机构发现其接收的病人属于食源性疾病病人或者疑似病人的，应当按照规定及时将相关信息向所在地县级人民政府卫生行政部门报告。县级人民政府卫生行政部门认为与食品安全有关的，应当及时通报同级食品药品监督管理部门。

县级以上人民政府卫生行政部门在调查处理传染病或者其他突发公共卫生事件中发现与食品安全相关的信息，应当及时通报同级食品药品监督管理部门。

第一百零五条　县级以上人民政府食品药品监督管理部门接到食品安全事故的报告后，应当立即会同同级卫生行政、质量监督、农业行政等部门进行调查处理，并采取下列措施，防止或者减轻社会危害：

（一）开展应急救援工作，组织救治因食品安全事故导致人身伤害的人员；

（二）封存可能导致食品安全事故的食品及其原料，并立即进行检验；对确认属于被污染的食品及其原料，责令食品生产经营者依照本法第六十三条的规定召回或者停止经营；

（三）封存被污染的食品相关产品，并责令进行清洗消毒；

（四）做好信息发布工作，依法对食品安全事故及其处理情况进行发布，并对可能产生的危害加以解释、说明。

发生食品安全事故需要启动应急预案的，县级以上人民政府应当立即成立事故处置指挥机构，启动应急预案，依照前款和应急预案的规定进行处置。

发生食品安全事故，县级以上疾病预防控制机构应当对事故现场进行卫生处理，并对与事故有关的因素开展流行病学调查，有关部门应当予以协助。县级以上疾病预防控制机构应当向同级食品药品监督管理、卫生行政部门提交流行病学调查报告。

第一百零六条　发生食品安全事故，设区的市级以上人民政府食品药品监督管理部门应当立即会同有关部门进行事故责任调查，督促有关部门履行职责，向本级人民政府和上一级人民政府食品药品监督管理部门提出事故责任调查处理报告。

涉及两个以上省、自治区、直辖市的重大食品安全事故由国务院食品药品监督管理部门依照前款规定组织事故责任调查。

第一百零七条　调查食品安全事故，应当坚持实事求是、尊重科学的原则，及时、准确查清事故性质和原因，认定事故责任，提出整改措施。

调查食品安全事故，除了查明事故单位的责任，还应当查明有关监督管理部门、食品检验机构、认证机构及其工作人员的责任。

第一百零八条　食品安全事故调查部门有权向有关单位和个人了解与事故有关的情况，并要求提供相关资料和样品。有关单位和个人应当予以配合，按照要求提供相关资料和样品，不得拒绝。

任何单位和个人不得阻挠、干涉食品安全事故的调查处理。

第八章　监督管理

第一百零九条　县级以上人民政府食品药品监督管理、质量监督部门根据食品安全风险监测、风险评估结果和食品安全状况等，确定监督管理的重点、方式和频次，实施风险分级管理。

县级以上地方人民政府组织本级食品药品监督管理、质量监督、农业行政等部门制定本行政区域的食品安全年度监督管理计划，向社会公布并组织实施。

食品安全年度监督管理计划应当将下列事项作为监督管理的重点：

（一）专供婴幼儿和其他特定人群的主辅食品；

（二）保健食品生产过程中的添加行为和按照注册或者备案的技术要求组织生产的情况，保健食品标签、说明书以及宣传材料中有关功能宣传的情况；

（三）发生食品安全事故风险较高的食品生产经营者；

（四）食品安全风险监测结果表明可能存在食品安全隐患的事项。

第一百一十条　县级以上人民政府食品药品监督管理、质量监督部门履行各自食品安全监督管理职责，有权采取下列措施，对生产经营者遵守本法的情况进行监督检查：

（一）进入生产经营场所实施现场检查；

（二）对生产经营的食品、食品添加剂、食品相关产品进行抽样检验；

（三）查阅、复制有关合同、票据、账簿以及其他有关资料；

（四）查封、扣押有证据证明不符合食品安全标准或者有证据证明存在安全隐患以及用于违法生产经营的食品、食品添加剂、食品相关产品；

（五）查封违法从事生产经营活动的场所。

第一百一十一条　对食品安全风险评估结果证明食品存在安全隐患，需要制定、修订食品安全标准的，在制定、修订食品安全标准前，国务院卫生行政部门应当及时会同国务院有关部门规定食品中有害物质的临时限量值和临时检验方法，作为生产经营和监督管理的依据。

第一百一十二条　县级以上人民政府食品药品监督管理部门在食品安全监督管理工作中可以采用国家规定的快速检测方法对食品进行抽查检测。

对抽查检测结果表明可能不符合食品安全标准的食品，应当依照本法第八十七条的规定进行检验。抽查检测结果确定有关食品不符合食品安全标准的，可以作为行政处罚的依据。

第一百一十三条　县级以上人民政府食品药品监督管理部门应当建立食品生产经营者食品安全信用档案，记录许可颁发、日常监督检查结果、违法行为查处等情况，依法向社会公布并实时更新；对有不良信用记录的食品生产经营者增加监督检查频次，对违法行为情节严重的食品生产经营者，可以通报投资主管部门、证券监督管理机构和有关的金融机构。

第一百一十四条　食品生产经营过程中存在食品安全隐患，未及时采取措施消除的，县级以上人民政府食品药品监督管理部门可以对食品生产经营者的法定代表人或者主要负责人进行责任约谈。食品生产经营者应当立即采取措施，进行整改，消除隐患。责任约谈情况和整改情况应当纳入食品生产经营者食品安全信用档案。

第一百一十五条　县级以上人民政府食品药品监督管理、质量监督等部门应当公布本部门的电子邮件地址或者电话，接受咨询、投诉、举报。接到咨询、投诉、举报，对属于本部门职责的，应当受理并在法定期限内及时答复、核实、处理；对不属于本部门职责的，应当移交有权处理的部门并书面通知咨询、投诉、举报人。有权处理的部门应当在法定期限内及时处理，不得推诿。对查证属实的举报，给予举报人奖励。

有关部门应当对举报人的信息予以保密，保护举报人的合法权益。举报人举报所在企业的，该企业不得以解除、变更劳动合同或者其他方式对举报人进行打击报复。

第一百一十六条　县级以上人民政府食品药品监督管理、质量监督等部门应当加强对执法人员食品安全法律、法规、标准和专业知识与执法能力等的培训，并组织考核。不具备相应知识和能力的，不得从事食品安全执法工作。

食品生产经营者、食品行业协会、消费者协会等发现食品安全执法人员在执法过程中有违反法律、法规规定的行为以及不规范执法行为的，可以向本级或者上级人民政府食品药品监督管理、质量监督等部门或者监察机关投诉、举报。接到投诉、举报的部门或者机关应当进行核实，并将经核实的情况向食品安全执法人员所在部门通报；涉嫌违法违纪的，按照本法和有关规定处理。

第一百一十七条　县级以上人民政府食品药品监督管理等部门未及时发现食品安全系统性风险，未及时消除监督管理区域内的食品安全隐患的，本级人民政府可以对其主要负责人进行责任约谈。

地方人民政府未履行食品安全职责，未及时消除区域性重大食品安全隐患的，上级人民政府可以对其主要负责人进行责任约谈。

被约谈的食品药品监督管理等部门、地方人民政府应当立即采取措施，对食品安全监督管理工作进行整改。

责任约谈情况和整改情况应当纳入地方人民政府和有关部门食品安全监督管理工作评议、考核记录。

第一百一十八条　国家建立统一的食品安全信息平台，实行食品安全信息统一公布制度。国家食品安全总体情况、食品安全风险警示信息、重大食品安全事故及其调查处理信息和国务院确定需要统一公布的其他信息由国务院食品药品监督管理部门统一公布。食品安全风险警示信息和重大食品安全事故及其调查处理信息的影响限于特定区域的，也可以由有关省、自治区、直辖市人民政府食品药品监督管理部门公布。未经授权不得发布上述信息。

县级以上人民政府食品药品监督管理、质量监督、农业行政部门依据各自职责公布食品安全日常监督管理信息。

公布食品安全信息，应当做到准确、及时，并进行必要的解释说明，避免误导消费者和社会舆论。

第一百一十九条　县级以上地方人民政府食品药品监督管理、卫生行政、质量监督、农业行政部门获知本法规定需要统一公布的信息，应当向上级主管部门报告，由上级主管部门立即报告国务院食品药品监督管理部门；必要时，可以直接向国务院食品药品监督管理部门报告。

县级以上人民政府食品药品监督管理、卫生行政、质量监督、农业行政部门应当相互通报获知的食品安全信息。

第一百二十条　任何单位和个人不得编造、散布虚假食品安全信息。

县级以上人民政府食品药品监督管理部门发现可能误导消费者和社会舆论的食品安全信息，应当立即组织有关部门、专业机构、相关食品生产经营者等进行核实、分析，并及时公布结果。

第一百二十一条　县级以上人民政府食品药品监督管理、质量监督等部门发现涉嫌食品安全犯罪的，应当按照有关规定及时将案件移送公安机关。对移送的案件，公安机关应当及时审查；认为有犯罪事实需要追究刑事责任的，应当立案侦查。

公安机关在食品安全犯罪案件侦查过程中认为没有犯罪事实，或者犯罪事实显著轻微，不需要追究刑事责任，但依法应当追究行政责任的，应当及时将案件移送食品药品监督管理、质量监督等部门和监察机关，有关部门应当依法处理。

公安机关商请食品药品监督管理、质量监督、环境保护等部门提供检验结论、认定意见以及对涉案物品进行无害化处理等协助的，有关部门应当及时提供，予以协助。

第九章　法律责任

第一百二十二条　违反本法规定，未取得食品生产经营许可从事食品生产经营活动，或者未取得食品添加剂生产许可从事食品添加剂生产活动的，由县级以上人民政府食品药品监督管理部门没收违法所得和违法生产经营的食品、食品添加剂以及用于违法生产经营的工具、设备、原料等物品；违法生产经营的食品、食品添加剂货值金额不足一万元的，并处五万元以上十万元以下罚款；货值金额一万元以上的，并处货值金额十倍以上二十倍以下罚款。

明知从事前款规定的违法行为，仍为其提供生产经营场所或者其他条件的，由县级以上人民政府食品药品监督管理部门责令停止违法行为，没收违法所得，并处五万元以上十万元以下罚款；使消费者的合法权益受到损害的，应当与食品、食品添加剂生产经营者承担连带责任。

第一百二十三条　违反本法规定，有下列情形之一，尚不构成犯罪的，由县级以上人民政府食品药品监督管理部门没收违法所得和违法生产经营的食品，并可以没收用于违法生产经营的工具、设备、原料等物品；违法生产经营的食品货值金额不足一万元的，并处十万元以上十五万元以下罚款；货值金额一万元以上的，并处货值金额十五倍以上三十倍以下罚款；情节严重的，吊销许可证，并可以由公安机关对其直接负责的主管人员和其他直接责任人员处五日以上十五日以下拘留：

（一）用非食品原料生产食品、在食品中添加食品添加剂以外的化学物质和其他可能危害人体健康的物质，或者用回收食品作为原料生产食品，或者经营上述食品；

（二）生产经营营养成分不符合食品安全标准的专供婴幼儿和其他特定人群的主辅食品；

（三）经营病死、毒死或者死因不明的禽、畜、兽、水产动物肉类，或者生产经营其制品；

（四）经营未按规定进行检疫或者检疫不合格的肉类，或者生产经营未经检验或者检验不合格的肉类制品；

（五）生产经营国家为防病等特殊需要明令禁止生产经营的食品；

（六）生产经营添加药品的食品。

明知从事前款规定的违法行为，仍为其提供生产经营场所或者其他条件的，由县级以上人民政府食品药品监督管理部门责令停止违法行为，没收违法所得，并处十万元以上二十万元以下罚款；使消费者的合法权益受到损害的，应当与食品生产经营者承担连带责任。

违法使用剧毒、高毒农药的，除依照有关法律、法规规定给予处罚外，可以由公安机关依照第一款规定给予拘留。

第一百二十四条　违反本法规定，有下列情形之一，尚不构成犯罪的，由县级以上人民政府食品药品监督管理部门没收违法所得和违法生产经营的食品、食品添加剂，并可以没收用于违法生产经营的工具、设备、原料等物品；违法生产经营的食品、食品添加剂货值金额不足一万元的，并处五万元以上十万元以下罚款；货值金额一万元以上的，并处货值金额十倍以上二十倍以下罚款；情节严重的，吊销许可证：

（一）生产经营致病性微生物，农药残留、兽药残留、生物毒素、重金属等污染物质以及其他危害人体健康的物质含量超过食品安全标准限量的食品、食品添加剂；

（二）用超过保质期的食品原料、食品添加剂生产食品、食品添加剂，或者经营上述食品、食品添加剂；

（三）生产经营超范围、超限量使用食品添加剂的食品；

（四）生产经营腐败变质、油脂酸败、霉变生虫、污秽不洁、混有异物、掺假掺杂或者感官性状异常的食品、食品添加剂；

（五）生产经营标注虚假生产日期、保质期或者超过保质期的食品、食品添加剂；

（六）生产经营未按规定注册的保健食品、特殊医学用途配方食品、婴幼儿配方乳粉，或者未按注册的产品配方、生产工艺等技术要求组织生产；

（七）以分装方式生产婴幼儿配方乳粉，或者同一企业以同一配方生产不同品牌的婴幼儿配方乳粉；

（八）利用新的食品原料生产食品，或者生产食品添加剂新品种，未通过安全性评估；

（九）食品生产经营者在食品药品监督管理部门责令其召回或者停止经营后，仍拒不召回或者停止经营。

除前款和本法第一百二十三条、第一百二十五条规定的情形外，生产经营不符合法律、法规或者食品安全标准的食品、食品添加剂的，依照前款规定给予处罚。

生产食品相关产品新品种，未通过安全性评估，或者生产不符合食品安全标准的食品相关产品的，由县级以上人民政府质量监督部门依照第一款规定给予处罚。

第一百二十五条　违反本法规定，有下列情形之一的，由县级以上人民政府食品药品监督管理部门没收违法所得和违法生产经营的食品、食品添加剂，并可以没收用于违法生产经营的工具、设备、原料等物品；违法生产经营的食品、食品添加剂货值金额不足一万元的，并处五千元以上五万元以下罚款；货值金额一万元以上的，并处货值金额五倍以上十倍以下罚款；情节严重的，责令停产停业，直至吊销许可证：

（一）生产经营被包装材料、容器、运输工具等污染的食品、食品添加剂；

（二）生产经营无标签的预包装食品、食品添加剂或者标签、说明书不符合本法规定的食品、食品添加剂；

（三）生产经营转基因食品未按规定进行标示；

（四）食品生产经营者采购或者使用不符合食品安全标准的食品原料、食品添加剂、食品相关产品。

生产经营的食品、食品添加剂的标签、说明书存在瑕疵但不影响食品安全且不会对消费者造成误导的，由县级以上人民政府食品药品监督管理部门责令改正；拒不改正的，处二千元以下罚款。

第一百二十六条　违反本法规定，有下列情形之一的，由县级以上人民政府食品药品监督管理部门责令改正，给予警告；拒不改正的，处五千元以上五万元以下罚款；情节严重的，责令停产停业，直至吊销许可证：

（一）食品、食品添加剂生产者未按规定对采购的食品原料和生产的食品、食品添加剂进行检验；

（二）食品生产经营企业未按规定建立食品安全管理制度，或者未按规定配备或者培训、考核食品安全管理人员；

（三）食品、食品添加剂生产经营者进货时未查验许可证和相关证明文件，或者未按规定建立并遵守进货查验记录、出厂检验记录和销售记录制度；

（四）食品生产经营企业未制定食品安全事故处置方案；

（五）餐具、饮具和盛放直接入口食品的容器，使用前未经洗净、消毒或者清洗消毒不合格，或者餐饮服务设施、设备未按规定定期维护、清洗、校验；

（六）食品生产经营者安排未取得健康证明或者患有国务院卫生行政部门规定的有碍食品安全疾病的人员从事接触直接入口食品的工作；

（七）食品经营者未按规定要求销售食品；

（八）保健食品生产企业未按规定向食品药品监督管理部门备案，或者未按备案的产品配方、生产工艺等技术要求组织生产；

（九）婴幼儿配方食品生产企业未将食品原料、食品添加剂、产品配方、标签等向食品药品监督管理部门备案；

（十）特殊食品生产企业未按规定建立生产质量管理体系并有效运行，或者未定期提交自查报告；

（十一）食品生产经营者未定期对食品安全状况进行检查评价，或者生产经营条件发生变化，未按规定处理；

（十二）学校、托幼机构、养老机构、建筑工地等集中用餐单位未按规定履行食品安全管理责任；

（十三）食品生产企业、餐饮服务提供者未按规定制定、实施生产经营过程控制要求。

餐具、饮具集中消毒服务单位违反本法规定用水，使用洗涤剂、消毒剂，或者出厂的餐具、饮具未按规定检验合格并随附消毒合格证明，或者未按规定在独立包装上标注相关内容的，由县级以上人民政府卫生行政部门依照前款规定给予处罚。

食品相关产品生产者未按规定对生产的食品相关产品进行检验的，由县级以上人民政府质量监督部门依照第一款规定给予处罚。

食用农产品销售者违反本法第六十五条规定的，由县级以上人民政府食品药品监督管理部门依照第一款规定给予处罚。

第一百二十七条　对食品生产加工小作坊、食品摊贩等的违法行为的处罚，依照省、自治区、直辖市制定的具体管理办法执行。

第一百二十八条　违反本法规定，事故单位在发生食品安全事故后未进行处置、报告的，由有关主管部门按照各自职责分工责令改正，给予警告；隐匿、伪造、毁灭有关证据的，责令停产停业，没收违法所得，并处十万元以上五十万元以下罚款；造成严重后果的，吊销许可证。

第一百二十九条　违反本法规定，有下列情形之一的，由出入境检验检疫机构依照本法第一百二十四条的规定给予处罚：

（一）提供虚假材料，进口不符合我国食品安全国家标准的食品、食品添加剂、食品相关产品；

（二）进口尚无食品安全国家标准的食品，未提交所执行的标准并经国务院卫生行政部门审查，或者进口利用新的食品原料生产的食品或者进口食品添加剂新品种、食品相关产品新品种，未通过安全性评估；

（三）未遵守本法的规定出口食品；

（四）进口商在有关主管部门责令其依照本法规定召回进口的食品后，仍拒不召回。

违反本法规定，进口商未建立并遵守食品、食品添加剂进口和销售记录制度、境外出口商或者生产企业审核制度的，由出入境检验检疫机构依照本法第一百二十六条的规定给予处罚。

第一百三十条　违反本法规定，集中交易市场的开办者、柜台出租者、展销会的举办者允许未依法取得许可的食品经营者进入市场销售食品，或者未履行检查、报告等义务的，由县级以上人民政府食品药品监督管理部门责令改正，没收违法所得，并处五万元以上二十万元以下罚款；造成严重后果的，责令停业，直至由原发证部门吊销许可证；使消费者的合法权益受到损害的，应当与食品经营者承担连带责任。

食用农产品批发市场违反本法第六十四条规定的，依照前款规定承担责任。

第一百三十一条　违反本法规定，网络食品交易第三方平台提供者未对入网食品经营者进行实名登记、审查许可证，或者未履行报告、停止提供网络交易平台服务等义务的，由县级以上人民政府食品药品监督管理部门责令改正，没收违法所得，并处五万元以上二十万元以下罚款；造成严重后果的，责令停业，直至由原发证部门吊销许可证；使消费者的合法权益受到损害的，应当与食品经营者承担连带责任。

消费者通过网络食品交易第三方平台购买食品，其合法权益受到损害的，可以向入网食品经营者或者食品生产者要求赔偿。网络食品交易第三方平台提供者不能提供入网食品经营者的真实名称、地址和有效联系方式的，由网络食品交易第三方平台提供者赔偿。网络食品交易第三方平台提供者赔偿后，有权向入网食品经营者或者食品生产者追偿。网络食品交易第三方平台提供者作出更有利于消费者承诺的，应当履行其承诺。

第一百三十二条　违反本法规定，未按要求进行食品贮存、运输和装卸的，由县级以上人民政府食品药品监督管理等部门按照各自职责分工责令改正，给予警告；拒不改正的，责令停产停业，并处一万元以上五万元以下罚款；情节严重的，吊销许可证。

第一百三十三条　违反本法规定，拒绝、阻挠、干涉有关部门、机构及其工作人员依法开展食品安全监督检查、事故调查处理、风险监测和风险评估的，由有关主管部门按照各自职责分工责令停产停业，并处二千元以上五万元以下罚款；情节严重的，吊销许可证；构成违反治安管理行为的，由公安机关依法给予治安管理处罚。

违反本法规定，对举报人以解除、变更劳动合同或者其他方式打击报复的，应当依照有关法律的规定承担责任。

第一百三十四条　食品生产经营者在一年内累计三次因违反本法规定受到责令停产停业、吊销许可证以外处罚的，由食品药品监督管理部门责令停产停业，直至吊销许可证。

第一百三十五条　被吊销许可证的食品生产经营者及其法定代表人、直接负责的主管人员和其他直接责任人员自处罚决定作出之日起五年内不得申请食品生产经营许可，或者从事食品生产经营管理工作、担任食品生产经营企业食品安全管理人员。

因食品安全犯罪被判处有期徒刑以上刑罚的，终身不得从事食品生产经营管理工作，也不得担任食品生产经营企业食品安全管理人员。

食品生产经营者聘用人员违反前两款规定的，由县级以上人民政府食品药品监督管理部门吊销许可证。

第一百三十六条　食品经营者履行了本法规定的进货查验等义务，有充分证据证明其不知道所采购的食品不符合食品安全标准，并能如实说明其进货来源的，可以免予处罚，但应当依法没收其不符合食品安全标准的食品；造成人身、财产或者其他损害的，依法承担赔偿责任。

第一百三十七条　违反本法规定，承担食品安全风险监测、风险评估工作的技术机构、技术人员提供虚假监测、评估信息的，依法对技术机构直接负责的主管人员和技术人员给予撤职、开除处分；有执业资格的，由授予其资格的主管部门吊销执业证书。

第一百三十八条　违反本法规定，食品检验机构、食品检验人员出具虚假检验报告的，由授予其资质的主管部门或者机构撤销该食品检验机构的检验资质，没收所收取的检验费用，并处检验费用五倍以上十倍以下罚款，检验费用不足一万元的，并处五万元以上十万元以下罚款；依法对食品检验机构直接负责的主管人员和食品检验人员给予撤职或者开除处分；导致发生重大食品安全事故的，对直接负责的主管人员和食品检验人员给予开除处分。

违反本法规定，受到开除处分的食品检验机构人员，自处分决定作出之日起十年内不得从事食品检验工作；因食品安全违法行为受到刑事处罚或者因出具虚假检验报告导致发生重大食品安全事故受到开除处分的食品检验机构人员，终身不得从事食品检验工作。食品检验机构聘用不得从事食品检验工作的人员的，由授予其资质的主管部门或者机构撤销该食品检验机构的检验资质。

食品检验机构出具虚假检验报告，使消费者的合法权益受到损害的，应当与食品生产经营者承担连带责任。

第一百三十九条　违反本法规定，认证机构出具虚假认证结论，由认证认可监督管理部门没收所收取的认证费用，并处认证费用五倍以上十倍以下罚款，认证费用不足一万元的，并处五万元以上十万元以下罚款；情节严重的，责令停业，直至撤销认证机构批准文件，并向社会公布；对直接负责的主管人员和负有直接责任的认证人员，撤销其执业资格。

认证机构出具虚假认证结论，使消费者的合法权益受到损害的，应当与食品生产经营者承担连带责任。

第一百四十条　违反本法规定，在广告中对食品作虚假宣传，欺骗消费者，或者发布未取得批准文件、广告内容与批准文件不一致的保健食品广告的，依照《中华人民共和国广告法》的规定给予处罚。

广告经营者、发布者设计、制作、发布虚假食品广告，使消费者的合法权益受到损害的，应当与食品生产经营者承担连带责任。

社会团体或者其他组织、个人在虚假广告或者其他虚假宣传中向消费者推荐食品，使消费者的合法权益受到损害的，应当与食品生产经营者承担连带责任。

违反本法规定，食品药品监督管理等部门、食品检验机构、食品行业协会以广告或者其他形式向消费者推荐食品，消费者组织以收取费用或者其他牟取利益的方式向消费者推荐食品的，由有关主管部门没收违法所得，依法对直接负责的主管人员和其他直接责任人员给予记大过、降级或者撤职处分；情节严重的，给予开除处分。

对食品作虚假宣传且情节严重的，由省级以上人民政府食品药品监督管理部门决定暂停销售该食品，并向社会公布；仍然销售该食品的，由县级以上人民政府食品药品监督管理部门没收违法所得和违法销售的食品，并处二万元以上五万元以下罚款。

第一百四十一条　违反本法规定，编造、散布虚假食品安全信息，构成违反治安管理行为的，由公安机关依法给予治安管理处罚。

媒体编造、散布虚假食品安全信息的，由有关主管部门依法给予处罚，并对直接负责的主管人员和其他直接责任人员给予处分；使公民、法人或者其他组织的合法权益受到损害的，依法承担消除影响、恢复名誉、赔偿损失、赔礼道歉等民事责任。

第一百四十二条　违反本法规定，县级以上地方人民政府有下列行为之一的，对直接负责的主管人员和其他直接责任人员给予记大过处分；情节较重的，给予降级或者撤职处分；情节严重的，给予开除处分；造成严重后果的，其主要负责人还应当引咎辞职：

（一）对发生在本行政区域内的食品安全事故，未及时组织协调有关部门开展有效处置，造成不良影响或者损失；

（二）对本行政区域内涉及多环节的区域性食品安全问题，未及时组织整治，造成不良影响或者损失；

（三）隐瞒、谎报、缓报食品安全事故；

（四）本行政区域内发生特别重大食品安全事故，或者连续发生重大食品安全事故。

第一百四十三条　违反本法规定，县级以上地方人民政府有下列行为之一的，对直接负责的主管人员和其他直接责任人员给予警告、记过或者记大过处分；造成严重后果的，给予降级或者撤职处分：

（一）未确定有关部门的食品安全监督管理职责，未建立健全食品安全全程监督管理工作机制和信息共享机制，未落实食品安全监督管理责任制；

（二）未制定本行政区域的食品安全事故应急预案，或者发生食品安全事故后未按规定立即成立事故处置指挥机构、启动应急预案。

第一百四十四条　违反本法规定，县级以上人民政府食品药品监督管理、卫生行政、质量监督、农业行政等部门有下列行为之一的，对直接负责的主管人员和其他直接责任人员给予记大过处分；情节较重的，给予降级或者撤职处分；情节严重的，给予开除处分；造成严重后果的，其主要负责人还应当引咎辞职：

（一）隐瞒、谎报、缓报食品安全事故；

（二）未按规定查处食品安全事故，或者接到食品安全事故报告未及时处理，造成事故扩大或者蔓延；

（三）经食品安全风险评估得出食品、食品添加剂、食品相关产品不安全结论后，未及时采取相应措施，造成食品安全事故或者不良社会影响；

（四）对不符合条件的申请人准予许可，或者超越法定职权准予许可；

（五）不履行食品安全监督管理职责，导致发生食品安全事故。

第一百四十五条　违反本法规定，县级以上人民政府食品药品监督管理、卫生行政、质量监督、农业行政等部门有下列行为之一，造成不良后果的，对直接负责的主管人员和其他直接责任人员给予警告、记过或者记大过处分；情节较重的，给予降级或者撤职处分；情节严重的，给予开除处分：

（一）在获知有关食品安全信息后，未按规定向上级主管部门和本级人民政府报告，或者未按规定相互通报；

（二）未按规定公布食品安全信息；

（三）不履行法定职责，对查处食品安全违法行为不配合，或者滥用职权、玩忽职守、徇私舞弊。

第一百四十六条　食品药品监督管理、质量监督等部门在履行食品安全监督管理职责过程中，违法实施检查、强制等执法措施，给生产经营者造成损失的，应当依法予以赔偿，对直接负责的主管人员和其他直接责任人员依法给予处分。

第一百四十七条　违反本法规定，造成人身、财产或者其他损害的，依法承担赔偿责任。生产经营者财产不足以同时承担民事赔偿责任和缴纳罚款、罚金时，先承担民事赔偿责任。

第一百四十八条　消费者因不符合食品安全标准的食品受到损害的，可以向经营者要求赔偿损失，也可以向生产者要求赔偿损失。接到消费者赔偿要求的生产经营者，应当实行首负责任制，先行赔付，不得推诿；属于生产者责任的，经营者赔偿后有权向生产者追偿；属于经营者责任的，生产者赔偿后有权向经营者追偿。

生产不符合食品安全标准的食品或者经营明知是不符合食品安全标准的食品，消费者除要求赔偿损失外，还可以向生产者或者经营者要求支付价款十倍或者损失三倍的赔偿金；增加赔偿的金额不足一千元的，为一千元。但是，食品的标签、说明书存在不影响食品安全且不会对消费者造成误导的瑕疵的除外。

第一百四十九条　违反本法规定，构成犯罪的，依法追究刑事责任。

第十章　附则

第一百五十条　本法下列用语的含义：

食品，指各种供人食用或者饮用的成品和原料以及按照传统既是食品又是中药材的物品，但是不包括以治疗为目的的物品。

食品安全，指食品无毒、无害，符合应当有的营养要求，对人体健康不造成任何急性、亚急性或者慢性危害。

预包装食品，指预先定量包装或者制作在包装材料、容器中的食品。

食品添加剂，指为改善食品品质和色、香、味以及为防腐、保鲜和加工工艺的需要而加入食品中的人工合成或者天然物质，包括营养强化剂。

用于食品的包装材料和容器，指包装、盛放食品或者食品添加剂用的纸、竹、木、金属、搪瓷、陶瓷、塑料、橡胶、天然纤维、化学纤维、玻璃等制品和直接接触食品或者食品添加剂的涂料。

用于食品生产经营的工具、设备，指在食品或者食品添加剂生产、销售、使用过程中直接接触食品或者食品添加剂的机械、管道、传送带、容器、用具、餐具等。

用于食品的洗涤剂、消毒剂，指直接用于洗涤或者消毒食品、餐具、饮具以及直接接触食品的工具、设备或者食品包装材料和容器的物质。

食品保质期，指食品在标明的贮存条件下保持品质的期限。

食源性疾病，指食品中致病因素进入人体引起的感染性、中毒性等疾病，包括食物中毒。

食品安全事故，指食源性疾病、食品污染等源于食品，对人体健康有危害或者可能有危害的事故。

第一百五十一条　转基因食品和食盐的食品安全管理，本法未作规定的，适用其他法律、行政法规的规定。

第一百五十二条　铁路、民航运营中食品安全的管理办法由国务院食品药品监督管理部门会同国务院有关部门依照本法制定。

保健食品的具体管理办法由国务院食品药品监督管理部门依照本法制定。

食品相关产品生产活动的具体管理办法由国务院质量监督部门依照本法制定。

国境口岸食品的监督管理由出入境检验检疫机构依照本法以及有关法律、行政法规的规定实施。

军队专用食品和自供食品的食品安全管理办法由中央军事委员会依照本法制定。

第一百五十三条　国务院根据实际需要，可以对食品安全监督管理体制作出调整。

第一百五十四条　本法自2015年10月1日起施行。

参考文献

［1］中华人民共和国主席令第二十一号 中华人民共和国食品安全法（2015 年修订）.

［2］中华人民共和国国家卫生和计划生育委员会发布．食品安全国家标准 食品添加剂使用标准（GB 2760—2014）［S］．北京：中国标准出版社，2014.

［3］中华人民共和国卫生部发布．食品安全国家标准 食品营养强化剂使用标准（GB 14880—2012）［S］．北京：中国标准出版社，2012.

［4］李宏梁主编．食品添加剂安全与应用（第二版）［M］．北京：化学工业出版社，2012.

［5］中华人民共和国国家卫生和计划生育委员会 2012—2017 年发布的公告.